外国语言文学前沿研究丛书

加拿大教师教育治理及其启示

林晶晶 著

上海交通大学出版社
SHANGHAI JIAO TONG UNIVERSITY PRESS

内容提要

　　本书从我国当前教师教育的现实需求出发,借鉴加拿大教师教育治理的历史与现状,围绕治理主体、治理本质、治理运行和治理实践四个维度,深入探讨其理念、政策和经验。本书提出,应借鉴加拿大的现代化治理理念,结合我国实际进行调整和改革,明确政府主导作用,合理分配各主体角色,贯通教师职前、入职和职后的培养过程,构建良好的互动机制和自我导向的教师专业发展路径,推动我国教师教育综合改革,促进卓越教师的培养。本书适合教育政策制定者、教师教育研究者以及高等教育机构的专业人士参考使用。

图书在版编目(CIP)数据

　　加拿大教师教育治理及其启示/林晶晶著.—上海:
上海交通大学出版社,2025.5.—ISBN 978 - 7 - 313
- 32226 - 5

　　Ⅰ. G571. 15
　　中国国家版本馆 CIP 数据核字第 2025MT2323 号

加拿大教师教育治理及其启示
JIANADA JIAOSHI JIAOYU ZHILI JIQI QISHI

著　　者: 林晶晶

出版发行: 上海交通大学出版社　　　地　　址: 上海市番禺路 951 号

邮政编码: 200030　　　　　　　　　　电　　话: 021 - 64071208

印　　制: 常熟市文化印刷有限公司　　经　　销: 全国新华书店

开　　本: 710mm×1000mm　1/16　　印　　张: 14.75

字　　数: 274 千字

版　　次: 2025 年 5 月第 1 版　　　　印　　次: 2025 年 5 月第 1 次印刷

书　　号: ISBN 978 - 7 - 313 - 32226 - 5

定　　价: 88.00 元

前　言

　　教师是我国建设教育强国、科技强国和人才强国的重要支撑力量。他们不仅是知识的传递者，更是塑造未来的工匠。卓越教师队伍的建设要求教师教育能够提供持续的、与时俱进的教师专业发展教育和资源，从外延式发展转向内涵式发展。本书正是对教师教育这一核心议题的深刻洞察和全球视野的拓展。加拿大是实施教师教育最成功的国家之一，其经验对于我国教师教育的改革与发展具有重要的参考价值。

　　教师教育，是对教师培养和培训的统称，指在终身教育思想指导下，按照教师专业发展的不同阶段，对教师实施职前培养、入职培训和在职研修等连续的、可发展的、一体化的教育过程。教师教育的治理是一个复杂且多维的过程，它涉及政策制定、实施、评估和反馈等各个环节。加拿大教师教育治理的成功，不仅在于其制度设计的先进性，更在于其对教师专业成长的持续关注和支持。本书通过对加拿大教师教育治理的深入剖析，揭示了其背后的理念、结构和实践；同时，立足于我国教师教育发展的实际情况，分析加拿大教师教育的可借鉴性经验，期望为我国教师教育提供有益的视角和思路。

　　国内外对教师教育治理的研究呈现出不同的趋势和特点。在国内，教师教育治理的研究主要集中在治理结构与机制的优化、健全方面，以应对教师教育制度变革中出现的现实问题。加强教师教育治理体系建设、规范教师教育治理主体的责权利、维护教师教育公共事务秩序、提供优质教师教育服务已成为深化教师教育改革的重心。未来的研究需要拓展学科视角并加强基于本土实践的实证研究，力争多角度、全方位地揭示和剖析我国教师教育治理的基本问题。在国际层面，教师教育研究的热点主题包括教师身份认同、教师专业发展、教师自我效能感以及教师教育实践变革等。国外的研究强调通过教师的自我发展来提高教育质量，重视师范生实践能力的培养，并以构建教师教育发展体系为目标，加强制度建设。

　　本书的一大重点是研究加拿大教师教育的历史发展、政策变迁和治理模式。加拿大教师教育成功的关键在于其治理体系的多元化和协同性。国家、省级政府、大学和教师协会等多个主体在教师教育的治理中各司其职,形成了一个高效运转的治理网络。此外,加拿大教师教育的治理还体现了对教师专业发展的重视,通过一系列的政策和措施,促进了教师专业技能的提升和教育质量的提高。

本书的另一大重点是探讨加拿大教师教育治理经验对中国教师教育改革的启示。在全球化的背景下,中国教师教育面临着诸多挑战和机遇。加拿大的经验为我们提供了一个宝贵的参照系,帮助我们思考如何构建一个更加开放、灵活和高效的教师教育治理体系。借鉴加拿大的成功经验可以更好地推动我国教师教育的改革,提升教师的专业素养,最终实现教育的现代化和国际化。

最后,笔者衷心感谢在本书撰写过程中给予我支持和帮助的导师、朋友、同事和家人。感谢浙江大学和浙大宁波理工学院提供的学术资源和研究平台,感谢我的导师和同事们的宝贵意见和建议。同时,我也要感谢我的家人,他们的理解和支持是我完成这本书的坚强后盾。

目 录

第 1 章
概　述

　　本章旨在为读者提供一个全面的背景介绍和研究框架,概述本书的研究主题和目标,明确研究的意义和必要性,详细介绍研究的背景和现状,分析当前领域的主要问题和挑战。在研究背景部分,本章探讨研究的起源,回顾相关领域的重要里程碑和关键事件,具体包括我国教师教育发展的内生需求、加拿大教师教育在国际的地位以及加拿大教师教育治理经验的借鉴价值。本章明确了本书在理论和实践方面的研究意义,提出本书主要解决的研究问题,明确研究的重点和方向。同时,对本书涉及的关键概念进行界定,确保读者对相关术语有清晰的理解,包括教师教育、治理、教师教育治理和多元主体协同等。此外,本章还阐述了对研究有支持和指导作用的相关理论,具体包括教师专业发展阶段理论和治理理论。

1.1　研究背景

1.1.1　我国教师教育发展的内生需求

　　自 21 世纪以来,各国的科学技术迅猛发展,知识以惊人的速度更新,教师教育成为世界各国争相寻求发展和增强国力的基石。我国的教师教育自 20 世纪 90 年代以来蓬勃发展,国内各级政府、机构和学者从教师教育政策、教师教育研究与实践等方面来支持和推进我国教师教育发展,内容涵盖了教师教育内涵、教师教育特征、教师培养体系、教师教育课程等。

　　"教师教育"这一术语首次出现在我国 1999 年 6 月发布的《关于深化教育改革、全面推进素质教育的决定》之中,其中明确将建设高质量的中小学教师队伍作为教师教育改革的未来举措之一,而实施这一举措的根本在于如何完善教师教育治理。自此,我国围绕教师教育的系统性重构开展了长期、持续的探索,通过一系列政策文件来推进教师教育的治理。同年,教育部发布的《关于师范院校布局结构调整的几点意见》提出要逐步形成具有中国特色、时代特征,能体现终身教育思想的中小学教师教育新体系。2001 年国务院发布的《关于基础教育改革与发展的决定》明确指出要"完善以现有师范院校为主体、其他高等学校共同参与、培养培训相衔接的开放的教师教育体系"①。2002 年教育部制定的《关于"十五"期间教师教育改革与发展的意见》提出"初步形成以现有师范院校为主体,其他高等学校共同参与,培养培训相衔接,体现终身教育思想的开放的教师教育体系"②。2012 年国务院发布的《关于加强教师队伍建设的意见》提出,要"构建以师范院校为主体、综合大学参与、开放灵活的中小学教师教育体系"③。2018 年中共中央、国务院印发的《关于全面深化新时代教师队伍建设改革的意见》提出,要"建立以师范院校为主体、高水平非师范院校参与的中国特色师范教育体系,推进地方政府、高等学校、中小学'三位一体'协同育人"④。同年,教育部等五部门制定的《教师教育振兴行动计划(2018—2022 年)》提出:"发挥师范院校主体作用,加强教师教育体系建设。加大对师范院校的支持力度,不断优化教师教育布局结构,基本形成以国家教师教育基地为引领、师范院校为主体、高水平综合大学参与、教师发展机构为纽带、优质中小学为实践基地的开放、协同、联动的现代教师教育体系"⑤。上述政策文件表明我国从源头上对新时代教师教育治理给予了高度重视,以及完善教师教育治理的意图和决心,也意味着我国教师教育打破了早先的传统理念和格局,关注教师教育现代化治理中多元主体共同治理的发展趋势。

我国教师教育经过近 30 年的努力探索,逐步形成了四级三轨教师教育体

---

① 国务院.国务院关于基础教育改革与发展的决定[EB/OL]. http://www. moe. gov. cn/jyb_xxgk/moe_1777/moe_1778/201412/t20141217_181775. html, 2001. 05. 29/2019 - 02 - 21.
② 教育部.关于"十五"期间教师教育改革与发展的意见[EB/OL]. http://www. moe. gov. cn/srcsite/A10/s7058/200203/t20020301_162696. html, 2002. 03. 01/2019 - 02 - 21.
③ 国务院.国务院关于加强教师队伍建设的意见[EB/OL]. http://www. gov. cn/zwgk/2012-09/07/content_2218778. html, 2012. 09. 12/2019 - 02 - 21.
④ 中共中央国务院.中共中央国务院关于全面深化新时代教师队伍建设改革的意见[EB/OL]. http://www. xinhuanet. com/2018-01/31/c_1122349513. html,2018. 01. 31/2020 - 02 - 12.
⑤ 教育部.教育部等五部门关于印发《教师教育振兴行动计划(2018—2022 年)》的通知[EB/OL]. http://www. moe. gov. cn/srcsite/A10/s7034/201803/t20180323_331063. html, 2018. 03. 22/2019 - 09 - 26.

系,由原先的一元化、封闭式培养步向一体化、开放式培养,寻求教师教育的专业化、一体化和多元化。近年来我国学生连续在国际学生评估项目(PISA)中表现优异,令世界各国瞩目。毋庸置疑,这也间接证明了我国教师教育体系的改革是颇有成效的。然而在收获成就与经验的同时,学界专家们发现新的问题与改革相伴相生。为了更好地促进教师教育的内涵式发展,推进教师教育治理体系现代化成为我国当前教师教育改革的热点话题。而分析和借鉴其他国家或地区的良好经验和做法是行之有效的途径,因为他山之石,可以攻玉。

1.1.2　加拿大教师教育处于世界前列

近年来,美国、芬兰、加拿大、澳大利亚等发达国家在教育改革上的成就令人瞩目,这与他们拥有一支高素质、高水平和高标准的教师专业人才队伍密不可分。在我国教师教育研究领域,只有"美国"出现在了词频前 10 的关键词中,应该增加对其他国家的关注和研究,使研究多元化,进一步拓宽教师教育研究的视野。而加拿大作为全球教师教育的卓越代表,其教师教育有着悠久的历史。早在 20 世纪 50 年代至 80 年代期间,加拿大各省便陆续实现了教师教育大学化[①],是较早完成教师教育大学化的国家。20 世纪 80 年代之后,加拿大教师教育出现了注重教师职前教育、入职培训和职后进修的一体化趋势以及强调教师的培养机构"合作化"和"伙伴化"的趋势,"以大学为本"的教师教育开始慢慢转向了由大学和中小学合作的、多元开放的教师教育。2013 年加拿大开始推行卓越教师培养计划,各省教师的专业化发展不断得到加强,在教师教育管理体制、责任目标、课程内容、教学方法等方面开展了一系列改革,对他国有可借鉴的参考意义。美国著名教师教育家利伯曼(Lieberman)等学者提到加拿大是教师教育实施最成功的国家之一。[②] 加拿大良好的教育质量"与其高质量的教师教育项目密不可分"[③],在追求卓越教育的发展理念下,成就了以安大略省、阿尔伯塔省和英属哥伦比亚省为代表的优质教师教育,因此其在教师教育治理方面的经验和成就吸引了各国的目光。

---

① 谌启标. 加拿大教师教育大学化的传统与变革[J]. 比较教育研究,2005(11):61-64.

② Darling-Hammond, L. E. & Lieberman, A. E. Teacher Education Around the World: Changing Policies and Practices [M]. London: Routledge, Taylor & Francis Group, 2012:viii.

③ 江淑玲. 加拿大职前教师教育项目的使命、特色与价值取向:以英属哥伦比亚大学为例[J]. 比较教育研究,2020(8):105.

此外,笔者于 2016 年前往加拿大英属哥伦比亚大学访学。在加拿大英属哥伦比亚省温哥华市访学期间,笔者有幸在朋友的带领下参观了当地的小学,观摩课堂教学,并有机会和当地的中小学教师进行交流。笔者惊讶于温哥华小学课堂上的"别样精彩"、教师与学生间良好的对话交流氛围,以及教师对课堂把控的自由度和教学时所迸发的智慧火花。后来,笔者又了解到加拿大的教育一直位于世界前列,学生在 PISA 中表现不俗,便由此产生了解加拿大教师教育治理的兴趣,希望能对我国教师教育治理形成有益借鉴。

1.1.3　加拿大教师教育治理经验的借鉴价值

加拿大教师教育治理经验的可借鉴性取决于本书是否有合理的借鉴目的、能否发挥借鉴的主体性、借鉴内容的有效性、我国和加拿大教师教育之间的共性和差异性。

首先,本书对加拿大教师教育治理经验的借鉴有合理的目的,对加拿大教师教育的借鉴绝非是不加批判的接受和移植,而是本着对当前我国教师教育治理的现实关怀,希望能通过"加拿大视域"的镜照和借鉴以找寻解决我国教师教育治理现实困境的资源与方法,补充我国教师教育治理可借鉴案例和资源,发展和完善我国教师教育,从而服务于我国教师教育治理的发展和创新。

其次,本书对加拿大教师教育的借鉴始终以中国教师教育治理为落脚点,兼收并蓄,试图在"国际化"与"本土化"中找寻契合点。剖析得出的加拿大教师教育治理经验要放在中国教师教育的实际当中去理解,并运用至对我国教师教育治理的具体问题的分析和解决中去,而非用加拿大教师教育的理论和实践来评判我国教师教育的优劣。

再者,我国借鉴的加拿大教师教育改革经验具有有效性。所借鉴的内容已在加拿大的教师教育中实践过,有些已获得成功,有些还在尝试阶段,但它们都是加拿大的相关学者们经过了深思熟虑后采取的有益举措。因此,对这些经验的研究、反思和审视是富有意义的,也是富有成效的,能为我国指引借鉴的路径。

最后,尽管我国和加拿大教师教育所根植的历史和文化存在差别,而且两国以不同的形式进行着教师教育理论和实践方面的探索,但是两个国家在培养卓越教师方面有着同质性和共通性。这些共通性体现在教师教育发展的目标、卓越教师应具备的素养、对教师教育一体化的专业发展的认同、教师教育课程体系和结构等方面。有了这些共识,加拿大教师教育不同于我国的发展经验才

有了借鉴的价值,而在这些共性的基础之上所产生的差异同样值得我们关注和
借鉴。

1.2　研究意义

　　教师教育治理现代化是教师教育发展的迫切要求和基本保障。教师教育
治理的形成动因和轨迹、结构、制度、课程等对一国之教师教育发展有着关键作
用,"通过比较研究西方发达国家教师教育治理实践,寻求对我国教师教育治理
改革的有益启示和警醒,应成为重要研究内容"①。本书探寻加拿大教师教育
治理的历史轨迹,分析和探讨加拿大教师教育治理中多元主体协同的治理结
构、一体化培养、以标准为导向的机制和实践取向方式,从中反思和借鉴加拿大
教师教育治理的经验,为我国教师教育治理提供借鉴,进而服务于我国培养卓
越教师的理想和实践。

　　在理论意义方面,本书有助于拓宽现有的教师教育研究视野,丰富现有理
论研究。我国对教师教育治理的研究表现出积极的态势,国内学者们的研究集
中在教师教育制度重建、政府主导地位、教师教育范式等治理议题,并意识到教
师教育治理研究中本土研究的重要性,探讨了教师教育治理的本土实践等,但
笔者在梳理加拿大教师教育治理及其多元主体在教师教育治理中的角色定位
及作用时发现,阐释和分析其对我国教师教育治理主体、运行机制、实践的启示
等方面仍有待补充。本书在梳理加拿大教师教育治理的同时,剖析其治理经验
形成的地理、政治、经济、文化背景,对不同教师教育治理主体间的关系及合作
的机制进行分析及学理阐释,并尝试针对我国教师教育治理中的"真问题"提出
我国教师教育有效治理结构、方式、机制及实践的构想。

　　在实践方面,本书全面、深入、动态地解读加拿大教师教育的深层发展样
态,剖析加拿大教师教育治理的逻辑理路和实践举措,对我国当前的教师教育
发展有一定的指导作用和借鉴意义。首先,近年来我国的教师教育紧随教师教
育改革的国际趋势,主动谋求发展,在教师的专业化、一体化和开放化等方面取
得了成就,但是在教师教育实践中也面临着严峻的挑战,依然存在"教师体系的
层次结构不尽合理;培养培训相互衔接一体化程度较低;教师教育体系开放程
度不高;教师教育制度建设有待加强;师资培训模式比较单一;教师教育观念、

---

① 杨跃. 教师教育治理研究:价值、内容与方法[J]. 教师教育研究,2016(6):92.

课程体系、教学内容和教学方法不能适应教育现代化和实施素质教育的要求"①"教师准入制度尚不健全""教师教育机构分离,整体功能发挥不够""教师职后进修流于形式""教师教育监测体系尚不完善"等突出问题。② 如果采用"头痛医头,脚痛医脚"的方式来对待这些问题,恐难从根本上解决,那么就很有必要将教师教育视为一个复杂的系统,从治理的角度看待这些问题,这更有利于我国教师教育以整体、系统、联系的视角寻求解决之道,形成长效的发展机制。其次,我国已将教师教育治理体系现代化提上了发展议程。2018 年 1 月31 日,中共中央、国务院印发的《关于全面深化新时代教师队伍建设改革的意见》提到要"突显教师职业的公共属性,强化教师承担的国家使命和公共教育服务的职责",要"研究制定师范院校建设标准和师范类专业办学标准",还要"完善教师资格考试政策,逐步将修习教师教育课程、参加教育教学实践作为认定教育教学能力和取得教师资格的必备条件"③。这既明确了政府在教师教育治理中的主体地位,也表明了我国将从教师培养、进修培训、资格认证、管理、评价等层面完善和规范现有教师教育制度,构建现代化的教师教育治理体系。因此,对教师教育治理展开研究符合我国教师教育当前和未来发展的现实需求,体现了本书对我国教师教育发展的现实关怀。

1.3 研究问题

教师教育治理既是国际发展趋势,又是我国发展的内生需求。尽管加拿大是个联邦国家,各省实施教育事务自治管理,但从泛加拿大的层面看,各省在教师教育发展中逐渐产生了共通性,教师教育的理念和价值取向趋于一致。④ 在加拿大教师教育发展的整个历程中,加拿大一直关注他国教师教育改革的动态,不断调整本国的教师教育体系。作为卓越教师教育的代表,加拿大在教师教育治理方面的举措和经验具有代表性,可以为其他国家提供参照。对加拿大

---

① 贺祖斌. 教师教育:从自为走向自觉[M]. 桂林:广西师范大学出版社,2007:48 - 49.
② 李森. 论教师教育治理体系现代化[J]. 西南大学学报:社会科学版,2014(5):65.
③ 中共中央国务院. 中共中央国务院关于全面深化新时代教师队伍建设改革的意见[EB/OL]. http://www. xinhuanet. com/2018-01/31/c_1122349513. html,2018. 01. 31/2020 - 02 - 12.
④ Lessard, C., Brassard, A. Education Governance in Canada: Trends and Significance [EB/OL]. https://www. researchgate. net/publication/267778463 _ Education _ Governance _ in _ Canada_Trends_and_Significance, 2021 - 05 - 23.

教师教育治理体系的探索和分析有助于发现其教师教育治理的良好经验和实践做法,寻求可借鉴的资源和可能路径,为我国相关领域的学者和研究者了解加拿大教师教育治理提供充分的参考信息,并为我国教师教育治理体系现代化提供有益的思路。基于此,本书的研究问题为:

(1)我国教师教育治理的现状是什么样的? 目前存在的治理困境有哪些?

(2)加拿大教师教育治理的嬗变过程是什么样的? 从历史叙事的角度梳理和分析加拿大教师教育治理的历程和发展脉络,明确加拿大教师教育的治理样态及其形成的背景、原因和基础。

(3)加拿大教师教育的治理逻辑是什么? 形成了怎样的治理结构? 这一研究问题离不开"由谁治理""治理什么""何以治理""怎么治理"四个基本内容,即治理主体、治理本质、治理运行和治理实践。这四个方面构成治理的四重逻辑,形成治理的整体格局。

(4)加拿大教师教育治理经验是否具有可借鉴性? 我国与加拿大有着相同的培养"卓越教师"目标,尽管加拿大教师教育所根植的历史、文化和制度与我国有所不同,但其推进教师教育治理中的相关经验及举措可以补充我国教师教育治理可借鉴案例和资源,成为解决我国教师教育治理现实困境的资源与致思取径。

(5)加拿大教师教育治理对我国教师教育有什么样的启示? 本书的落脚点在于对我国教师教育的现实关怀,服务于我国教师教育治理的创新和发展,从加拿大教师教育治理中汲取有益的经验,结合我国教师教育治理的现实困境提出建设性的建议。

1.4 概念界定

1.4.1 教师教育

回顾历史长河,义务教育的普及、教师职业的产生和社会的变革对教师教育的发展起到了很好的推动作用。教师教育在历史长河的推进中逐渐延伸和发展,历时性地采用了"学徒""职业培训""师范教育""教师培训""教师教育""教师专业发展"等术语,这些术语体现了教师教育这一概念由早期的"经验模仿"步向现今的"教师专业化"的变迁,始终保持着动态、深化和趋同的发展态势,其内涵不断得到充实。

从教师教育的内涵看,其可以被理解为"对教师进行教育"或"关于教师的教育"。"对教师进行教育"指的是教师的职后培训,"关于教师的教育"包括教师的职前教育和职后培训。时至今日,国际上普遍认可的教师教育应是教师培养的专业教育,包含了职前教育、入职教育和职后培训。[①] 2001 年,国务院在《关于基础教育改革与发展的决定》中首次提出教师教育这一概念,将其视为"在终身教育思想指导下,按照教师专业发展的不同阶段,对教师的职前培养、入职培训和在职研修通盘考虑,整体设计,体现了对教师的教育是连续的、可发展的、一体化的教育过程"[②]。由此可见,教师教育是教师的终身学习过程,教师职前教育、入职培训和职后进修三个阶段有机联结,构成一个专业、完整的体系。

从教师教育的属性看,教师教育具有专业性、公共性、公平性和国家性等复杂属性。公共性、公平性和国家性又被学者统称为公益性,意指为国家的基础教育培养合格的教师。因此,教师教育是一国"公共教育发展的产物",是公共教育属性的延伸,理所当然具有鲜明的公益性。这也意味着"政府必须承担教师教育职责"[③],教师教育"必须由国家的直接投入和管理来保证"[④],国家通过行政手段控制对教师教育的投入、生产和分配,"按教育需求者提供教育服务"[⑤]。同时,教师教育要满足一国之教育系统对合格或卓越教师的需求,培养教师的实践智慧,体现教师的职业特点、专业能力和知识水平,完善社会制度,助推社会进步。这也意味着教师教育作为专业教育的特性不可或缺,而这一专业性往往伴随着标准化制度的建设。因此,教师教育的专业性并不是对其国家性和公共性进行否定,而是体现了其"国家'公共'的性质"[⑥]。毕竟世界上大多数国家的教师资格证书由国家行政部门颁发,"教师不可能避开国家对教育系统所负的责任和所实施的控制"[⑦],具体涉及了教师教育机构、教师教育制度、

① Sikua, J. Handbook of Research on Teacher Education [M]. New York: Simon&Schuster Macmillan, 1996:15.
② 马立. 推进教师教育改革加快基础教育改革和发展[J]. 人民教育,2001(8):10 - 11.
③ 杨跃. 保卫教师教育的公共性:公共治理视野下对教师教育改革的思考[J]. 当代教育科学,2013(8):4.
④ 郑新蓉. 社会转型时期师范教育的属性探讨[J]. 高等师范教育研究,1999(6):3.
⑤ 靳希斌. 市场经济大潮下的教育改革[M]. 广州:广东教育出版社,1998:127.
⑥ 郑新蓉. 社会转型时期师范教育的属性探讨[J]. 高等师范教育研究,1999(6):4.
⑦ 托斯顿·胡森,纳维尔·波斯尔思韦特. 简明国际教育百科全书[M]. 许建钺,译. 北京:教育科学出版社,1992:166.

教师教育评估、教师教育知识体系等全方位的专业化维度。这决定了教师教育
需要妥善治理才能发挥出其应有的功能,单靠国家作为单一主体是远远不够
的,这已成为世界各国的共识。此外,从教师教育的教育层次看,它可以具体划
分为小学教师教育、中学教师教育和大学教师教育三大类;其中小学教师教育
和中学教师教育面向的是基础教育,而大学教师教育面向的是高等教育。由于
小学、中学和大学这三个教育阶段中的学生背景和特点各有不同,这三大类教
师教育亦不能等同论之。

　　基于此,本书所使用的教师教育概念包含以下含义:其一,本书将教师教育
视为多元主体参与的,通过良好的治理方式形成的职前、入职和职后一体化体
系;其二,本书的教师教育仅涉及我国和加拿大的小学和中学教师教育,不包含
大学教师教育。

1.4.2　治理

　　何为治理?"治理"一词在我国有着悠久的历史和含义。在《康熙字典》中,
"治"为水名,后被引申为修治、惩治、医治等意思;"理"意为物质本身的纹路、层
次或客观事物本身的次序。在古时,我国将"理"视为攻玉方法,玉的加工雕琢
须沿着玉石的固有纹路和本身特性。在中国文化中,顺势而为地处理和管理为
"治理"的应有之义,治理要顺应客观事物的情况,遵循客观规律。西方文化中
的"治理"(governance)一词源自拉丁文"gubernare"和希腊文"kubernetes",意
为"古代的船长或舵手",早期的含义为顺流、导航和引导,后被引申为控制、操
纵和行使权力。从词源含义看,西方文化中的治理因势利导,与我国文化中的
治理如出一辙。"治理"不同于"管理",管理的权威主体往往是政府,依靠自上
而下的权力运行;管理指的是机构或人被赋权后通过计划、组织、领导、协调、控
制等行为来协调他人的活动,共同实现既定目标。而"治理"被视为由共同目标
支持的活动,"随着治理范围的扩大,各色人等和各类组织得以借助这些机制满
足各自的需要,并实现各自的愿望。"①这意味着治理涉及的主体和机制包括了
政府层面和非政府层面。尽管治理的定义纷繁众多,但最具代表性的定义来自
全球治理委员会:"治理是个人和各种公共的或私人的机构管理其共同事务的
诸多方式的总和,是使相互冲突的或不同的利益得以调和并且采取联合行动的
持续的过程,既包括有权迫使人们服从的正式制度和规则,也包括各种人们同

---

① 詹姆斯·罗西瑙. 没有政府的治理[M]. 张胜军,刘小林等,译. 南昌:江西人民出版社,2014:5.

意或认为符合其利益的非正式的制度安排。"①格里·斯托克指出："治理的本质在于,它所偏重的统治机制并不依靠政府的权威和制裁。治理的概念是,它所要创造的结构和秩序不能从外部强加;它之发挥作用,是要依靠多种进行统治的以及互相发生影响的行为者的互动。"②显而易见,治理强调的是政府、社会、市场和其他相关主体对公共事务的共同治理,即如何创造条件实施集体行动和保证社会秩序。在世界范围内,"治理"被简化为"致力效率和负责任的政府的同义语"③。政府在治理中仍然发挥着关键作用,允许政府以外的其他机构和组织参与事务治理,并承认其作出的贡献。在治理过程中,实施集体行动的各方主体之间存在着权力依赖。这意味着在治理中,各方主体彼此依赖,共生共存,为了达到集体行动的目的,他们必须基于一定的游戏规则和环境来互动,形成伙伴关系,"交换资源,谈判共同的目标"④,由此所构建起来的治理关系依靠的是上下互动的权力向度,可以说"治理是管理的高级形态"⑤。

20世纪70年代,西方各国开展政府再造运动,治理作为一种新型的理论分析框架被运用到公共管理领域,而后又被延伸到其他领域,如社会、经济和教育。各个领域中治理的定义和用法不尽相同,政治、社会和经济等领域讨论的治理基于如何解决政府失灵、市场失灵的角度展开,强调政府、市场和社会对公共事务的共同管理。在教育领域,衍生出教育治理理论。作为一种方兴未艾的新型理念和理论,教育治理涉及教育观念、组织结构和管理体制等诸多方面的深刻变革,是指"国家机关、社会组织、利益群体和公民个体,通过一定的制度安排进行合作互动,共同管理教育公共事务的过程"⑥。与其他领域中的治理一样,教育治理的本质在于多元主体共同管理教育公共事务。

1.4.3 教师教育治理

教师教育治理是将治理理念引入教师教育领域的产物,也是各国推进教育治理现代化和提高治理能力的重要内容。自21世纪以来,各国纷纷实施教师教育治理变革,构建教师教育治理体系和提升治理能力。

① 俞可平.治理和善治[M].北京:社会科学文献出版社,2000:7.
② 格里·斯托克,华夏风.作为理论的治理:五个论点[J].国际社会科学杂志(中文版),1999(1):19.
③ 格里·斯托克,华夏风.作为理论的治理:五个论点[J].国际社会科学杂志(中文版),1999(1):20.
④ 格里·斯托克,华夏风.作为理论的治理:五个论点[J].国际社会科学杂志(中文版),1999(1):24.
⑤ 戴伟芬.美国教育治理研究[M].武汉:湖北教育出版社,2020:1.
⑥ 褚宏启.教育治理:以共治求善治[J].教育研究,2014(10):4.

国内外学术界对教师教育治理的认识和理解形成一定共识,对教师教育治理的定义普遍与当前新兴的最佳实践标准、对提高实践质量的追求以及教师作为道德代理人的看法相一致[①],要致力于专业的教学表现和追求专业学习,"通过创建致力于专业化的教师教育和教学机构来进行系统改革"[②]。吉迪昂斯提出教师教育治理应包含 4 个要素:①促进教学专业化的定义和承诺;②建立国家教师教育认证体系;③支持教师教育者参与与其职责相关的评估工作;④摒弃当前教学认证和/或就业的不良做法。[③] 刘冬冬和李想认为教师教育治理是"以促进教师专业化发展和提高教师教育质量为目的,多元教师教育治理主体参与,通过协商、合作等方式,推进教师教育一体化的新型教师教育机制体系"[④]。李森指出教师教育治理应是由"多维主体协同参与,通过协商、审议、合作等方式,推进教师职前培养、入职指导和职后进修一体化的新型教师教育体系"[⑤]。杨跃将教师教育治理的定义归纳为"政府、大学、市场、社会及公民等多元主体共同参与、协作应对教师教育公共事务并承担相应责任的新型管理和服务模式"[⑥]。荀渊将教师教育治理定义为"政府、教师教育机构、中小学校、教师及教师专业组织、社会与公民等多元主体为共同参与、协作处理教师教育公共事务而建立的一系列制度、程序与行为的总和"[⑦]。

概括而言,上述概念的涵义虽表述不同,但都不约而同地包含了治理主体、治理方式和治理内容等核心要素,涉及了教师教育治理的程序和制度、方式和手段、机制等。纵向上看,教师教育治理理念、结构和机制是在教师教育发展的历史变迁中逐步形成和完善的;横向上看,教师教育治理主体间通过有效的方式、标准、制度形成良好的治理方式和运作机制。综合这些内容和要素,本书认

① Sockett, H. Accountability, trust, and ethical codes of practice [A]. Goodlad, J., Soder, R. & Sirotnik, K. A. The Moral Dimensions of Teaching [C]. San Francisco: Jossey-Bass, 1990: 224 - 250.

② Gideonse, H. D. The governance of teacher education and systemic reform [J]. Educational Policy: An Interdisciplinary Journal of Policy & Practice, 1993(4):416.

③ Gideonse, H. D. The governance of teacher education and systemic reform [J]. Educational Policy: An Interdisciplinary Journal of Policy & Practice, 1993(4):414.

④ 刘冬冬,李想. 教师教育治理体系现代化:基本内涵、现实困境与破解路径[J]. 教育参考,2021(1):12.

⑤ 李森. 论教师教育治理体系现代化[J]. 西南大学学报:社会科学版,2014(5):68.

⑥ 杨跃. 教师教育治理研究:价值、内容与方法[J]. 教师教育研究,2016(6):90 - 95.

⑦ 荀渊. 推进教师教育治理体系与治理能力现代化[J]. 华东师范大学学报:教育科学版,2018(4):38.

为教师教育治理是一个有机的、完整的、复杂的、动态发展的系统工程,是多元主体经过漫长的历史演变过程而形成的,其通过有效的运作机制来共同治理教师教育事务,依托教师教育课程推进教师教育一体化发展。因此,治理的历史形成、治理主体的责权利及其相互关系、课程治理体系、制度程序及实践等是研究教师教育治理不容忽视的诸多因素,也是本书探讨教师教育治理将涉及的内容。

1.4.4 多元主体协同

各国在推进现代化治理的过程中形成了一个共识,即治理过程涉及多方利益,单靠一方之力量很难妥善解决。因此,"以政府或市场为主的一元治理模式已不能满足经济和社会的发展需求"①,参与治理的主体由一元主体转向多元主体。"多元"意为各种各样;"协同"是指"协调两个或者两个以上的不同资源或者个体共同完成某一目标"②;"主体"是指实践活动和认识活动的承担者。从纵向结构看,治理主体可分为国家层面的治理主体和地方层面的治理主体。从横向结构看,公共事务的治理需要整个社会来共担责任,往往涉及更多的专业经验、技术、信息和意见等,因此多元主体涵盖了代表"公"利和"私"利的组织和个人。西方学界将之划分为公共机构、私人机构和非营利组织等治理主体;我国的话语体系中常将其概括为政府、市场和社会组织。从公共管理的角度看,多元主体包括了 5 个层面,即"中央政府、地方政府、企业和各种市场主体(包括消费者和代表整体利益的行业组织等)、社会组织(公益性和互益性)、公民和公民各种形式的自组织"③。"多元主体协同"被视为一种治理模式,"让国家和公民、社会组织展开合作,每一方都应当充当另一方的协作者和监督者"④。多元主体协同的治理形态是"中心发散型"⑤,强调政府的主导作用,协同其他各方主体力量实施共同行动,形成动态的合作关系,实现"善治"的目标。实际上,多元主体协同的治理模式并非西方的产物,我国自古以来秉持着"和而

① 王名,蔡志鸿,王春婷. 社会共治:多元主体共同治理的实践探索与制度创新[J]. 中国行政管理,2014(12):17.
② 百度百科. 协同[EB/OL]. https://baike.baidu.com/item/%E5%8D%8F%E5%90%8C/5865610?fr=aladdin,2022 - 10 - 20.
③ 王名,蔡志鸿,王春婷. 社会共治:多元主体共同治理的实践探索与制度创新[J]. 中国行政管理,2014(12):17.
④ 程琰. 协同治理下多元治理主体的组织法研究[D]. 重庆:西南政法大学,2020:1.
⑤ 朱宁. 协同治理、网络化治理、整体性治理概念辨析[J]. 区域治理,2022(18):63.

不同,求同存异"以及"以和邦国"的文化传统和重要理念,以"和"为核心,积极调动一切可调动的人和资源,不断焕发治理活力。因此,多元主体协同是我国教育治理改革的必然途径,多元主体之间通过对话、竞争、妥协和合作形成开放、复杂的共治机制和格局。

1.5　理论基础

1.5.1　教师专业发展阶段理论

21 世纪是终身学习的时代,教师职业亦不例外,教师教育贯穿了教师职业生涯的整个过程。进言之,教师教育的治理涉及教师职前、入职和职后,是一体化的专业发展过程。教师专业发展阶段理论始于美国学者富勒于 1969 年编制的《教师关注问卷》,此后,多位学者对教师专业发展阶段展开了论述。较有影响力的教师专业发展阶段理论大致可以划分为关注阶段论、职业生涯周期论、心理发展阶段论和教师社会化发展四大类[①]。

关注阶段论由以富勒为代表的学者提出,他们根据教师在职业不同时期所关注的问题,提出四阶段论:任教前关注、生存关注、教学情境关注和学生关注。任教前关注阶段是师范生接受教育的阶段,他们的教学经验不多,通常以自己的想象来看待和理解教师和教学。关注生存往往发生在教师入职初期,新手教师非常关注自己能否处理教学工作中的人际关系,能否胜任教学和学生管理工作。新教师只有解决了生存关注的焦虑后才能顺利进入下一阶段。[②] 教师开始关注如何提高教学质量,提高学生成绩等。而在关注学生阶段,教师开始注意到学生的个体差异,因材施教,这也是教师步向成熟的标志。

职业生涯周期论的代表有费斯勒和伯顿等学者。美国学者伯顿提出教师职业生涯划分为求生存阶段(0~2 年)、调整阶段(2~4 年)和成熟阶段(5 年以上)这三个阶段,教师一般需要 5 年的时间才能达到成熟阶段[③]。费斯勒提出职业生涯周期模型(详见图 1.1),将教师的职业生涯分为职前期、职初期、能力

① 教育部师范教育司. 教师专业化的理论与实践[M]. 北京:人民教育出版社,2003:68.

② Fuller, F. Concerns of teachers: A developmental conceptualization [J]. American Educational Research Journal,1969(2):207-226.

③ 费斯勒,克里斯坦森. 教师职业生涯周期:教师专业发展指导[M]. 董丽敏,高耀明,译. 北京:中国轻工业出版社,2005.

建构期、热情与成长期、职业挫折期、职业稳定期、职业消退期、职业离岗期8个
阶段,并逐一阐述了各个阶段的定义、特征、个人环境、组织环境、成长需求、激
励措施和支持体系。

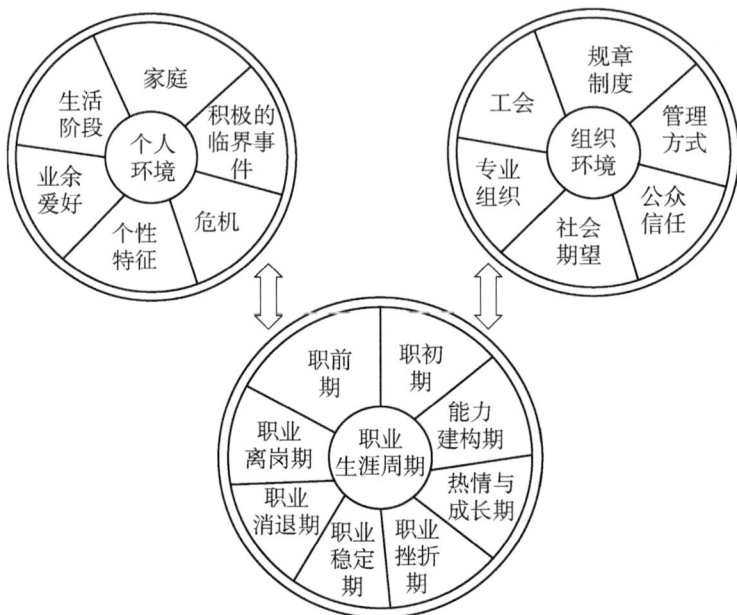

图 1.1 费斯勒的教师职业生涯模型①

　　根据其模型,不难看出教师的职业生涯受到个人环境和组织环境因素的影
响,并非按照线性方式发展,而是不断地对个人和组织环境做出反应,呈现出周
期的动态特征。个人环境涉及家庭、积极的临界事件、危机、个性特征、业余爱
好、生活阶段;组织环境则主要是指学校规章制度、管理方式、公众信任、社会期
望、专业组织和工会等。"支持性的、鼓励性的和援助性的环境能帮助教师追求
有益和积极的职业进步;反之,环境冲突和压力会对职业生涯周期产生负面
影响。"②

　　利斯伍德则提出多维的教师专业发展阶段模式(详见图1.2),认为教师的

---

① Fessler, R. & Christensen, J. The Teacher Career Cycle: Understanding and Guiding the
Professional Development of Teachers [M]. London: Prentice Hall, 1992:36.
② 费斯勒,克里斯坦森. 教师职业生涯周期:教师专业发展指导[M].董丽敏,高耀明,译.北京:中
国轻工业出版社,2005:36.

专业发展包括心理发展、专业知能发展和职业周期发展三个过程。这三个发展阶段既是独立的，又联系紧密；专业知能的发展依赖于心理发展，职业周期发展又与专业知能发展有密切关联。

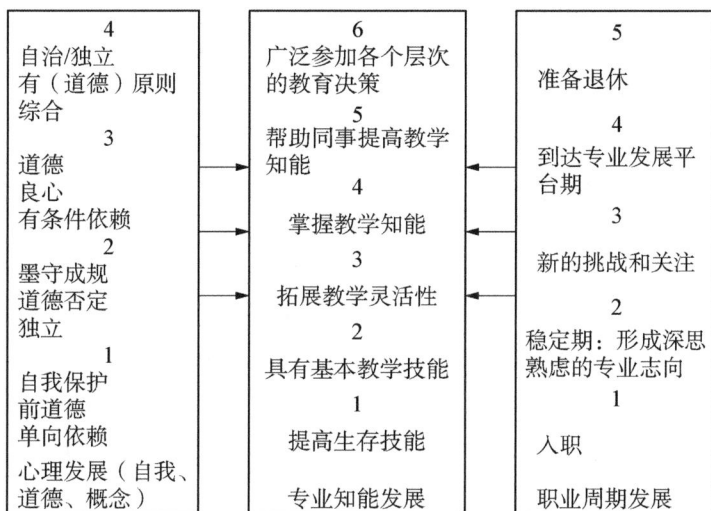

4 自治/独立 有（道德）原则 综合 3 道德 良心 有条件依赖 2 墨守成规 道德否定 独立 1 自我保护 前道德 单向依赖 心理发展（自我、 道德、概念）	6 广泛参加各个层次 的教育决策 5 帮助同事提高教学 知能 4 掌握教学知能 3 拓展教学灵活性 2 具有基本教学技能 1 提高生存技能 专业知能发展	5 准备退休 4 到达专业发展平 台期 3 新的挑战和关注 2 稳定期：形成深思 熟虑的专业志向 1 入职 职业周期发展

图 1.2　多维教师专业发展阶段模式①

专业知能发展含有 6 个阶段，第一阶段到第四阶段与教师的课堂责任相关，第五阶段到第六阶段明确显示了成熟教师在课堂之外与校外应承担的角色。每个阶段都包括在前一个阶段获得的专业知识，通过形成性的经验，更高阶段的专业知识很早便得以酝酿和发展。② 职业周期发展阶段涉及入职阶段、稳定阶段、新挑战和关注阶段、到达专业发展平台阶段和准备退休阶段。心理发展阶段分为自我保护、墨守成规、道德和自治独立这 4 个阶段。心理发展维度把教师视为成人学习者。在第一阶段中，教师的世界观极为简单，并且倾向于二元对立，坚守规则和权威至上。第一阶段的教师不鼓励发散思维，喜欢从众和死记硬背。在第二阶段中，教师表现为墨守成规，容易受到他人期望的影响，不信任来自"外部"的人，对他们持有偏见。他们希望学生遵守规则，不太考虑个人差异或意外。在第三阶段中，教师们开始具有自我意识，开始关注和认

---

① 叶澜. 教师角色与教师发展新探[M]. 北京：教育科学出版社，2001：263.

② Leithwood, K. A. The principal's role in teacher development [A]. Fullan, M. & Hargreave, A. Teacher Development and Educational Change [C]. London: Routledge, 1992：87.

识教学情境中的多种可能性和规则以外的情况。此时的教师面向未来，关注成就，他们的课堂是理性规划和人际关系良好的产物。第四阶段是心理发展的最高阶段，此时的教师明智、有主见，理解规则背后的原因，能从多角度来看待教学情境，应对内部冲突。因此，此阶段的教师侧重有意义的学习、创造性和灵活性。

还有些学者将教师专业发展视为教师社会化的过程。代表学者莱赛从教师社会化的角度将教师职业生涯划分为"蜜月"阶段、"寻找教学资料和教学方法"阶段、"危机"阶段和"设法应付过去或失败"阶段，主要关注教师的个体需要、能力、意向和组织机构间的相互影响。"在社会化过程中，教师在被各种力量程度不等地塑造的同时，他们也在影响和制约着这些力量。"[1]职前教师见习和实习的中小学、大学、教育学院、社会对教师的期望、支持体系与激励措施、专业组织和工会等组织环境对教师有所影响。随着教师由职前期进入职后期，组织环境中各个机构的功能和任务会发生改变。尽管有所改变，"它们的职责是一个连续的统一体"，所以"必须在他们的职责范围内，对职前教师的各种需求提供支持"[2]。

虽然上述教师专业发展阶段理论的研究侧重点不同，但具有共同点。首先，它们都不约而同地将教师的职前教育与职后进修联系起来，将教师教育看作持续学习的过程和整体。教师教育"绝非一蹴而就的一个事件，它包括教师随着时间而发生的变化和分阶段达成的发展目标"[3]。其次，每个阶段的教师有着不同的需求、心态、教学信念和专业水准，教师教育是一个动态发展的过程。最后，每个阶段中教师与不断变化的教学环境彼此关联，相互影响，不断适应彼此，使得专业能力和知识呈螺旋式上升的发展态势。上述特点对教师教育治理体系有一定的启示和指导意义，即应避免割裂且片面地看待教师教育治理体系。教师教育是涉及职前、入职和职后的整体，在治理中，"需要一种综合性政策来确保教师教育重组成一个持续的协调过程，从职前准备开始并贯穿于教

---

① Zeichner, K. M. & Gore, J. M. Teacher socialization [A]. Houstond, W. R. & Harberman, M. Handbook of Research on Teacher Education [C]. New York: Macmillan Publishing Company, 1990:329.

② 费斯勒，克里斯坦森. 教师职业生涯周期：教师专业发展指导[M]. 董丽敏，高耀明，译. 北京：中国轻工业出版社，2005:55-57.

③ Harwell, S. H. Teacher Development: It's Not an Event, It's a Process [M]. Waco: CORD, 2003:21.

师的整个职业生涯"①。而且在治理中,除了遵循"外铄"式的专业发展范式,还需要关注教师不同发展阶段的特征,在治理体系中形成"内塑"的力量,提高教师专业发展的内驱力。

1.5.2　治理理论

治理理论兴起于 20 世纪 90 年代的西方学术界。二战后,世界各国开启福利国家模式,即国家在推进经济和社会发展中起到了绝对主导作用。但 20 世纪 70 年代以后,这种模式的弊端不断地显露出来,市场失灵和政府失灵使愈来愈多的人热衷于以治理机制应对市场或国家政府协调的失败。② 此外,全球化进程对世界各国原有的统治模式形成了强大的冲击和复杂的影响,"关于人权和民主治理的全球化的规范正在穿透国家,重塑传统的主权和自治概念"③。"治理"逐渐成为世界各国施政的目标。④

学术界对"治理"有着多样的定义。治理理论的主要创始人詹姆斯·罗西瑙将治理定义为规则体系,认为治理是"一系列活动领域的管理机制",而"这些管理活动的主体未必是政府,也无须依靠国家的强制力量来实现",它们"既包括政府机制,但也包括非正式、非政府的机制,随着治理范围的扩大,各色人和各类组织等得以借助这些机制满足各自的需要,并实现各自的愿望"⑤。格里·斯托克提出可以从 5 个关键维度来理解治理:①治理权力的中心不局限于政府,而是一系列社会公共机构和行为者;②治理过程中,国家、社会和市场的界限和责任具有模糊性;③治理是一种存在着权力依赖的集体行为;④治理的参与者形成自主网络;⑤政府采用的是引导的方式来处理公共事务,而不是依靠权威。⑥ 上述维度意味着治理从政府垄断中解放出来,形成多元主体共治的局面。⑦ 库伊曼等人认为治理"所要创造的结构或秩序不能由外部强加;它之

---

① 赵中建. 全球教育发展的历史轨迹:国际教育大会 60 年建议书[M]. 北京:教育科学出版社,1997:397 - 398.

② 雨竹. 1929—1933 年世界经济危机的状况、原因及对策[J]. 江西社会科学,1991(5):45 - 52.

③ Gordon, S. & Moises, N. Altered States: Globalization, Sovereignty and Governance [M]. IDRC Books, 1999:27,转引自俞可平. 论国家治理现代化[M]. 北京:社会科学文献出版社,2014:47.

④ 俞可平. 论国家治理现代化[M]. 北京:社会科学文献出版社,2014:15.

⑤ 吴志成. 全球化视阈中的治理理论分析[J]. 理论探讨,2006(1):100 - 104.

⑥ 俞可平. 治理与善治[M]. 北京:社会科学文献出版社,2000:34.

⑦ 吴慧平. 西方大学的共同治理[M]. 北京:北京师范大学出版社,2012:88.

所以发挥作用,是要依靠多种进行统治的以及互相发生影响的行为者的互动"①。目前被广泛接受的定义来自全球治理委员会,他们将治理看作各种公共机构和私立机构以及个人管理其共同事务的方式的总和,包括了正式制度和非正式制度;在治理的过程中,不同的利益相关方和矛盾冲突者间的关系得到调整。② 尽管上述治理概念的角度不同,但其实"并不是前后矛盾的,如果将这些概念整合起来,就会形成一个或一套相对比较严密的概念"③。从中可以发现,这些概念有着共同的取向,即"国家、社会与市场以新的方式进行互动,从而应对日益增长的社会以及政策问题的复杂性、多样性和动态性"④。

综言之,治理有别于以往的统治概念,其核心理念在于以下特征。其一,在治理结构中,主体是多元或多中心的。治理的主体包括了政府、企业、社会和公众等。在多元治理模式中,政府通过主导政策规则和相关法律的制定,从而促进自组织网络的形成和运行。在多中心治理模式中,政府的职能角色被重构,定位为"掌舵"而非"划桨",充当"有限政府"而非"全能政府";政府主要起主导作用,对治理的多元主体间的"互动进行监控,以确保特定网络内部和网络间关系中的民主原则和社会平等"⑤。其二,治理的权力是多中心的。不同于统治要求的强制性和服从性,治理强调的是各个参与主体的平等、合作、交流与协商。政府之外的组织和机构参与到相关事务中,来自各利益相关方的诉求得到充分的表达,相关的立法和政策制定得到充分的论证和讨论。其三,治理的权力向度不是自上而下、单向的运行方式,而是平行的、合作的、包容的。治理的运行依靠的是规则、合规和问责(详见图1.3)⑥。

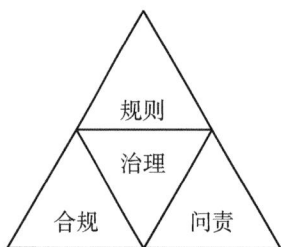

图 1.3　治理的三要素

---

① 俞可平.治理与善治[M].北京:社会科学文献出版社,2000:3.

② Commission on Global Governance. Our Global Neighborhood: The Report of the Commission on Global Governance [R]. New York: Oxford University Press, 1995:2.

③ 乔治·弗里德里克森.公共行政的精神[M].张成福等,译.北京:中国人民大学出版社,2003:78.

④ Kooiman, J. Social-Political governance: Overview, reflection and design [J]. Public Management, 1999(1):67-92,转引自王诗宗.治理理论及其中国适用性[D].杭州:浙江大学,2009:39.

⑤ Denhardt, J. V. & Denhardt, R. B. The New Public Service: Serving, Not Steering [M]. Armonk: M. E. Sharp, 2003:87.转引自薛澜、张帆.治理理论与中国政府职能重构[J].学术前沿,2012(6):7.

⑥ 李维安,徐建.从公司治理到国家治理[M].南京:江苏人民出版社,2018:9.

　　具体而言,规则、合规和问责三要素离不开对治理结构、治理理念、治理机制和治理方式的分析。其中,治理理念是公众对治理持有的看法和观念;治理结构指的是治理的主体结构;治理方式即治理实施时所运用的方式;治理机制则指为了进行有效的治理而制定的规章制度,可以理解为治理的规则。[①] 治理结构需要治理机制来连接。正所谓"不以规矩,不能成方圆",机制是治理正常运行的基础,治理结构中的各利益相关方通过遵守这些机制来维护机制的权威性,彰显各方的权责配置和构建彼此间的关系。治理的方式必须先合规,可以分为强制性合规和自主性合规;前者满足了规则的"底线",后者是积极、自愿地参与,注重自我监督、自我激励等自主性治理机制。良好的治理方式能确保治理的公平性和确保组织的可持续性,避免个人和组织的私利行为。同时,问责是不可或缺的治理机制,"现代治理的问责是集体决策,个人问责"。通过建立有针对性的责任制度,形成有效的权责机构来确保决策的科学性、合理性和公平性。为了避免治理流于形式,应注重对治理过程中规则制度的执行情况的问责。[②] 总体而言,治理结构、治理理念、治理机制和治理方式对应的是"由谁治理""治理什么""何以治理""怎么治理"四个基本问题,上述四个方面形成治理主体、治理本质、治理运行和治理实践四个治理逻辑维度,架构起治理的总体格局,成为本书考察和审视加拿大教师教育治理的一个分析框架(详见图1.4)。

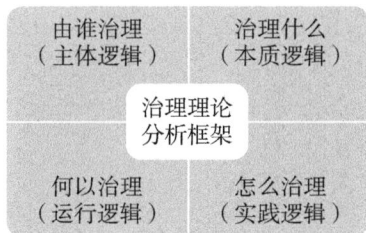

图 1.4　治理理论分析框架

　　治理这一理论被运用到政治、教育、管理等多个领域,用来解释和分析相关领域的问题,有学者提出将治理理论作为一种分析框架,"对解决中国的现实问题有借鉴价值"[③],对开展研究、总结和展示极为有用。本书以这一理论为分析

① 李想. 教师教育治理研究[D]. 沈阳:沈阳师范大学,2017:19.
② 李维安,徐建. 从公司治理到国家治理[M]. 南京:江苏人民出版社,2018:9.
③ 龙献忠. 从统治到治理:治理理论视野中的政府与大学关系研究[D]. 武汉:华中科技大学,2005:45.

框架,将治理结构、治理理念、治理机制和治理方式作为加拿大教师教育治理中的治理主体、治理本质、治理运行和治理实践四个治理逻辑维度,考察、分析和探讨加拿大教师教育治理的多元主体、教师教育一体化、规章制度和实践路径。

第 **2** 章
我国教师教育治理的现状及现实思考

　　我国教师教育有着悠久的历史,"既经历了制度性的革命、体制性的变迁、政策性的调整,也经历了整个实践方式的变革"①。在短短的近 40 年的改革推进过程中,我国教师教育实现了从无到有、从传统到现代、从封闭到开放、从终结性到一体化的转型和改变。师资队伍的学历大幅度提高,已实现教师教育大学化。教师职前培养和在职培训呈现出多层次、多元化和多路径的特点。教师教育的规范性政策文件不断推陈出新,教师专业化发展得到了国家、社会和教育界人士的重视和大力支持。我国教师教育的"改革目标日益清晰,教育机制日益灵活,理论思维日益成熟,专业色彩日益浓厚"②,通过一系列教师教育政策文件的外部质量控制方式,我国教师教育制度正逐步走向规范化、有序化和标准化,取得了一定的改革成果。然而,我国在教师教育改革的探索中仍然面临着一些挑战,亟待进一步思考。

2.1　我国教师教育的体系及管理

2.1.1　我国教师教育体系的形成:30 年来的教师教育政策导向(1990—2020)

　　自中华人民共和国成立后到 20 世纪 90 年代以前,我国教师教育经历了师范教育体系的建设和系统性重构两个发展历程,恢复并重建我国教师的培养和培训,形成独立封闭的师范教育格局。此后,我国进入改革开放和社会建设的

---

① 康丽颖.寻找中国教师教育的实践轨迹[J].教育研究,2006(6):10.
② 龙宝新,李贵安.论我国十年教师教育改革的成就与限度[J].教育理论与实践,2016(4):34.

重要时期,教师教育被视为实现我国现代化建设和强国发展的重要举措。我国教师教育也随之进入开创性的、全新的发展局面。我国通过一系列政策文件来推动教师教育的制度性建设,这些教师教育政策涉及了教师培养、教师培训、教师标准、管理服务和师德建设等方面。在教师教育的制度性建设推进过程中,我国教师教育得到了恢复和改善,从追求数量转向质量至上,教师教育呈现出稳中求进的发展样态,教师教育政策体系和相关管理体制也在持续完善。通过对教育部教师工作司网站上的中小学教师教育政策进行搜索(不含职业教育),经过粗略统计,笔者发现 1990—2020 年间我国在国家层面约发布 40 个相关的政策文件(详见表 2.1)。

表 2.1 1990—2020 年间我国发布的教师教育政策文件

我国教师教育制度性建设	时间	政策文件
教师队伍的专业化建设	1995	《教师资格条例》
	1998	《面向 21 世纪教育振兴行动计划》
	2002	《关于"十五"期间教师教育改革与发展的意见》
	2004	《2003—2007 教育振兴行动计划》
	2004	《农村高中教育硕士师资培养计划》
	2007	《教育部直属师范大学师范生免费教育实施办法(试行)》
	2007	《关于大力推进师范生实习支教工作的意见》
	2010	《中小学教师国家级培训计划》
	2011	《教师教育课程标准(试行)》
	2011	《关于大力加强中小学教师培训工作的意见》
	2012	《"国培计划"课程标准(试行)》
	2012	《关于深化教师教育改革的意见》
	2012	《中学教师专业标准(试行)》《小学教师专业标准(试行)》
	2013	《关于深化中小学教师培训模式改革全面提升培训质量的指导意见》
	2014	《关于实施卓越教师培养计划的意见》
	2016	《加强师范生教育实践的意见》

（续表）

我国教师教育制度性建设	时间	政策文件
	2018	《关于全面深化新时代教师队伍建设改革的意见》
	2018	《教师教育振兴行动计划（2018—2022 年）》
	2018	《关于实施卓越教师培养计划 2.0 的意见》
	2018	《新时代中小学教师职业行为十项准则》
	2020	《新教师入职教育指南》
教师教育体系的一体化、开放和多样	1993	《中国教育改革和发展纲要》
	1996	《关于师范教育改革和发展的若干意见》
	1999	《关于深化教育改革、全面推进素质教育的决定》
	1999	《面向 21 世纪教育振兴行动计划》
	2001	《关于基础教育改革与发展的决定》
	2003	《关于实施全国教师教育网络联盟计划的指导意见》
	2012	《关于加强教师队伍建设的意见》
	2012	《关于"十一五"期间教师教育改革与发展的意见》
教师教育管理的规范	1994	《中华人民共和国教师法》
	2009	《中华人民共和国教师法》（2009 修正）
	2013	《中小学教师资格考试暂行办法》《中小学教师资格定期注册暂行办法》
	2016	《大力推行中小学教师培训学分管理的指导意见》
	2017	《普通高等学校师范类专业认证实施办法（暂行）》
	2017	《中小学幼儿园教师培训课程指导标准（义务教育语文学科教学）》
教师教育的公平和均衡	2004	《关于做好为农村高中培养教育硕士师资工作的通知》
	2004	《新一轮民族、贫困地区中小学教师综合素质培训项目暨新课程师资培训计划》
	2006	《关于大力推进城镇教师支援农村教育工作的意见》
	2012	《关于大力推进农村义务教育教师队伍建设的意见》
	2012	《边远贫困地区、边疆民族地区和革命老区人才支持计划教师专项计划实施方案》
	2018	《深度贫困地区教育脱贫攻坚实施方案（2018—2020 年）》

从年份和数量上看,自改革开放以来,我国对教师教育的重视程度逐年上升,政策文件出台得更为密集和细化。从颁布的法律法规和政策文本内容看,发现1990年至2020年是我国教师教育的法治化、开放化和制度化的发展阶段,我国教师教育的改革正是在这些政策文件的推动下逐步构建和完善我国教师教育的管理机制、制度性建设和现代化体系。具体来看,这些制度性建设主要着力于我国教师队伍的专业化建设,教师教育体系的一体化、开放化和多样化,教师教育的管理规范与教师教育的公平和均衡四个方面。

在教师教育体系方面,这些年来我国通过发布一系列教育政策,改变了早先的教师教育传统理念和格局,促进我国教师教育步向开放化和一体化。首先,改变我国传统教师教育理念和格局的教育政策分别是1993年至2001年期间颁布的《中国教育改革和发展纲要》《关于师范教育改革和发展的若干意见》《关于深化教育改革、全面推进素质教育的决定》《关于基础教育改革与发展的决定》等文件。这些文件颁布实施后,我国一改以往的"老三级"师范教育体系,形成高等师范院校承担教师培养的主要任务、其他综合性高校共同参与的新体系。到2010年,全国参与教师教育的高校达到了495所,承担教师职前培养的院校数量增多,类型也逐步多样。自此,我国教师教育培养机构从单一走向多元,呈现出开放互通式的格局;教师的整体学历和水平也得到显著提升,涵盖了博士、硕士、本科和专科等多个层次。其次,将教师培养的三个阶段有意识地衔接起来,形成职前培养与职后培训一体化、大学与中小学互动合作的体系。1998年至2018年间,我国政策文本中与"教师教育一体化"相关的表述便常常出现。《面向21世纪教育振兴行动计划》和《关于"十一五"期间教师教育改革与发展的意见》等文件直接表明我国教师教育包括了教师专业发展的职前、入职和在职三个阶段。这些政策文件大大推动了我国教师职前培养和在职培训,二者齐头并进共发展;同时教育部通过建立"全国教师教育网络联盟计划"来整合互通全国范围内的优质教师教育资源,形成"国—省—县—校"多层级的教师培训体系。这个联盟也得到了教育部6所直属师范院校以及国内多家媒体的大力支持。这些成员单位后来成为"国培计划"项目的重要承担机构,自2010年我国启动"国培计划"起,它们在其中发挥了重要的作用。2018年,教育部联合其他四个部门发布《教师教育振兴行动计划(2018—2022年)》,提出既要发挥教师教育基地的引领作用,同时要建立优质的中小学实践基地,从而打造协同互通、有机联动的教师教育体系。

在教师教育管理的规范方面,《中华人民共和国教师法》(以下简称《教师法》)是我国教师管理所依据的重要法律,也是我国教师教育合法性的最根本的基础。我国的《教师法》颁布于 1994 年,并在 2009 年修正。《教师法》从立法的外在性维度规定了我国教师应履行的权利和义务,同时也明确了我国教师应具备何种学历才能取得教师资格,政府、学校以及其他相关部门应承担的教师培养和教师培训要求,此外,对教师的福利、评估和考核也给出了立法保障。之后,我国基础教育发展对教师质量提出了新的挑战。国家未来的教育发展规划需要教师拥有良好的师德、良好的教学能力和扎实的专业知识。为了积极响应这一迫切需求,2012 年 8 月,国务院印发《关于加强教师队伍建设的意见》,提供了许多操作性强和针对性强的意见,当中明确指出要"全面实施教师资格考试和定期注册制度"和"完善教师专业发展标准体系",从国家层面提出各地应"实行五年一周期不少于 360 学时的教师全员培训制度,推行教师培训学分制度,制定师范类专业认证标准,开展专业认证和评估,规范师范类专业办学,建立教师培养质量评估制度"[①]。

这一纲领性的政策文件为我国的教师职前培养和职后培训指明了改革方向。随后,我国通过《大力推行中小学教师培训学分管理的指导意见》,在各地施行教师培训学分管理,正式建立起我国的教师培训体系和管理平台。为了保障师范类专业的教学质量,我国在 2017 年发布《普通高等学校师范类专业认证实施办法(暂行)》,师范类认证体系分三级进行检测,当中设置了中学教育和小学教育两门专业的认证标准,由此我国的师范类专业首次有了专门的质量保障。同年,教育部出台了一系列中小学教师培训课程标准,这些标准涵盖了语文、数学和化学三门学科,能为相应学科的教师培训提供设计思路、培训目标和内容、具体教学设计及应用等指导。上述法律和政策文件彰显了我国教师教育管理法治化、规范化和系统化的发展动向。

在专业化建设方面,我国在近 30 多年里针对中小学教师的专业化发展颁发了 15 个政策文件,可见我国对教师队伍专业化的意识超前、行动较早,专业化建设也一直在持续推进。1995 年《教师资格条例》的颁布正式开启了我国教师队伍专业化发展,其中明确规定了教师资格的认定条件、申请要求和证书管理,在早期为教师培养提供了基准。自此,我国教师教育在教师的职前教育和职后专业发展方面持续发力。此后的诸多政策文件主要聚焦在教育实习、教师

---

① 国务院. 国务院关于加强教师队伍建设的意见[EB/OL]. http://old. moe. gov. cn/publicfiles/business/htmlfiles/moe/moe_1778/201209/141772. html,2012. 08. 20/2020 - 06 - 23.

资格认证两个方面。

首先是教育实习,《关于大力推进师范生实习支教工作的意见》和《关于加强师范生教育实践的意见》两个文件对我国的教育实习提供了纲领性的指导,比如我国的教育实习时间应至少是一个学期;实践形式多样化,采用"双导师制"指导实习,并且实习生的考核评价趋向多元和多方共同参与。其次是教师资格认证,《中小学教师资格考试暂行办法》和《中小学教师资格定期注册暂行办法》将中小学教师资格考试确定为我国申请教师资格的必要条件,并将每5年申请一次定期注册作为法规落实下来。此外,我国近年来意识到教师教育课程模式有改革的必要性,2014年发布的《关于实施卓越教师培养计划的意见》提到了要推进教师培养模式、教师教育课程和教师培养机制的改革,从而实现培养卓越教师的目的。2018年,我国通过《关于实施卓越教师培养计划2.0的意见》和《新时代中小学教师职业行为十项准则》。前者基于64所实施2014年"卓越教师计划项目"院校的调研结果和意见征求而研制,其中提出实施卓越教师培养计划的总体思路、目标要求、改革任务、重要举措和保障机制,并将增强师德教育作为提升师资水平的又一新要求。

总的来说,我国这几十年来的教育政策文件营造了较好的教师教育治理环境,从国家层面为教师教育提供了得以发展的"土壤"和方向性引导,我国教师教育治理呈现出积极良好的发展势头和特点。第一,我国教师培养的主流话语由师范教育转向教师教育,统一了我国教师教育的政策话语、学术话语和实践话语①;同时,这一转变也体现了我国教师培养接轨国际的趋势,引发了教师教育治理中对教师专业化的关注和思考,促进了我国教师教育实践更深层次的和全面的改革。教师教育的模式从原先的封闭转为现代化、开放的模式,教师职前培养和职后培训也从传统的相互脱离和割裂转向一体化的教师教育体系,教师培养培训由注重技能的工具性目标转向专业性和人文性目标。第二,我国教师教育治理有着鲜明的政府管控特征,国家行政部门的政策文件对省市和县及地区的指导性非常明显,而且层级管理较为鲜明;教师教育的治理趋向标准化和规范化,教师职前教育课程、教师队伍建设和教师职后培训有章可循,相关的制度建设持续推进,为我国教师教育发展提供指导性意见。第三,我国教师教育治理注重质量的提升,呈现出专业化的诉求,侧重于教师的内涵发展和素质

---

① 中国教育报. 为建设教育强国提供"第一资源"[EB/OL]. https://baijiahao.baidu.com/s?id=1650775448875556958&wfr=spider&for=pc, 2019.11.21/2020 - 07 - 02.

提升,由培养合格的教师转向培养卓越教师。当今信息技术的迅猛发展改变了人们知识学习的方式,教师面临着严峻的挑战和角色转型,我国新时期的教师需要集专业知识、业务能力、教学信念和教学方法于一体,成为"四有"好教师,才能成为带领学生学习、培养学生创新思维和塑造学生爱国之心的引路人。

2.1.2　我国教师教育的管理体制

我国目前采取的是政府主导式教师教育行政管理,从表 2.2 中可以看出我国教师教育管理的职能结构。

表 2.2　我国教师教育管理职能结构

结构	层级	机构		职能
外部	中央	教育部	教师工作司	规划和指导各级各类学校教师队伍建设;拟订教师教育和教师管理政策法规;拟订各级各类教师资格标准并指导实施;宏观指导教师教育和教师管理工作
	省	教育厅	教师工作处	拟订教师队伍建设规划;指导全省教师教育和培训工作;指导教师编制、师德师风、待遇保障、职称评审、表彰奖励等工作;指导实施教师资格制度
	市县	教育局		统筹指导管理全市教师工作和教育系统人才队伍建设;指导全市师德师风建设;组织实施教师资格制度;制定师资管理规章制度
内部	高校	教务处、教育学院/教师教育学院/各个学科院系		负责师范生培养方案、课程设置、学分管理、考核评价;管理师范生的培养
	中小学	教导处		负责教学计划、教研活动、教师培训、教师考核、档案管理

资料来源:根据官方网站内容梳理而成

从管理的外部结构看,我国的教师教育管理呈现出"中央—省—市县"分级管理的鲜明特点,教育部实施由"党中央统一领导,并且由中央和地方进行分类统筹和分层管理"的管理体制,即各级地方政府依照中央的法规政策来管理和实施各级区域内的教师教育。我国教育部下设了教师工作司来宏观管理我国教师教育事务。教师工作司全面负责与教师教育相关的一切事务,其职能涉及教师专业发展的职前、入职和在职三个阶段。6 所教育部直属师范大学由教育部直接管理。

自 2012 年成立以来,教师工作司在推进我国教师队伍建设方面起到了积极的作用。在成立的 8 年时间里,教师工作司在我国的教师教育政策文件的修订和出台中发挥了极大的作用,并大力推进了相关教师教育举措的实施,从而促进了教师培养内涵式发展。各省教育厅作为教育部的下级政府行政部门,设立了教师工作处来统一管理本省的教师教育事务;各省教育厅根据教育部的政策文件和相关意见,再结合本省实际,出台具体政策、制度、管理规定和细则,领导和管理地方院校,指导和落实省属师范院校和省属高校中的师范教育类专业,制定培养方案、师范人才培养模式,指导教学改革、财政划拨、中小学教师培训等具体工作。各省教育厅大多通过省教师培训管理平台来管理中小学教师职后专业发展,采用"培训单位申报—审核通过—教师自主申报—过程质量监控"的过程和方式来实施。市县教育局对教师教育的管理权力能动性较低,主要是协调和安排落实省教育厅的教师教育工作。

从管理的内部结构看,负责师范生教育的高校主要通过教务处、教育学院或教师教育学院以及各个学科院系来管理师范生的培养工作,为教师教育的内涵建设提供依托。教务处负责管理教师教育的教学计划、教学运行、教学评估、专业建设和学分管理等事务,确立教师教育在学校发展中的定位;承担教师教育任务的学科院系基于学校办学和发展定位,开展师范生培养的具体实施工作,负责师范生培养的质量。中小学校作为教师的任教单位,为师范生和职后教师专业发展提供了教学实践、积累教学经验和开展教研的场所,同时也是组织本校教师参加各类培训、考核教师教学业务和管理教师档案的直接管理机构。

2.1.3 我国教师教育的标准体系

2.1.3.1 我国高等学校师范类专业认证标准

教师工作司自 2013 年起,就将工作重点确定为构建教师队伍建设的标准体系,其中一个重要的标准就是师范类专业认证标准。它为我国的教师教育提供了质量保障,是"专门性教育评估认证机构依照认证标准对师范类专业人才培养质量状况实施的一种外部评价过程"①。通过这个认证标准,我们可以判断教师教育培养的人才是否符合了既定的目标和社会需求。高等学校师范类

① 胡典顺,于文字.面向师范专业认证的认证标准解析[J].高等函授学报(哲学社会科学版),2019(3):4.

专业认证标准启动于 2014 年,整个过程经历了研制、试点、调研、比较和专家座谈 5 个步骤。从启动到印发花费了长达 4 年的时间,期间在两座城市的师范类专业实施认证试点,并从中积累有益经验。与此同时,面向全国开展广泛的调研工作,调研内容覆盖了我国师范类专业开设的数量、结构、地区分布样态、师范类专业的培养方案等,而后将我国情况与世界其他国家的情况展开比较,从而撰写研究报告。最后,教师工作司组织专家进行座谈讨论,反复修改后形成终稿;专家组成员分别来自国内高等师范院校、教育行政部门和教育评估机构。2017 年 10 月,《普通高等学校师范类专业认证实施办法(暂行)》发布,成为我国首个"师范类专业准入、质量评价和教师资格认定的重要依据"[1]。

　　普通高等学校师范类专业认证体系对我国的师范类专业实施三类三级认证;三类认证分别指向中学教育专业、小学教育专业和学前教育专业;三级认证分三个级别呈现纵向递进之势,对师范类专业实施检测。不难看出,三类认证实现了不同学段的横向覆盖,而三级认证实现了纵向的、从基本到卓越的提升要求。我国的高等师范院校可按自身的类型和发展水平申请认证,从表 2.3 中可以看出不同的级别所对应的认证对象及条件。

表 2.3　我国普通高等学校师范类专业认证体系架构[2]

认证标准	认证级别	认证对象及条件	认证方式及程序
中学教育、小学教育、学前教育	第一级	经教育部正式备案的普通高等学校师范类本科专业和经教育部审批的普通高等学校国控教育类专科专业	常态化监测:通过网络平台采集师范类专业办学基本信息
	第二级	有三届以上毕业生的普通高等学校师范类专业	周期性认证:专家进校、学校举证与专家查证;认证程序包括申请与受理、专业自评、材料审核、现场考查、结论审议、结论审定、整改提高 7 个阶段
	第三级	有六届以上毕业生并通过第二级认证的普通高等学校师范类专业和个别办学历史长、社会认可度高的师范类专业	

---

① 教育部. 教育部等五部门关于印发《教师教育振兴行动计划(2018—2022 年)》的通知[EB/OL]. http://www. moe. gov. cn/srcsite/A10/s7034/201803/t20180323_331063. html, 2018. 03. 31/2020 - 07 - 06.

② 教育部. 关于印发《普通高等学校师范类专业认证实施办法(暂行)》的通知[EB/OL]. http://www. moe. gov. cn/srcsite/A10/s7011/201711/t20171106_318535. html, 2017. 10. 26/2020 - 07 - 06.

每一类认证标准均有三级递进的认证级别,每一级别所对应的认证程序也不尽相同。但我国的师范类专业只有通过教育部正式备案和审批后,才可以申请第一级认证。教育部将通过网络平台来采集该师范类专业办学的基本信息,监测指标涵盖 15 个专业办学核心数据。如果高等学校师范类专业的毕业生已达到三届以上,那么就可以申请第二级专业认证;如果高等学校师范类专业的毕业生已达到六届以上,则可以申请第三级专业认证。教育部对这两个级别的认证方式和程序与第一级认证有所不同,高校师范类专业须提交申请并获得受理,提交专业自评材料、教育部审核材料,然后专家组进校考查,之后进行审议,得出审定结论,最后提出整改意见。第二级和第三级专业认证侧重定性指标,"指标体系由培养目标、毕业要求、课程与教学、合作与实践、师资队伍、支持条件、质量保障和学生发展等 8 个一级指标和若干个二级指标构成"①。师范类专业认证统一了我国教师教育认证体系,在一定程度上保障了我国教师教育质量的一致性。

师范类专业认证工作的管理和实施主体由师范类专业认证委员会、高等教育教学评估中心和省级教育行政部门共同承担。三个主体各有职责,分工明确,所负责的工作形成闭环。师范类专业认证委员会负责的专业认证工作范围广泛,既要规划、指导专业认证,又要对需要认证的师范类专业行使检查的权力,同时还要兼顾教育评估机构资质的认定,负责专业认证结论的审定标准和受理异议或申诉等,可谓是专业认证的权威话语方和最终决定者。而师范类专业认证的具体组织、监测和实施等工作则由专业性强的教育部高等教育教学评估中心来负责,它属于专业认证的执行方。省级教育行政部门所负责的工作就是根据省内的实际情况来制定实施方案,属于专业认证的规划方。师范类专业经过专业认证后,所获得的专业认证结论有"通过、有条件通过、不通过"三种情况,其中无论是通过或是有条件通过,有效期仅为 6 年,这从发展性的视角为师范类专业认证提供了更为科学、动态的监测和管理。认证结果对于师范类专业的招生就业、办学政策和决策制定等具有很强的指导性和参考意义,同时与这些专业中的师范毕业生息息相关,因为专业认证的结论决定了这些毕业生参加我国中小学教师资格考试的方式和流程。来自第一级师范类专业认证的高等院校的毕业生需要参加各省组织的教师资格考试;来自第二级师范类专业认证

---

① 教育部.教育部负责人就《普通高等学校师范类专业认证实施办法(暂行)》答记者问[EB/OL].
http://www.gov.cn/xinwen/2017-11/08/content_5238020.html,2017.11.08/2020-07-06.

的高等院校的毕业生需要参加各省组织的教师资格考试的笔试,面试则由就读的高等院校组织;而来自第三级师范类专业认证的高等院校的毕业生只需参加本校组织的教师资格考试的笔试和面试即可。

2.1.3.2　我国中小学教师准入:教师资格证书制度

我国教师资格认定法律性制度建立于 1994 年。我国的《教师法》明确规定,在我国从事教师职业,必须持有教师资格证书。教师资格认定工作始于 2001 年 4 月,并在 2011 年时启动了教师资格证书考试制度的改革。2011 年之前,师范生但凡在校成绩能达到毕业要求,体检和教育实习达到合格标准,并获得普通话二级乙等证书,那么他们只需要通过学校向相应的教师资格认定机构申请认定相应学段和学科的教师资格证书即可。由于是学校统一提交办理,所以提交的材料并不复杂,师范生只要提交申请表和思想品德鉴定表即可;而非师范生除了提交上述两表之外,还需提交身份证、学历证书、户籍证明、体检合格证明、普通话水平证书、教育学和心理学的学习成绩证明等,因为非师范生在学校往往都没有学过教育学和心理学这两门课程,所以他们除了递交材料之外,一定要参加教师资格证书考试。而且 2011 年以前,教师资格证书考试由各地自行组织,采取各地自主命题的方式,考试的要求、时间、内容和形式千差万别。2011 年实施教师资格证书考试制度改革以后,我国有了统一的教师资格证书考试标准,教师资格证书的考试科目也有所完善,注重未来教师的教育教学实践能力。2013 年之后,我国停止师范生原先享有的可直接认定教师资格证书的做法,规定教师资格证书考试是从教人员必须参加的考试,无论是师范生,还是非师范生。

目前我国教师资格证书制度的相关政策文件和法律分别有《教师法》《教师资格条例》《〈教师资格条例〉实施办法》《中小学教师资格考试暂行办法》和《中小学教师资格定期注册暂行办法》,它们共同架构起了我国教师资格认证的合法性基础,形成了我国教师准入制度(详见表 2.4)。

从表 2.4 中可以看出,我国教师资格证书由国务院教育行政部门主管。师范生和非师范生在我国申请教师资格需要同时符合学历、能力和教师资格考试三个条件。目前我国对于小学教师、初中教师和高中教师的学历要求也是依次递升的,各个类别的教师所要求的最低学历分别对应中师、专科和本科。从教师教育的发展趋势来看,未来各个类别的教师资格的条件会要求更高的学历。教师资格认证申请中的能力指的是申请者的教育教学能力,而考试是指申请者需通过教师资格证书考试。申请人如果顺利通过考试,则需要在 3 年内向有关部门提交教师资格认定申请,经相关部门审核认定后才能获得教师资格证书。以上三样条件仅是教师资格的认定,想要当教师,最后还需要有学校聘用才可以,即申请人需要考取学校的教师编制。此外,在改革之后,我国取消了教师资格终身制的传统做法,实行 5 年定期注册的教师资格认定制度。

表 2.4   我国中小学教师资格证书制度

内容	规定		
管理	国务院教育行政部门主管		
资格条件	学历	小学教师:中等师范学校毕业及其以上学历	
		初中教师:高等师范专科学校或者其他大学专科毕业及其以上学历	
		高中教师:高等师范院校本科或者其他大学本科毕业及其以上学历	
	能力	有教育教学能力	
	考试	通过国家教师资格证书考试	
认定	小学、初中教师资格	由申请人户籍所在地或者申请人任教学校所在地的县级人民政府教育行政部门认定	
	高中教师资格	经申请人户籍所在地或者申请人任教学校所在地的县级人民政府教育行政部门审查后,报上一级教育行政部门认定	
发放	教育行政部门和受委托的高等学校每年春季、秋季各受理一次教师资格认定申请		
有效期	每 5 年定期注册一次		

2.1.3.3   我国教师教育课程标准

我国现行的《教师教育课程标准(试行)》是我国教师教育改革中另一个关键的举措。我国教师教育课程标准的研制工作开始于 2004 年 10 月,结束于 2011 年 10 月,在长达 7 年的时间里,经过了研发、调研、比较和咨询等一系列程序。我国的教师教育课程标准是分类制定的,面向幼儿园教师教育、小学教师教育和中学教师教育,对我国的教师教育课程具有参考作用和意义。

我国的教师教育课程标准可概括为三个课程目标、三个维度、九个向度和两个阶段。每一类教师教育课程中的课程目标与三个维度相同,分别指向培养未来教师的教育信念和责任,给予未来教师相应的教育知识和教学技能以及为他们提供良好的教育实践机会和体验。九个向度则分别为"具有正确的学生观和相应的行为;具有正确的教师观和相应的行为;具有正确的教育观和相应的行为;具有理解学生的知识与能力;具有教育学生的知识与能力;具有发展自我的知识与能力;具有观摩教育实践的经历与体验;具有参与教育实践的经验与体验;具有研究教育实践的经验与体验"①。两个阶段是指教师的职前培养和在职培训这两个阶段,教师教育课程分别对这两个阶段提供了建议。具体到教师教育课程,从表 2.5 中可以看到《教师教育课程标准(试行)》对教师教育中教育类课程的详细建议,分别涉及课程的学习领域、模块和学分。小学和中学教师职前教育课程的学习领域近乎相同。在表中,我们没有发现传统必设的一些教育课程,比如教育学、心理学和学科教学论;整个教师教育课程设计凸显了模块化和实践性。教师教育机构根据各地区和自身实际情况来开设课程模块。教育类课程设置较以往有了更多的灵活性和可选性,添加了儿童研究、学习科学、教学管理、心理科学、信息技术和职业素质等方面的知识内容。另外,《教师教育课程标准(试行)》中的教育类课程设置还凸显了对教育实践的重视,教育实践类课程的种类和课时有所增加,分为见习和实习两大类,并应至少达到 18周的要求。

表 2.5　中小学职前教师教育中教育类课程设置②

课程类别	学习领域	模块	最低总学分
小学职前教师教育课程设置	1. 儿童发展与学习	儿童发展;小学生认知与学习等	三年制专科:28 学分(其中必修学分为 20 分);五年制专科:35 学分(其中必修学分为 26 分);四年制本科:32 学分(其中必修学分为 24 分)
	2. 小学教育基础	教育哲学;课程设计与评价;有效教学;学校教育发展;班级管理;学校组织与管理;教育政策法规等	
	3. 小学学科教育与活动指导	小学学科课程标准与教材研究;小学学科教学设计;小学跨学科教育;小学综合实践活动等	
	4. 心理健康与道德教育	小学生心理辅导;小学生品德发展与道德教育等	

---

① 教育部.教育部关于大力推进教师教育课程改革的意见[EB/OL]. http://www.moe.gov.cn/srcsite/A10/s6991/201110/t20111008_145604.html,2011.10.08/2020 - 07 - 12.

② 教育部.教育部关于大力推进教师教育课程改革的意见[EB/OL]. http://www.moe.gov.cn/srcsite/A10/s6991/201110/t20111008_145604.html,2011.10.08/2020 - 07 - 12.

（续表）

课程类别	学习领域	模块	最低总学分
	5. 职业道德与专业发展	教师职业道德；教育研究方法；教师专业发展；现代教育技术应用；教师语言；书写技能等	
	6. 教育实践	教育见习；教育实习	18 周
中学职前教师教育课程设置	1. 儿童发展与学习	儿童发展；中学生认知与学习等	三年制专科：12 学分（其中必修学分为 8 分）；四年制本科：14 学分（其中必修学分为 10 分）
	2. 中学教育基础	教育哲学；课程设计与评价；有效教学；学校教育发展；班级管理；学校组织与管理；教育政策法规等	
	3. 中学学科教育与活动指导	中学学科课程标准与教材研究；中学学科教学设计；中学综合实践活动等	
	4. 心理健康与道德教育	中学生心理辅导；中学生品德发展与道德教育等	
	5. 职业道德与专业发展	教师职业道德；教师专业发展；教育研究方法；教师语言；现代教育技术应用等	
	6. 教育实践	教育见习；教育实习	18 周

2.2 我国教师教育的结构及实施

近几十年来，在政府不断推进教师教育制度改革的举措之下，我国教师教育正处于新旧交替的改革实践时期，教师教育管理的生态系统正在不断重塑。在教师教育改革推进的过程中，我国教师教育走出早先单一和封闭的格局，呈现了丰富多元的结构和实施方式。目前看来，我国教师教育的培养结构不再偏重职前培养，而是兼顾了教师入职教育和职后专业化发展两个阶段。

2.2.1　我国教师职前教育的实施

目前我国的教师职前培养机构多元,既有高等师范院校,也有非师范院校。从表 2.6 中可以看出,这些教师职前培养机构包含不同的机构类别,并且面向不同学历层次的群体,拥有不同的人才培养目标。截至 2019 年,全国共有 605 所大学实施师范生培养;师范院校是我国师范生培养的"母机",我国高等师范院校共有 199 所;我国实施教师职前培养的非师范院校多达 406 所,这些高校中大多又设置了教育学院。而且我国教师职前培养的层次也有了很大提升,"具有教育硕士专业学位授权院校 144 所,其中师范院校 60 所,非师范院校 84 所;具有教育博士学位授权院校 27 所,其中师范大学 19 所,高水平综合性大学 8 所"[①]。可以说,我国不光实现了教师教育大学化,还为教师教育的研究队伍提供了人才保障,确保未来教师队伍的优质生源。值得注意的是,我国的师范院校出现了综合化的特征,师范教育的专业属性有所淡化,逐步转变为学科专业更为齐全的综合性高校。而非师范院校参与我国教师教育是我国教师教育改革的有力举措,既能为我国教师队伍吸收优秀人才提供可能,丰富教师教育的生源,又能弥补师范院校的不足,在招生、人才培养和毕业就业方面形成竞争,营造良性的发展格局。

表 2.6　我国教师职前培养机构

院校性质	教育层次	院校类别
师范院校	普通本科院校	师范大学、师范学院
	高职教育	师范高等专科学院
	中等职业教育	幼儿师范学校
	成人高等教育	教育学院、教师进修学校
非师范院校	硕博研究生	普通院校
	普通本科院校	普通本科院校
	高职	高等专科学院
	中专	中等职业院校
	成人高等教育	广播电视大学、管理干部学院

---

① 教育部. 教师教育基本情况介绍[EB/OL]. http://www. moe. gov. cn/fbh/live/2019/51106/sfcl/201909/t20190903_397022. html,2019. 09. 03/2020 - 07 - 01.

2.2.2 我国教师入职培训的实施

国内各省的教师职前教育和职后教育既有"百花齐放"之势，又正逐渐实现一体化，然而综观我国的教师教育，教师的入职教育起步晚，亟待补充和优化。我国教师的入职教育以往并无系统和规范的制度和实施办法，新教师或没有机会接受入职培训，或仅仅参与了简单的学校或地方短期培训。教师入职教育早期在我国法律法规和政策文件中多以"试用"和"在岗实践"等话语来表述，直到2020年，我国的政策文件中才使用"教师入职培训"这一表述。但我国与教师入职教育相关的规定在《教师法》中略有提及，当时要求新教师应该有一年的试用期。更具体的实施要求在《关于开展小学新教师试用期培训的意见》中也有所规定（详见表2.7）。

表 2.7　我国中小学新教师入职培训要求①

培训对象	中等师范学校、其他中等学校及以上层次学校的毕业生
培训内容	专业思想教育、政策法规教育、熟悉教育教学环境、教育教学常规训练、教育理论和学科教学法（非师范生）
培训形式及机构	集中培训：县（市、区）教师进修学校统一组织
	分散培训：由新教师所在学校负责，农村地区由乡中心校负责
培训时间	一年试用期内，每学期15周，每周4课时，总共不得少于120课时；集中培训时间不得少于总课时数的1/3
培训考核	由教师进修学校、中心校和教师所在学校共同负责，并由教师进修学校考核，报教育行政部门备案

1999年，我国发布《中小学教师继续教育规定》，把入职教育纳入了教师继续教育的非学历学习中，但是并未就此提供更深入和细致的实施办法。直到2018年，我国的"国培计划"中开始增设新教师入职教育研修项目。2020年3月，教育部印发了《新教师入职培训指南》，指导入职教育的实施和提高新教师的适岗能力，我国教师入职教育的制度有了一些进展。从表2.8中可以看到《新教师入职培训指南》明确提出了新教师入职教育的目标、课程设置、流程、考核评价和职责分工。

---

① 国家教育委员会. 关于印发《关于开展小学新教师试用期培训的意见》的通知［EB/OL］. http://www.chinalawedu.com/falvfagui/fg22598/56366.shtml, 1994.11.04/2020-07-01.

　　比较 1994 年与 2020 年我国教师入职培训的规定和实施情况,可以得知我国正在逐步加深对教师入职教育的重视程度。2020 年之前一直把教师入职教育纳入到职后教师继续教育之中来实施。2020 年《新教师入职培训指南》可以说是我国针对教师入职教育出台的第一份规范性文件,这份文件体现了我国教师入职教育的理念和做法。

表 2.8　新教师入职培训指南概览①

培训对象	从教不足三年的农村特岗教师、公费师范生	
培训目标	1. 引领新教师坚定职业信念,增进职业领悟,规范职业行为,修炼职业形象。 2. 指导新教师掌握基本教学规律,学会教材分析、学情分析、教学设计、课堂管理和教学评价。 3. 帮助新教师形成教学研究意识,熟悉观课议课、教学反思、案例研究等教研方法和途径,掌握信息技术基础应用能力。 4. 探索标准化、体系化、制度化的新教师入职培训机制,打造新教师入职培训示范模式	
课程设置	职业领悟与师德践行	思想政治类研修内容、师德践行类研修内容、师德践行案例
	教学常规与教学实践	课程改革基本理论、课程标准与学科核心素养、教材分析要领、学情分析方法、教学设计策略、课堂教学技能、教学评价反馈、教学反思技巧、"三字一话"基本功
	班级管理与育德体验	品德与心理健康教育、班级管理技能、综合育德实践
	教学反思与教研基础	教学研究基本方法、教研活动基本形式、观课说课基本技能、教学常规反思策略、教学案例撰写、小微课题研究、教研成果提炼萃取、信息技术教学应用
	教育理论与专业知识补偿(非师范生)	教育政策法规、教育(心理)学基础理论、学科教学知识、课堂组织与管理、传统教育文化继承与发展、教师职业语言与基本礼仪

---

① 教育部. 教师工作司关于印发《教师培训者团队研修指南》等 11 个文件的通知[EB/OL]. http://www.moe.gov.cn/s78/A10/A10_gggs/A10_sjhj/202003/t20200330_436306.html, 2020.03.27/2020-06-30.

（续表）

流程	需求诊断	进行岗位适应能力诊断，形成诊断报告	
	集中研修	师范类集中培训不少于 10 天(60 学时)；非师范类不少于 20 天(120 学时)	
	跟岗学习	跟岗学习每学年一至二次，每年累计时间不少于一个月，由培训指导团队成员与新教师进行结对指导	
	在岗实践	指导教师的"传、帮、带"和同伴的"陪、助、促"	
	跟踪指导	由所在学校和指导教师协同实施，进行个性化、针对性跟踪指导	
考核评价	考评培训机构	由省级教育行政主管部门组织实施	
	考评任职(跟岗)学校	由县(市、区)教育行政主管部门组织实施	
	考核培训指导教师	由县(市、区)教师发展中心和所在学校组织实施	
	新教师个人考评	由教师任职学校和指导团队组织实施	
职责分工	教育行政部门职责	省级教育行政部门职责	监管县(市)的新教师入职培训项目；推广典型经验和优秀成果，创新工作机制和示范模式
		县(市)教育行政部门职责	制定培训计划和实施方案，组织实施培训，构建培训支持服务体系，落实培训经费
	培训机构职责	做好需求调研，设置课程内容，制定实施方案，规范和创新培训工作，开发优质培训资源	
	所在学校职责	派选帮扶导师，建立管理制度、激励机制，做实过程监管和考核评估，做好工作总结、成果展示和推广	
	指导团队职责	参加培训者团队学习，梳理并研究新教师教学过程中的问题，进行阶段诊断和情况反馈，提供解决方法和策略	
	新教师职责	制定个人培训计划和专业发展规划，紧密联系培训学习与教育教学实践，总结反思，提炼个人代表性成果，展示成果	

　　首先,《新教师入职培训指南》中的培训对象与之前相比有所变化。在 2020 年之前,我国将接受教师入职培训的教师群体规定为第一年试用期内的新教师,而 2020 年的《新教师入职培训指南》中明确规定培训对象为任教不满三年的新教师,更符合教师专业发展阶段中对职初期的划分,也改变了以往入职培训时间短且块状化的局面。新教师能在职初期获得持续性的支持和指导,新教师发展适岗能力的时间有所延长且充足。

　　其次,教师入职培训课程由工具性和技能性课程转向技能性、知识性和实践性兼具的课程。在《新教师入职培训指南》出台之前,我国教师入职培训的课程内容偏向工具性和教学技能性,要求新教师了解我国国情,知道《中小学教师职业道德规范》和优秀教师先进事迹,学习相关教育法规和各个学科的教学大纲,训练和掌握班级活动设计、家访、教学计划制定、组织教学等基本教育教学能力。《新教师入职培训指南》将课程分为职业领悟与师德践行、教学常规与教学实践、班级管理与育德体验、教学反思与教研基础、教育理论与专业知识补偿 5 个维度,其中,教育理论与专业知识补偿维度是非师范类新教师的必修项。[1] 与以前相比较,增加了师德践行、教材分析、教学基本功、教学反思、教学评价反馈、教研、心理健康教育和信息技术应用等领域的知识。教师入职培训的课程内容趋向丰富多样,教与研相结合,注重学习的实践性和反思性,以及新时代基础教育发展对信息技术的需求。

　　第三,《新教师入职培训指南》对教师入职培训流程和形式给出了明确的建议,提出教师入职培训应对参训教师进行岗位适应能力诊断并形成诊断报告,根据需求诊断来设计研修。之后安排集中研修、跟岗学习和在岗实践,要求任教学校和指导教师对新教师提供个性化和针对性的跟踪指导。集中研修分为师范生和非师范生两类,师范生类的集中培训须至少安排 10 天,共 60 学时,非师范生类的集中培训则须至少 20 天,共 120 学时;跟岗学习中安排指导老师进行结对指导,每学年须安排一至两次的跟岗学习,一年内累计的学习时间须一个月以上;跟岗学习之后安排新教师在岗实践,由指导教师通过"传、帮、带"使新教师提升自身,同时利用教师同侪的"陪、助、促"来获取进步;新教师在入职培训期间还应获得任教学校和指导教师的跟踪指导,从而获取自身教学中所遇

---

[1] 教育部. 教师工作司关于印发《教师培训者团队研修指南》等 11 个文件的通知[EB/OL].　http://www. moe. gov. cn/s78/A10/A10＿gggs/A10＿sjhj/202003/t20200330＿436306. html,　2020. 03. 27/2020 - 06 - 30.

到问题的有针对性的反馈和解决策略。

第四,《新教师入职培训指南》中明确了教师入职培训中相关主体的职责和考核方式。教师入职培训主体涉及政府教育行政部门、培训机构、中小学校、指导团队和参训教师,这些主体各自承担不同的职责,从宏观到微观,从引领到具体实施,体现了我国教师入职教育"层级管理"的特点。省级教育行政部门从宏观层面规划和设计教师入职培训,监管省内各县市开展的教师入职培训项目,并收集、凝练和推广项目实施经验和优秀成果,寻求工作机制创新和示范。各县市的教育行政部门负责教师入职培训项目的具体计划和实施方案,做好培训的组织工作和服务工作,管理和落实培训经费及其使用。培训机构需要做好新教师的需求调研,设置培训课程,开发培训资源,规范和创新培训工作机制。新教师所任教的学校与教师入职培训联系最为紧密,通过安排指导教师、建立管理和激励制度对新教师入职培训实施过程管理,及时总结工作经验,展示和推广优秀成果。指导团队需要保持学习,善于梳理和研究新教师在教学中所遇到的困难和问题,为新教师提供阶段诊断和反馈,并给出解决方法。新教师则要发挥自己的主观能动性,制定好个人培训计划和专业发展规划,不但要将培训学习与教学实践相结合,还要通过总结和反思来获得提升,形成个人代表性的成果。每个层级由上一级来负责考核评价,省级教育行政部门负责考评教师培训机构,各县市和区教育行政主管部门对新教师任职学校和指导教师进行考评,而新教师的个人考评则由教师所任职的学校和指导教师团队来组织实施。

综述之,在《新教师入职培训指南》颁布之前,我国的入职教师教育目标比较模糊,多以教师任职的中小学校安排为主,培训实践过于集中在某个短时间内,各个学校的授课内容和形式缺乏统一和规范,存在随意性,实施过程和质量也缺乏相应的监管。培训内容主要集中在"政策解读、教学技能、教学活动设计、师德教育等领域"[①]。《新教师入职培训指南》弥补了以往我国在这些方面的不足,为我国教师入职培训搭建了基本的管理制度和实施框架。

2.2.3 我国在职教师教育的实施

自中华人民共和国成立,我国就十分关注在职教师的继续教育问题,我国对于在职教师教育相关内涵的表述有"教师培训""教师继续教育""教师在职学习""职后培训",等等。

---

① 张李娜. 我国中小学初任教师入职教育的困境及对策[J]. 现代教育科学,2017(10):52.

在 20 世纪 90 年代以前,我国在职教师教育的主要形式是"教材教法补救"和"学历补偿教育";20 世纪 90 年代以后,我国在职教师教育出现发展的势头,开始进入有计划、持续性的规范化发展阶段。1994 年,《教师法》从立法的角度肯定了在职教师应享有在职教师培训的权利。这改变了以往将教师培训看作教师义务的视角,重新审视了教师与培训之间的关系。2001 年 5 月,教育部通过《国务院关于基础教育改革与发展的决定》指明了各省的教师教育要"健全教师培训制度,加强培训基地建设……加大信息技术、外语、艺术类和综合类课程师资的培训力度,应用优秀的教学软件",还"要充分利用远程教育的方式",并"对贫困地区教师应实行免费培训"。[①] 这些决定为我国在职教师培训的培训理念、内容和方式提供了发展思路。2010 年,我国首次启动"国培计划",加大对中小学教师职后培训的力度。自此,我国在职教师培训以"国培计划"为抓手,实行"国家统筹规划,各省按需施训",各省通过"国培计划＋省培计划"对中小学教师实施分类、分层、分岗培训。

"国培计划"分为中小学教师示范性培训项目(以下简称"示范性项目")和中西部农村骨干教师培训项目(中西部项目)。所有的项目均采用招标制,由教育部组织专家,遴选出符合"国培计划"培训资质条件的院校和机构来承担教师培训任务。我国的"国培计划"面向中小学各个学科的骨干教师,培训方式多样,既可以脱产研修,也可以参加集中培训,还可以进行远程线上培训等。各省的教师培训中还安排了"省培计划",面向不参加"国培计划"的普通教师。各省的教师培训通常分为指令性培训、自主选课、校本研修和其他形式转换这 4 种形式。

同时,我国打破以往职前教师教育和在职教师培训相分离以及教师教育管理条块状分割的传统模式,将在职教师的专业发展培训交由师范院校来承担,形成职前培养和职后培训一体化的延续式教育。师范院校和相关院校的教育学院通过向国家和省各级部门申请"国培计划"和"省培计划"来承担教师培训任务。目前,我国示范性集中培训项目的培训机构数量为 90 所,其中有 56 所是师范院校,可见师范院校是我国在职教师培训的主要力量。截至 2018 年,"国培计划"已得到了 150 亿元的中央财政支持,参训教师达到 1400 万人次,是我国覆盖面最广和规模最大的教师培训项目。

---

① 国务院. 国务院关于基础教育改革与发展的决定[EB/OL]. http://www.moe.gov.cn/jyb_xxgk/moe_1777/moe_1778/201412/t20141217_181775.html,2001.05.29/2020 - 07 - 17.

由于"国培计划"面向的是骨干教师,我国各省教育厅根据各自的需求,通过"省培项目"来落实面向全体教师的在职培训,开展项目也各有不同。比如,浙江省开展的省级师训项目有"浙派名师名校长培养工程"项目、"长三角中小学名校长联合培训"项目、"京苏粤浙中小学卓越教师培训"项目、"中小学教师海外培训"项目、"中小学骨干培训者培训"项目和"教育教学改革相关培训"项目,所有项目由浙江省教师培训机构通过教师培训管理平台来负责管理和实施。省级教师培训项目有省财政专项经费支付、全额补助和适当补助等多种财政支持方式,教师原则上个人不需要承担任何费用。

此外,我国在职教师培训实行学分登记制,目前在职教师培训是我国教师评估考核、教师资格定期注册和职称评定等诸多事宜的硬性规定,并与教师切身利益息息相关。国内各省教育厅按《大力推行中小学教师培训学分管理的指导意见》来具体落实省内的教师培训,通过师资培训中心或教师培训管理平台来开展中小学教师专业发展项目的申报、考核、教师自主选课、学分登记等工作。

2.3　我国教师教育治理的现实困境

教师教育治理是一个复杂的系统工程,是整体—关联—持续的发展过程。内部和外部因素共同对教师教育治理产生作用,推动其不断动态发展。以治理主体、治理方式和治理内容为基础,审视我国现行教师教育治理的程序、制度、方式、手段、机制,思考当前我国教师教育治理过程中存在的现实困境是我国教师教育发展和研究的重要议题,对于如何有效地参考和借鉴他国之玉提供了指引和方向。本小节结合我国教师教育政策、国内教师教育研究文献和师范院校的文件来分析我国教师教育治理的现实困境。

2.3.1　我国教师教育制度的可持续性不强

我国教师教育制度的可持续性不强体现在教师教育政策的指导性和现实关怀偏弱、入职教育制度亟待深化和教师准入机制不健全三个方面。这三方面显示出我国教师教育治理的整体性不够,支持力度不足;下级层面在执行上级层面的政策和要求时容易存在盲目性,政策与实施之间缺乏强关联。长远来看,这不利于我国教师教育治理的良性发展。

首先,我国教师教育政策的指导性和现实关怀偏弱。在教师教育改革的推进过程中,我国教师教育形态正逐步走向专业化、多元化、标准化和现代化的体制框架。从前文可以看到我国在近 30 年里出台了多份政策文件,可是也不难看出,目前出台的众多教师教育政策文件侧重宏观设计,仅有宽泛的指南或建议,虽然貌似面面俱到,但却难以找到对教师教育各个环节更具体和针对性强的指导、引领和扶持;在政策的制定过程中"与政策目标群体缺少沟通与协商"①;这些政策文件的内容偏基础性,多有重复和交叉,缺少专业性和发展性的内容,实质性内容发展较慢,对教师教育现实的关照偏弱。

以与教育实习相关的政策文件为例,2007 年,国家在《关于大力推进师范生实习支教工作的意见》中就已经提到了要落实师范生一学期的实习制度和建立实习基地等举措。但是时隔 10 年,我们在 2016 年的《关于加强师范生教育实践的意见》中看到,我国对于师范生教育实习的具体举措发展尤为缓慢,仍然关注简单的实习时间,未能触及更实质的内容。虽然当中列举了"观摩见习、模拟教学、专项技能训练、集中实习"等实践形式,要求"双导师"实习制度,再次提出要建设长期稳定的教育实习基地,但仍无更具帮助性的指导框架和详细方案。

此外,尽管我国教师教育近几十年来一直在持续完善相关制度建设,但相关法治仍有欠缺。政府出台了《教师法》《教师资格条例》《新时代中小学教师职业行为十项准则》《教师教育课程标准(试行)》等法规政策,但是在教师教育审批、教师教育质量保障、教师教育评估、教师教育管理制度等方面还未能补缺。同时,早前颁布的法规政策也有随着新时代要求而产生的修订需求,但目前看来,这方面的修订还是相对滞后的。另外,教师教育系统中的主体愈发多元化,需要政府进一步明确其职权范围、责任归属、程序流程等细则。综述之,我国教师教育经历过改革开放后的恢复期和 21 世纪的发展期,目前进入了专业化建设时期,教师教育的办学、资助和管理体制等宏观层面的设计已初具规模,然而教师教育的办学准入、专业认证、激励机制、评估督导等微观层面尚需细化并落实。

其次,我国教师入职教育制度亟须补充和深化。从教育生态学的角度而言,教师教育不是一蹴而就的事件,它包括教师随着时间而发生的变化和分阶段达成的发展目标。教师入职教育制度的不完善导致教师的成长出现断层和

---

① 曲铁华,王美.近三十年来我国教师教育政策变迁的特点、问题与解决路径[J].四川师范大学学报(社会科学版),2016(2):84.

割裂式的发展样态，难以顾及教师发展的动态性和整体性。教师入职教育是教师职业生涯中十分重要的一个阶段，对新教师的教学职业适应、教学观念和信念的形成、教学知识和教学经验的补充、职业生涯规划等有着举足轻重的作用。然而目前看来，我国在教师入职教育方面的发展还比较滞后，与我国对其的重视程度还没同步。在 2020 年 3 月以前并未看到教师入职教育制度建设的踪迹，仅有个别省份将入职教育归入教师专业发展培训之中，规定了几十学分的入职学习，但没有系统的新教师入职教育课程、制度和规定。可以说，2020 年 3 月以前，国家层面的教师入职教育制度亟待填补和完善。随着我国对教师教育一体化的愈发重视，2020 年 3 月，教育部出台《新教师入职培训指南》，对新教师入职培训的课程设置和培训流程给出了宏观指导，但在具体的培训课程及其实施方面并没有更多的细则。课程方面仅说明了设置的维度，每个维度下包含的内容较为繁多，教学常规与教学实践、班级管理与德育体验、教学反思与教研基础、教育理论与专业知识补偿等维度下所要求的学习内容大部分是师范生在职前教师培养阶段中学习过的内容，所以这些学习内容更适合于非师范生新教师。另外，我国的入职培训政策文件中提到教师入职培训项目要有计划、分阶段地开展需求诊断，开展教师的集中研修，实施教师的跟岗学习，并安排教师在岗实践和跟踪指导等，但这些说法仍然只属于普适性和宽泛性的建议，并没有给出具体的实施举措和指导。以需求诊断为例，入职教育是教师职业生涯中的重要任务，决定了师范生是否能顺利从学生角色过渡到教师身份，找到职业认同感，从而全身心投入到教学事业当中，所以教师入职培训的着眼点应尽可能缩小新教师对从教的理想憧憬和实际状况之间的差距，充分考虑新教师在该阶段的职业生涯发展需求和特点。但我国新教师的入职培训或分散在各个中小学校中，或与职后培训一样在一年一度的"国培计划"和"省培计划"中进行，无论从人数还是时间上来说，都很难确保需求调研的信度和效度。此外，跟岗学习、在岗实践和跟踪指导等环节的机制也有待规范和健全，新教师和指导教师的任务和职责、指导的框架、测评体系等需要更明确的规定，支持指导的资源、指导教师的招纳和匹配制度等也亟待填补。可见，《新教师入职培训指南》还不够具有针对性，较难为新教师提供系统而规范的支持性培训辅导。我国教师入职教育制度仍亟待补充，相关制度建设和实施细则仍需完善。

最后，我国教师准入机制尚待完善，主要体现在教师的选拔条件未考虑申请者的内生需求和知识结构，证书制度未考虑教师职业生涯的动态发展。中小学教师资格证书是我国从教的第一个门槛，有从教意向的人员可以在通过中小学教师资格证书考试后申请教师资格认证,这也是我国教师准入的基本条件。之后,我国教师资格证书打破以往的终身制,实施五年一审的制度,但我国教师准入的机制仍有亟待完善之处。

其一,在《中小学教师资格考试暂行办法》实施后,我国中小学教师资格证书考试的报考对象不再仅限于师范院校学生,普通高校大三以上的学生也可以报考。从一方面来看,师范院校向来饱受"学术水平偏低于非师范院校"的诟病,普通高校参与教师教育打破了师范院校培养教师"一言堂"的局面,有利于拓宽中小学教师的来源渠道,从而极大地提升教师在任教科目方面的专业素养,提升教学质量;非师范院校良好的师资配备、学术水平和资源条件会是高质量教师培养的有益补充,更多的优质高等教育资源和学科被整合到教师教育中来,在一定程度上能提升教师教育的质量。另外,师范院校的毕业生不得不面临就业市场的残酷抉择,与其他毕业生共同竞争教师工作的岗位,无形中也增加了师范院校的压力和发展动力,促使师范院校走出舒适区,重新找到师范院校的活力。从另一方面来看,尽管我国对非师范院校的学生进入教师队伍设置了教师资格证书这个门槛,但是仍然无法避免非师范院校学生欠缺实质的教师教育环节这一事实,导致非师范院校的学生在教师从教素养、理念、教学教育技能等方面有所欠缺,仅凭他们通过了教师资格认定中所要求的"综合素质""教育知识与能力"和"学科知识与教学能力"三门科目的考试,是无法保证他们懂得教书育人的真谛和顺利地融入教学工作情境的。毕竟教师不仅仅是学生学习的传道者,还充当着"教人求真"和"学做真人"的重要角色,而对于教师个人来说,极容易出现由于事先对教学工作预期过高,而产生畏教和退教的念头和决定。顾明远先生曾建议非师范专业的学生在参加教师资格证书考试之前,"必须经过教师的专业训练,修学一定的教育理论和实践的学分"[1]。

其二,我国教师资格证书的分类略显笼统,中小学教师资格证书仅是按照不同学段进行了类别划分,即小学、初级中学和高级中学的教师资格证书。然而教师职业生涯有发展性和阶段性的特点,这类证书无法体现准教师逐步成长为新教师、成熟教师和专家教师的特点,未能反映教师专业发展的现实需求。尽管自 2015 年起,中小学教师资格证书必须每 5 年重新审核注册,但这一审核注册制与教师的职后培训息息相关,只能作为教师保持在职学习的监管保障,并不能呈现教师的个人成长和水平提升。如果从这个角度来考虑,那么以级别

---

[1] 顾明远.师范院校的出路何在[J].高等师范教育研究,2000(6):4.

划分的教师资格证书会是促使教师专业发展的推动力和目标。另外,我国的教师资格证书上标明了教师的任教学科,然而在教师的实际工作中,由于各个地方和学校的资源和需求不一样,存在任教岗位与教师资格证书认定的所教学科不符合或教授多门学科的情况,这说明我国教师资格证书在任教学科的融通性方面有待考虑。

2.3.2 教师教育管理主体单一

我国教师教育主要采用的是"统一领导,分级管理"的教师教育管理模式,目前我国各级各类教师教育相关事宜均由教师工作司进行管治,教师工作司隶属于教育部,可以说,教师工作司就是我国教师工作开展的主要领导部门,而省市县级政府行政机构是地方管理部门。

从权力行使上来看,我国近年来提出要转变政府教育管理职能,相较以往,早先"包办包揽"的行为已经有所减少,但显而易见,我国教师教育仍然是由政府通过自上而下的行政指令来实现管理的,各省、市、县和高等院校依照这些行政指令和意见开展省市县教师培养和培训工作和教师教育教学。这种管治方式在这30年里使我国构建起适合于当时社会和国家发展需求的教师教育管理体制,形成"从国家教育部到省市教育厅到各县教育局"整个教育行政体系的一致发力,教师教育办学有了明确的目标定位、稳定的教育资源和扶持性政策。然而,随着各国对教师教育专业机构、教师本身和社会力量话语的关注,各国对教师教育治理有了更多元和全面的看法。自上而下的垂直管理方式或传统集权式的管理模式难免产生一些无法避免的问题,这些问题在我国主要体现为以下四个方面。

其一是教师教育评估的行政化。我国目前尚无专门的教师教育评估部门,所以教师教育的评估大多在本科教学评估和各省或地方政府的报告中体现。本科教学评估工作由教育部高等教育教学评估中心来开展,并对高校的教育质量实施常态监测和发布高等教育的年度质量报告。省市县等各级政府对教师教育的评估只是在政府工作报告当中零散地提及,并未设专门的教师教育报告事项,而是对各级政府履行其教育监督和评价的职责。自2018年起,国务院依据《〈对省级人民政府履行教育职责的评价办法〉实施细则》,在对省政府的测评体系中"加强教育保障"这一方面,增设"加强教师队伍建设"的测评内容,与教师培训相关的3个测评点分别是"完善各级各类教育教师队伍专业能力建设制度和措施的情况""教育行政部门按规定履行中小学教师招聘录用、职称评聘、培养培训、考核评价职能,制定并落实教师编制(配备)标准,保障教师配备,落实县(区)域义务教育学校教师、校长交流轮岗,深化教师职称和考核评价制度改革的情况",以及"保障幼儿园、中小学、中等职业学校教师培训经费的情况"。[①] 但不可否认,目前我国教师教育评价的机构基本隶属于政府部门,因为教育部高等教育教学评估中心和各级政府都是国家行政单位,这也反映了我国教师教育管理主体单一,决策权、管理权、评估权和资源分配权高度统一,存在管、评、办难以分离的弊端,教师教育评价行政化不利于其他教师教育主体发挥主观能动作用。

其二是教师教育的多头管理和政出多门。高等教育司负责高等院校的师范生教育工作,涉及高等院校的教学建设、改革、评估和学科专业方案拟定等。教师工作司负责宏观指导师范生教育、在职教师教育、教师管理、教师教育政策法规和相关标准的拟订等;人事处负责系统教师队伍建设工作;职业教育和成人教育司负责指导中等职业学校教师培养培训工作;发展规划司负责拟订高等院校师范专业的招生计划和设置标准。不难看出,各个行政部门虽各司其职,但职能上存在交叉,而且在具体的实施过程中,负责方和监督方也未能明确,所以"职能交叉往往导致责任和问题推诿的现象常常出现",造成"职能分散,功能单一,不利于统筹整理规划"。[②]

其三,我国教师中介组织在教师教育决策和实施中的影响趋弱。我国教师中介组织以学术团体居多,组成人员零散,且无参与探讨和研制教师教育政策的机会和途径。此外,我国教师中介组织实际上多为教育团体,目前规模最大的教育团体是中国教育学会和中国教育工会。其中,中国教育学会是我国成立最早的全国性教育学术组织,具有较大的学术影响力,采取的是单位会员制和个人会员制,实行自愿入会制,国内的教育机构、与教育相关的其他单位和社会团体或者个人均可以自愿申请入会。中国教育工会是全国总工会的所属工会之一,以保障教师合法权益为宗旨。另外,各省和地区也有教师协会和教育协会,但从实际发挥的作用来看,这些教育团体在参与研制和影响教师教育政策方面的作用有限。

其四,教师教育是个复杂的系统工程,这个系统里有多元主体,也有多元客

①　国务院.国务院教育督导委员会办公室关于印发《〈对省级人民政府履行教育职责的评价办法〉实施细则》的通知[EB/OL]. http://www.moe.gov.cn/s78/A11/s8393/ztzl_11/201803/t20180320_330730.html,2018.02.12/2020-08-12.
②　朱旭东.中国现代教师教育体系构建研究[M].北京:北京师范大学出版社,2014:232.

体。目前政府是管理主体,高等院校是我国教师教育工作的承担和执行主体,中小学校是师范生教育实践和教师教学实践的管理主体,但高等院校和中小学校同时又是政府行政部门的管理客体。那么政府、高等院校和中小学校之间的协调机制以及行政人员、学校管理人员、导师和师范生/教师之间的协调合作必然十分重要。然而,我国承担教师培训的院校单位与地方教育行政部门之间还未能形成协同和创新机制,导致教师培训单位、地方教研人员和教师之间形成了体制和实施上的隔离①。

总之,教师教育的良性发展有赖于拥有一个充满活力的教师教育治理系统,而这个治理系统的顺畅运行需要治理主体形成共生、博弈、互利的"你来我往"关系,社会力量的参与是必要的,尤其应该激发教师组织和个人的内生力量。

2.3.3 对教师作为成人学习者的特点关注不足

教师教育需要考虑教师作为成人学习者的特点。师范生和在职教师在生理和心理上都可被视作成人,"教师的有效学习必须借助成人学习理论,设计出更科学有效的教师学习项目"②。在职教师的专业发展其实贯穿了教师的整个职业生涯,每个教师在不同职业发展阶段的专业发展需求也不尽相同,我国教师教育目前忽视了教师作为成人学习者这一特点。具体表现在我国教师培训对教师的不同职业发展阶段和教育背景的关注不够,较难满足教师的个性化需求;在师范生培养和在职教师培训中对师范生和教师的自我概念和个体经验不够重视,忽视教师学习的现实需求,教师群体合作学习的作用未能完全发挥。教师的前经验和前概念难以融入入职培训,教师的意义视角进而难以发生转变,造成教师培训费时费力却收效甚微的结果。

以教师入职培训为例,我国的教师入职培训没有专门的学校平台或项目,往往由教师所任教的学校来开展,或被纳入到"省培计划"中,培训内容大多涉及教育法律法规和政策、教育学理论、班主任工作和班级管理、课标和教材解读、基础教育改革、学校管理制度介绍、教师职业道德等内容,培训时间通常是开学前的几天到一个月不等。从教师入职培训的安排来看,我国各地的教师入

---

① 蔡国春.改革在路上:中国特色教师教育体系建设之省思[J].江苏高教,2019(12):30-40.
② 斐森,李肖艳.成人学习理论视角下的"教师学习"解读:回归教师的成人身份[J].教师教育研究,2014(6):17.

职培训采用了统一化的培训方式和内容,也很难体现入职培训的实用性。然而我国教师入职培训并未考虑到新老教师之别、师范生新教师与非师范生新教师之别、不同学科的新教师之别。首先,教师入职培训对新教师和老教师的培训界限不明确。刚入职的教师与老教师所处的职业阶段不一样,对需参加的教育学习内容自然也就不应等而视之。职初期的教师更需要的是"存活关注"①,正处于从实习教师过渡到新教师不可或缺的社会化阶段。这个过渡时间看似很短,但其实新教师在心理上需要很长的时间才能克服它。对于这些新教师来说,高度个性化和实践性很强的学习形式反响最好,比如结对学习、教学观摩、解决教学真实情景中发生的特殊问题、在课堂教学或者工作坊中开发课堂教材,等等。② 如果能为新教师提供符合他们需求的、系统正式的入职教育课程,那么新教师就会更顺利地完成从学生到教师的角色转换。其次,我国教师入职培训对师范生新教师和非师范生新教师的培训并无区分。师范生在教育阶段已接受了较系统的教育政策法规、教育学相关理论知识和教育实践等方面的学习,对从教具备了一定的基础和经验,从教的能力、水平和心理预期比非师范生要略胜一筹。因此,教师入职培训有必要对师范生和非师范生安排不同的内容。第三,不同学科的教师对于入职培训内容的需求存在显著差异。不同学科的知识和教学设计有所不同,这也是新教师任教的基础和信心来源。

　　从职后教师专业发展来看,多名相关学者曾指出,教师专业发展若想成功有效,必须关注教师的真正需求和实施真实性学习,"越是扎根于教师的内在需求越是有效,越是扎根于教师的鲜活经验越是有效,越是扎根于教师的实践反思越是有效"③。然而,我国目前的教师专业发展活动收效甚微,未能完全符合我国教师实际需求,未能匹配教师所从事的教学专业服务。④⑤ 问题主要体现在教师主体性缺失、教师参与的内驱力和能动性不足、在职教师专业发展培训还不够"接地气"等方面。以浙江省为例,尽管教师培训项目琳琅满目,但"国培计划"主要选拔学校骨干教师参与,而且省教师培训管理平台中的自主选课其

① 费斯勒,克里斯坦森.教师职业生涯周期:教师专业发展指导[M].董丽敏,高耀明,译.北京:中国轻工业出版社,2005:61.
② 费斯勒,克里斯坦森.教师职业生涯周期:教师专业发展指导[M].董丽敏,高耀明,译.北京:中国轻工业出版社,2005:71.
③ 钟启泉.教师研修的挑战[N].光明日报,2013-5-22.
④ 崔允漷,柯政.学校本位教师专业发展[M].上海:华东师范大学出版社,2013:154.
⑤ 殷玉新,华逸云.自我导向本位教师专业发展:为何与何为[J].教育理论与实践,2016(7):44-47.

实并非真正的自主,而是在限定的课程群中自主选择,自主选课不得少于190学分,自主选课加上指令性培训不得少于240学分,校本研修须达到120学分。在2017年对浙江省自主选择式培训的调研中发现,"充分自主选择权不足"这一问题较为明显,权值为3.06,位列第三。[①] 可见,目前我国教师培训真正给予教师的主动性其实不多,尽管有自主选课部分,却难以达到教师真正自主选课的成效。而且教师培训项目通常由教师培训机构申请,培训内容提前设定,虽说项目的内容种类多且新颖,但往往未能反映和扎根于教师的课堂教学实际,脱离了教师真正的专业发展需求。整体而言,目前的在职教师专业发展仅仅考虑了教师需求的共性,却忽略了教师的个性需求,容易与教师的真实需求产生错位,难以调动教师的主动性和积极性。另外,申报项目的培训机构和负责人通常来自高等院校和地方教研单位,除非项目申报的负责人有丰富的中小学教学经验和体验或者事先掌握扎实的需求调查数据,否则培训内容很难贴近教师的具体工作和生活情境,从而有效解决教师的疑惑和教学困境。然而我国教师培训项目实行年审制,每年申请并审核,培训项目的负责人在短时间内很难在调研后设计培训内容并开展实施。缺少了问题驱动的学习很难激发教师的求知欲和解惑欲。最后,基于教师作为成人的学习特点,教师培训应是教师主动建构知识的过程,这需要将培训变为知识创造的变革性过程,从中激发教师对于摆脱困境的反思,引导教师打破先验知识的原有参考框架,改变原有的意义视角,生成新的认识。反思也是教师自主学习和专业成长的一个重要途径,然而我国教师培训中常注重"知"的传授,如今虽增加了"思"的环节,但仍出现了反思深度不足、视野不够开阔、反思后观念照旧等问题。[②] 因此,如何发挥教师作为成人的学习特色,使培训做到"知、行、思"三者合一,产生最佳学习效果,是我国教师教育治理中需要关注的方面。

2.3.4 理论与实践之间的融合有待深化

从教师教育实施的方式看,我国师范生教育课程与世界其他各国一样,一直苦恼于寻找理论与实践之间有效融合的方式。近年来,我国教师教育尤其注意这一问题,很多师范学校建立了多个实习基地,与中小学形成一定的合作关

① 宋宁宁.浙江省中小学教师自主选择式培训调研及建议[J].浙江外国语学院学报,2017(3):108.
② 张志泉.反思性教师培训中的问题及其对策的思考[J].大学教育科学,2006(4):68-71.

系,但是理论课程与实践课程如何有效融合仍然是我国教师教育的瓶颈。教师教育课程中的理论具有抽象和高度概括的特点,很难直接被运用到教育实践当中,但是教育理论对认识、反思和改进教育实践又有着举足轻重的作用。那么,教师教育课程中理论和实践的有效融合就在于如何恰如其分地安排理论和实践,促进理论向实践的转化,从而培养教师的实践智慧。然而,目前我国教师教育课程仍未摆脱理论和实践"两张皮"的现象,如何有效融合理论和实践依旧是我国教师教育一直在努力探索的问题。

首先,目前我国师范生教育课程分为通识课程、学科专业课程和实践课程三大类,其中,实践课程正逐渐受到重视,其在师范生教育课程中的比例有所增加。但是理论与实践的有效融合绝不仅意味着实践时间的加长和课程所占比例的增加。以国内某高校的教师教育课程设置为例,实习被分为常规见习、特色见习、教育特色实习、教育综合实习和教育岗前实习 5 大类(详见表 2.9)。

表 2.9　国内某高校教育实习安排表

课程名称	所开设学期	时间	任务
常规见习	大一下半学期	一周	一个班级去一个学校,再进行分组,以 4~6 人为一组安排进班见习。一般为听课的形式,或是组织参与班会课等。由班主任带队
特色见习	大二下半学期	一周	以小学教育专业(也就是一个系)为单位,去参观和了解所在市区各个特色学校的教学环节、教学情况等方面,包括听取见习学校安排的讲座、课程等等。由学院指定的老师带队,大致为 2~3 位老师
教育特色实习	大三下半学期	一个月	以同一专业方向的 4~6 人(语文方向)或是 2~4 人(数、英方向)为一组,去学校指定的各个学校实习,基本以听课、班级管理为主,也会进行上课教学,但是次数较少。一般是由学院指定的老师带队和指导
教育综合实习	大四上半学期	两个月	去学校指定的各个学校实习,包括上课、听课、班级管理等各个方面,并且在临近实习结束时举行汇报课
教育岗前实习	大四下半学期	一个月	去各个学校实习,包括上课、听课、班级管理等各个方面。往年一般都是以自主实习为主。一般由学院指定的老师带队和指导

(续表)

实习上交材料	个人任务:(电子版)教育实习教案与反思 16 份,听课记录表 16 份、教育调查报告 1 份、班主任工作计划 1 份、班队活动记录表 1 份;(纸质版)每周一篇实习小结、个人实习计划表 1 份、教育调查报告 1 份、班队活动记录表 1 份、课堂教学实录视频 1 个(自主实习 2 个)、1 份修改 3 遍及以上且保留修改(修订)痕迹和反思的教案、德育小故事;照片素材:课堂授课 1 张、课后辅导 1 张、与指导老师研讨 1 张。 集体任务:手抄报 1 份、汇报课材料整理、每周一篇实习通讯稿、每两周一份实习活动推送、带队老师集中与个别指导照片各 2 张、拍摄和制作汇报课录像

从课程安排上看,国内教师教育显然对于实习实践是有所侧重的。但如果从实习时间和任务安排上来看,还是值得我们思考的。整个教师教育课程中实习的时间为 18 周,较之以前有所加长,但是实习时间还是略少于加拿大的 20 周。而且教育实践课程往往安排在理论课程学习之后和毕业前的教育见习和实习之中,教育见习或实习均是集中在一个学期来进行,甚至有时一周内需要走访多个学校,犹如"蜻蜓点水""走马观花",未能给学生留出思考时间和空间,难以形成教师初体验和发现教学真实情境中的不良问题。此外,尽管学生在实习期间须完成和上交的材料很多,但是不难看出,这些材料很难给予实习学生持续性和发展性的观察和指导。如此看来,这一举措还属于治标未治本,难以走出以往理论与实践较难有效融合的困境。整体而言,我国教师教育课程偏重理论学习和学科内容,实践与前期理论学习未能较好地实现融合,远未能形成师范生的教育教学能力。[1] 也就是说,我国教师教育实践课程还未能嵌入理论学习之中,实践所得、所想和所思也没能提炼到理论层面,知识得不到内化,教师教育课程中理论学习和教育实践的设置有待斟酌。

其次,我国教师教育课程中缺乏中国教育的本土化实践案例,没有"呈现出一些中国本土教育实践的东西"[2],来自本土场域的教育实践研究和理论偏少。一方面,我国教师培训项目的申报单位、负责人和导师大多来自高等院校,极少接触中小学教学现场,缺失了本土教学场域实践和经验的浸淫。另一方面,

---

① 柳海民,史宁中.专业化教师教育课程的理论样态与基本结构[J].课程•教材•教法,2004(10):72-77.

② 周仕德.基于中美教育学教科书学生文本叙事的实证研究[J].国家教育行政学院学报,2014(5):90.

师范生或在职教师虽明白须将理论应用于教学之中,但常常忽略教学情境的复杂性、非线性和生成性,因为教学远非只是将学校的教学理论简单地套用。师范生和在职教师在教学实践中不可避免地会遭遇知识的再境遇化,个人生活史、工作组织环境和文化的约束都会塑造独特的教学体验和理解,而他们在学习和教学工作中所遭遇的冲突和不一致极其宝贵,是我国本土教育实践的真实体现。但目前我们的教师教育还没能充分利用这些丰富的实践案例,发挥师范生和在职教师从自身实践中获得的优势和能力,这也使他们错失了运用教育教学理论知识来阐释自己的教学行为、构建自己的实践理论的机会。

2.3.5　我国教师教育办学主体仍需提升完善

我国近 10 年来快速地调整了教师教育体系,从原先的封闭式培养体系转向开放式和多元化的培养体系,我国教师培养机构趋向多元,形成了职前教师教育由师范院校与综合性高校共同培养的局面,中小学教师来源趋多样化。职后教师培训机构则更加多元,既有"双一流"建设高校,又有普通高校和省市县级的培训机构。

从师范生教育这个方面来看,教师教育体系的开放是为了吸引更多的高水平院校的参与,但从目前国内各地实践的情况来看,高水平院校对于教师教育仅仅意在"开展教育学科建设和教育科学研究"[①],而非教师培养。国内也有研究表明,我国高水平的高等院校参与教师培养的热情远远低于国内其他普通高等院校。[②] 如此这般,可以预见国内师范生教育在短期内难有实效性的进展。从职后教师专业发展来看,目前在职教师培训在国家、省、市和县各个层级开展,教师培训机构种类极为多元,虽然国内个别省份对这些在职教师培训机构的资质认定推出了规定,但是在细则上还需做更多斟酌和推敲。而且教师培训机构的资质认定仅限于初次参加评定的机构,"双一流"建设高校、从事教师教育的普通高等院校、经省教育厅正式批准或备案的教师培训机构往往免于资质认定审核。然而,对于资质认定审核通过的教师培训机构的跟踪推进、监督保障制度更需进一步健全。

此外,教师教育办学主体在师范生的选拔、课程具体实施、合作伙伴等方面

① 周彬.教师教育变革 40 年:历程、经验与挑战[J].教师教育研究,2019(2):4.
② 朱旭东.中国教师培养机构发展培养研究[M].北京:北京师范大学出版社,2016:27.

也需要集思广益,构建规范、系统、稳定的制度和实施方案。因此,本书在第三章试图从加拿大这一教育强国的教师教育治理中获得一些有益经验,希望能对我国教师教育治理提供可借鉴的思考。

第 **3** 章

加拿大教师教育治理的历史叙事

加拿大自成为英法殖民属地起,教师教育便开始萌芽并发展。地理、居民构成和文化等是一国之教师教育中不容忽视的构成要素,而加拿大独特教师教育治理体系的形成自然也离不开来自地理、人口、文化和殖民历史的影响。如今加拿大教师教育治理体系的格局是在适应不断变化的加拿大教育生态中形成的,各方几经探索和磨合,塑造了如今加拿大教师教育比其他国家更多元、更复杂和更具包容性的情境,最终形成独特的教师教育治理体系。

3.1 地理、文化与历史对加拿大教师教育治理的影响

3.1.1 地理位置对加拿大教师教育治理的影响

受到地理位置的影响,加拿大各省间教育发展不平衡,包括教师教育。从地理位置来看,加拿大地处北美洲最北端,国土面积也位居全球第二。地理环境多样,每一个地区的景观与气候都极为不同,既使得各个地区地理和文化背景风格迥异,各具特色,也决定了加拿大人口居住的地域分布,进而对加拿大不同的省份和区域的教育产生了影响。加拿大 70% 的大学都集中在英属哥伦比亚省、安大略省和魁北克省。英属哥伦比亚省位于西部,气候温和,被誉为最适合人类居住的地区之一。安大略省是加拿大人口最多和经济最为发达的省份,大学数量达到了加拿大总大学数的三分之一,加拿大第一所师范学校也是在安大略省建立的。加拿大的阿尔伯塔省、萨斯喀彻温省和曼尼托巴省位于加拿大中部,这些省份是粮食主产区。加拿大东部五省分别为魁北克省、新斯科舍省、新布伦斯瑞克省、爱德华王子岛省和纽芬兰省。西北地区、育空地区和努勒维特地区均位于北部地区,气候严寒,地广人稀,居民多为土著民族,是加拿大教

育欠发达地区。同时,由于毗邻美国,加拿大教师教育治理体系不可避免地深受美国的影响。"加拿大教师教育改革往往是美国教育改革趋势和走向的写照,尽管要晚于美国几年。"①

3.1.2 殖民历史对加拿大教师教育治理的影响

加拿大的原住民为印第安人和因纽特人。公元 16 世纪,加拿大沦为法国和英国的殖民地。1763 年,《巴黎和约》签署后,加拿大成为英属殖民地,其经济体制以农业和皮毛、木材等自然资源的出口为主。同时,在地理位置上,加拿大与美国毗邻,难免会受到来自美国的变革和理念的影响。因此,"新法兰西""英属王朝"和"美国风"相互交织,带来了加拿大人口构成的变化,罗马天主教和新教等宗教文化间接影响了加拿大的教育模式,也形成了独特的宗教教育现象。② 加拿大最早的基础教育由教会提供。法国殖民者早期建立了一种"小教育"制度,在严格的天主教框架内,主要为男孩们提供基础教育、古典教育和神学教育,为女孩们传授针线活等家庭技能和宗教研究。宗教团体在新法兰西城镇提供阅读、写作、算术和宗教研究的教育指导。随着英国和法国之间的一系列战争以法国落败告终,越来越多的英国人和法国人移居到此,1791 年的宪法将加拿大分为上加拿大(安大略省南部)和下加拿大(魁北克南部)两个地区。上加拿大各地区的教育体系以英国文化为主导。18 世纪中期,英国殖民者试图采取同化政策来同化法裔文化,但成效甚微,上加拿大施行的教育法常常在下加拿大地区遭到抵制。

在 1847 年之前,在加拿大教书不需要任何培训或教师证。在普通民众能上的普通学校(common school)里,大多数教师几乎不识字、收入低、流动性大;在有经济保障的文法学校(grammar school)中,教师通常由神职人员或没有接受过教育学培训的大学毕业生来担任。③ 教师职业被视为无能之人和不可靠之人的最后避难所。④ 这种情况直到上加拿大地区在 1846 年颁行《普通

① Howe, E. R. A narrative of teacher education in Canada: Multiculturalism, technology, bridging theory and practice [J]. Journal of Education for Teaching, 2014(5):589.
② Connelly, F. M. & Clandinin, D. J. Exploring the landscape of Canadian teacher education [J]. Asia Pacific Journal of Teacher Education and Development, 2001(1):1 - 11.
③ Kitchen, J. & Petrarca, D. Teacher preparation in Ontario: A history [J]. Teaching & Learning, 2013(1):56.
④ Althouse, J. G. The Ontario Teacher: 1800 - 1910 [M]. Toronto: W. J. Gage Ltd., 1967:5.

学校法案》后有所改善,建立了非宗教的普通学校,设立一系列地方学区,每个学区都有 3 名受托人负责教师的聘用、解聘和薪水发放;根据该法案,还设立了师范学校、教师培训机构和监察员制度。1847 年,多伦多师范学校在安大略省开办,并对申请入学者的年龄、知识和道德品质提出要求,规定申请者须年满16 周岁,有读写能力和算术能力,并要求附上牧师的推荐信。下加拿大直到1852 年才建立学校监察员制度,这是健全下加拿大地区教育体系的重要一步。但是下加拿大的教育仍然存在许多不足,突出的问题是半数的学校委员和教师居然是文盲。① 为了解决加拿大的社会政治冲突,时任上、下加拿大总督的达勒姆提出合并上、下加拿大,建立殖民地责任政府,实施英国宪政中的责任内阁制,让那些获得议会大多数人信任的人拥有管理权,总督按照他们的意见对政府事务进行指导。这一建议得到了广泛的高度的认可,促进了加拿大联邦政府的建立和民族的形成。

3.1.3　多元文化主义对加拿大教师教育治理的影响

加拿大的历史发展"在某种意义上是一幅各族裔的亚文化不断与主流文化(英语文化与法语文化)相互交流、融合,又不时发生冲突、排斥的精彩画卷"②。英法两个"开国民族"在加拿大有着长期的深刻的矛盾,不断引发各种冲突。而其他文化在加拿大历史和现实发展中的存在亦不可磨灭,而且随着非英法文化族群移民的到来不断地增加。非英法文化族群有着强烈的享受与英法文化相同地位的呼吁和要求。这些历史和现实的因素使得加拿大多元文化主义的形成经历了"民族同化—熔炉理论—多元文化主义"三个阶段,亦被称为"一元文化—英法二元文化—多元文化"三阶段。

受到殖民历史的影响,加拿大早先推行英裔文化主导、同化其他民族的政策,但很快发现该做法引发上、下加拿大间的剧烈冲突,法裔移民者和其他原住民种族无法也不可能接受本民族的语言和文化被同化。于是在 20 世纪 60 年代,加拿大转而实施二元文化政策,通过《官方语言法》将英法两种语言列为官方语言,将英法两种文化确立为加拿大的主流文化。二元文化政策虽然缓解了英裔和法裔族群的矛盾,却没有考虑到原住民和其他族群的权利。尤其是自加

---

① Curtis, B. State of tutelage in Lower Canada, 1835 - 1851 [J]. History of Education Quarterly, 1997(1):25.

② 杜青钢. 大国文化心态:加拿大卷[M]. 武汉:武汉大学出版社,2014:94.

拿大建邦以后的移民潮使得加拿大居民的语言、种族和文化愈发多样化。时至今日,加拿大已成为典型的移民大国。据统计,加拿大的民族多达 100 多个,讲着 140 多种不同的语言,加拿大也被誉为"马赛克"式的多元文化国家。尽管加拿大建国后采取了多种措施,但是加拿大的移民者们一直保持着各自的语言、习惯、信仰和文化,而且冲突不时加剧,这些是加拿大多元文化主义得以形成的起点。1971 年 10 月 8 日,特鲁多总理宣布加拿大正式实施双语框架内的多元文化主义政策。他提到不能对英裔和法裔采取一种政策,对土著采取另一种政策,对其他族裔则采取第三种政策。多元文化主义政策是加拿大统一、团结和发展必须颁行的国策。1988 年《加拿大多元文化法案》颁布,联邦政府对多元文化政策给予了立法保障,并制定了支持该法案的方案和政策。多元文化主义政策开始在加拿大的政治、社会、语言、教育等多个领域实施,并不断地深化和发展。

　　加拿大认识到在如此多样化的国家建立民族团结的重要性,提出要"努力构建一个承认、尊重并反映文化多样性的社会,使来自不同国家和文化的人们都对他们所生活的加拿大抱有认同感与归属感"①。实现这一目标的重要途径就是多元文化教育,而教师教育又是完成这一教育使命的关键。多元文化主义政策是加拿大多元文化教育开展的基础,而其在教育领域的实施为加拿大国内各个民族的语言和文化提供了传承和发展的机会。② 加拿大教育部长理事会认为"将移民儿童融入各省及地区现行教育体系需制定彰显多样性、公平性与多元文化教育准则的政策,并使其成为日常教育实践的有机组成部分。这一融合进程涵盖对课堂与校园环境的优化塑造,以及在课程设置上的调适与教师支持体系的构建,以此切实满足学生尤其是在语言学习领域的实际需求,进而推动移民儿童在教育体系中的有效融入与全面发展。"③以英属哥伦比亚省为例,英属哥伦比亚省是加拿大种族最多样化的省份。④ 1981 年,英属哥伦比亚省教育部长布莱恩·史密斯(Brian Smith)宣布了第一个对多元文化教育的部长承诺,声称将"任命一名英语作为第二语言的省级多元文化教育协调员,以汇集多元文化项目,并

---

① 陈晓莹. 融合·发展:加拿大多元文化教育解读[M]. 北京:民族出版社,2008:36.
② 曹迪. 从同化到多元:加拿大原住民语言教育政策的发展特征与启示[J]. 河北师范大学学报(教育科学版),2014(5):116.
③ Queen's University. Multiculturalism Policies for Immigrant Minorities [EB/OL]. https://www.queensu.ca/mcp/immigrant-minorities/resultsbycountry-im/canada-im, 2020 - 03 - 09.
④ BC Government. Multicultural B. C. [EB/OL]. https://www.welcomebc.ca/Choose-B-C/Explore-British-Columbia/Multicultural-B-C, 2022 - 01 - 19.

将在秋季为低陆平原的教师们举办一个大型的省级研讨会"①。英属哥伦比亚省
1996 年颁行《多元文化法案》，承认并促进理解多元文化，反映了英属哥伦比亚省
公民的种族和文化多样性，还专门设立多元文化咨询委员会，向负责监督该省多
元文化问题和政策的部门报告。② 英属哥伦比亚省教育部认为英属哥伦比亚省
的持证教师应该将教学技能引入该省多元化的 K‑12 学校系统。③

概言之，多元文化使得加拿大教师教育在管理和实施上充分考虑各省人口
结构多元化的特点，从利于国家和省的整体性发展的角度充分尊重各省的土著
居民和外来移民人口，专门设置相关的教师教育课程和教师资格认定政策。

3.2　文化思想：自由主义与新自由主义

所有的教师教育都是在社会、经济和政治环境中发展，并与之相互作用④，
加拿大教师教育亦不例外。自由主义在加拿大的政治、经济和社会三个要素
的交互作用中发挥了重要作用。加拿大的自由主义有着自身独特的特点，与
欧洲传统的自由主义和美国纯粹的个人自由主义均有所不同。自由主义塑
造了加拿大学校教育的主流政治意识形态，一直是加拿大公共哲学的核心和
精髓，在加拿大深入人心并具有顽强的生命力，其重要性远胜于"加拿大国内
外的敌人"⑤。从某种程度上说，自由主义推动了加拿大对教师教育的需求和
治理体系的变革。具体来说，这种需求和变革也可归因于在加拿大的不同历史
时期发挥作用的政治自由主义、经济自由主义、道德自由主义和新自由主义。

3.2.1　政治自由主义与加拿大的师范学校

加拿大的政治自由主义的形成得益于加拿大辽阔的土地、其长期的英国殖

---

① Raptis, H. Dealing with Diversity: Multicultural Education in British Columbia, 1872‑1981
[D]. Victoria: University of Victoria, 2001:145.
② BC Government. Multicultural Act [EB/OL]. https://www.bclaws.gov.bc.ca/civix/
document/id/complete/statreg/00_96321_01,2022‑01‑26.
③ British Columbia Ministry of Advanced Education and Skills Training. Teaching in BC [EB/
OL]. https://www2.gov.bc.ca/gov/content/education-training/k-12/teach, 2021‑09‑02.
④ Tatto, M. T., Lerman, S. & Novotná, J. Overview of Teacher Education Systems Across the
World [M]. New York: Springer, 2009:15.
⑤ McKay, I. The liberal order framework: A prospectus for a Reconnaissance of Canadian history
[J]. Canadian Historical Review, 2000(4):617‑645.

民历史以及其人口结构。随着英裔和欧洲移民者的增多，自由主义被传播到加拿大，典型的政治自由主义的观点是每个人"应该有平等的机会来获得物质繁荣和个人的自我实现"①。在殖民属地初期，加拿大秉持的治理理念是个人的自由应是在个人发挥潜能和自我奋斗后实现的，政府保持中立的角色，只有当个人在殖民地的自由贸易和权益受到损害时才会干预，所以英国殖民政府起初对加拿大的诸多事务采取的是放任的态度。但这一治理行为使加拿大彼时的殖民统治者在管理社会秩序时面临多重挑战，比如犯罪率高、物质主义泛滥、知识水平低下以及社会动荡等。当时的殖民政府头痛不已，不得不设法解决这些问题。这种情况之下，统治者们决定采用政治自由主义的话语来证明政府的重要性。② 英国殖民政府一改以往对加拿大殖民地放任自由的管理态度，通过设立殖民地责任政府来实施指导和管理，提出既要重视个人的自由，也要重视社会，要通过社会的变革和进步来保障个人最大限度的自由。③ 自此，殖民政府开始对加拿大实施干预和介入。

加拿大当时的殖民政府把普及教育视为解决问题的"良药"。考虑到加拿大人口占比最大的群体是农民，殖民政府决定为加拿大的农民阶层提供公民和道德教育。这一决定使加拿大各省政府拥有行使公民事务的权力，包括教育。加拿大通过国家统一规定的课程和各省审定的教科书来实施教育的标准化和普及化。如此一来，殖民政府便可通过普及教育向学生灌输统治者们认为加拿大青少年应具备的"经批准的宗教、道德、政治、经济、社会和文化观念"④，以确保加拿大人拥有共同的知识和价值观。当时的中小学校由联邦政府和省政府共同监督，但省政府的职责仅限于地方税收、学校董事会选举以及教师的聘用和解雇。20 世纪初，加拿大各省的教育已被"统一、垄断、标准化、监督、专业化，并由国家控制"⑤。

---

① Manzer, R. Public Schools and Political Ideas: Canadian Educational Policy in Historical Perspective [M]. Toronto: University of Toronto Press, 1994:59.

② Raptis, H. The Canadian landscape: provinces, territories, nations, and identities [A]. Christou, T. M. The Curriculum History of Canadian Teacher Education [C]. New York: Routledge, 2015:8.

③ 陈云生. 超越时空：加拿大多元文化主义[M]. 石家庄：河北人民出版社,2000:72.

④ Brummelen, H. V. Shifting perspectives: Early British Columbia textbooks from 1872 to 1925 [J]. BC Studies: the British Columbian Quarterly, 1983(60):2-27.

⑤ Fleming, T. Canadian school policy in liberal and post-liberal eras: Historical perspectives on the changing context of schooling, 1846-1900 [J]. Journal of Educational Policy, 1991(2):187.

　　与此同时,加拿大殖民政府意识到教师的教学能力和教学质量的重要性,于是开始重视教师培养的工作。各省纷纷建立了省内的师范学校,并开始通过控制教师认证来保证教学质量。1847 年,上加拿大第一所师范学校在多伦多成立,在加拿大各个地区引发了巨大的反响,成为加拿大所有师范学校的参照样板。加拿大各省从一开始就带着这种默契和明确的愿望,即"以加拿大东部省份的教师教育作为未来的教师教育模式"[①]。此后的几十年间,新斯科舍省、爱德华王子岛、曼尼托巴省、萨斯喀彻温省、英属哥伦比亚省和阿尔伯塔省也纷纷开设了师范学校。此时,加拿大师范学校的任务是规范教学内容和教学方法,从而确保教学质量,因为教学内容和教学方法的标准化能够传递一致的思想和价值观,从而促进加拿大公民对国家的忠诚度。[②] 在这一时期,加拿大规定师范学校的教师应该具有一定的影响力和良好的品格,他们应是教学领域的大师,能够教授小学的科目,并能为刚通过认证的教师们示范真实教学课堂中可运用的教学方法。[③]

　　在治理层面,加拿大教师教育呈现的是集权和分权并存的局面。随着师范学校的建立,加拿大开始有了专门的教师教育机构,但是各省政府对教师教育拥有话语权,实施高度的集权式管理。1867 年《英属北美法案》规定加拿大把管理各省教育事务的权力下放到各省政府,联邦政府只负责特定的某些教育事务,比如军人及其子女的教育、原住民的教育等。尽管加拿大联邦政府对教育采用了分权式的管理模式,但是各省的政府内阁对教师的教育和认证事务施行高度的集权式管理。以英属哥伦比亚省为例,当时该省有了教师教育治理体系的雏形,拥有地方教育委员会、省政府和师范学校。师范学校负责培训教师,师范学校的校长在公共教育委员会的授权之下负责学校的纪律和管理、明确学校教职员工的职责以及监督师范学校所有科目的教学及方法。地方教育委员会负责招聘教师,教师聘用通过签署教师合同来进行。英属哥伦比亚省政府则通过认证标准来认定具有任教资格的师范生。师范学校、省政府和教育委员会分

---

① Theodore, M. C. The Curriculum History of Canadian Teacher Education [M]. London: Routledge, 2015:196.

② Raptis, H. The Canadian landscape: Provinces, territories, nations, and identities [A]. Christou, T. M. The Curriculum History of Canadian Teacher Education [C]. New York: Routledge, 2015:8.

③ Lord, A. R. A Canadian looks at teacher training [J]. The Elementary School Journal, 1937 (5):353 - 364.

别负责教师培养、教师认证和教师聘用三个方面的工作,彼此虽互不干涉,但英属哥伦比亚省政府通过教师认证的控制,对教师教育有着权威的话语权。《公立学校法》规定了英属哥伦比亚省在教育事务方面有一个高度集权式的决策机构。所有与教育政策有关的事宜实际上都由内阁(cabinet)决定,或者至少需要内阁批准。内阁可以任命教育委员会和教育督管,教育委员会负责教育决策的制定、教师的教育和认证;主管(superintendant)负责学校管理,他们的任期由副总督决定。而且,想当教师的人必须参加教育委员会举办的考试。教育督管有权"以任何他认为需要的理由"暂停颁发证书,直到该证书在委员会的下次会议上得到批准或不被批准为止。1879年,《公立学校法案》规定撤除教育委员会,改由内阁任命的教育督管承担原教育委员会的职责。教育督管和由内阁任命的另两位审查员组成审查委员会,共同负责教师的教育和认证。该法案还规定由内阁承担中止和取消教师资格证书的最终责任,并要求英属哥伦比亚省秘书处签发所有的教师资格证书。这意味着教师教育的决策权已悄然从选任官员转移到了一个强大的政府机构。1891年,英属哥伦比亚省政府又通过立法规定更加巩固了其对公共教育拥有的管理权,与此同时,通过立法确保内阁仍然对教师教育决策的强有力控制。英属哥伦比亚省新成立的公共教育委员会(Council of Public Instruction,简称CPI)在教育政策方面具有广泛的职责和权力,包括教师的教育和认证,以及首次设立师范学校并规范其行为和管理的权力。CPI由内阁的所有成员组成,CPI需要遵循内阁的命令来批准和取消资格证书。这意味着尽管CPI表面上独立于政府,但实际上仍由政府控制。① 可以说,英属哥伦比亚省的教师教育一直由该省内阁管控。

师范学校的建立促进了加拿大各省教师教育治理内部体系的建设,教师培养由"无章可循"的无序状态步向"有章可依"的有序管理,包含师范学校基础设施、师范学校的入学资格、科目开设、课程内容、教师认证规范和教师合同签署等6个方面。第一,尽力扩宽校区和改善校舍设施。温哥华师范学校增建了当时先进的科学室、手工艺室、两间家政学教室、图书馆和学生阅读室。增建完毕后,温哥华师范学校能容纳300名学生在校内学习和住宿。维多利亚师范学校设备齐全,可容纳200名学生。两所师范学校的大楼内还设有小学实习学校或示范学校。

---

① Yvonne, M. M. Teacher education policy-making in British Columbia: 1872 – 1994 [J]. Journal of Education Policy, 1996(5):595.

第二,教师培训科目趋向系统化。这一时期的教师教育以"培训"为办学理念,主要是帮助师范生"获得信息,同时明白可以给未来学生传授何种信息"①。教师培训课程分为教师现场讲习和实地经验两类,科目繁多,设置了心理学、教育学、文学、自然、绘画和教学法等课程,后来还加入折纸、剪纸、编织、教育历史、地理、急救、声乐和体育锻炼等多门课程。维多利亚师范学校别开生面地开设了家政科学和手工培训两门课程。值得注意的是,当时的师范学校内还设立了示范学校,为师范生提供开展教学实践的场所,并安排两位教师负责对师范生的实践教学的评价。教学实践由师范学校校长出面与当地的中小学联系,安排学生进行观察和实践教学,并且在适当的时候与各个教学实践学校的工作人员举行会议,确保教学实践的顺利运作以及树立双方在教育方面一致的理念和原则。由于女师范生的人数较多,校长专门指定一名女性工作人员来担任女性师范生的辅导员。

第三,师范学校入学资格有所提高。加拿大各省的师范学校制定了详细的章程,内含入学要求、初级课程和高级课程、学习阶段、考试流程,还有学位和证书要求。这些学校的章程清楚地呈现加拿大教师教育的两大主线:鼓励延长永久性证书对应的教师培训时长和强化政府在教师认证过程中的权威性。师范学校的入学条件须随着时间和社会要求逐步提高,如表3.1所示。1901年至1919年间,师范学校要求入学申请者须取得三级证书或参加入学考试。1920年的最低要求是完成小学教育。1923年则改为完成初中教育,申请入读师范学校的学生须符合三个条件:其一,向校长提交申请表,内含申请人入学情况的详细说明;其二,只有通过教育部长所任命的医务人员的体检,学生才具备入学资格;其三,入学申请者须在提交申请的三个月内获得令人满意的良好品格证书。当时入读师范学校的师范生大多是女性。

表 3.1　加拿大师范学校录取要求

时间	录取要求
1919 年之前	无教师培训
1920—1922 年	小学学历
1923 年	1.初中学历;2.申请人简历;3.体检;4.品德证明

① Calam, J. Teaching the teachers: Establishment and early years of the B.C. provincial normal schools [J]. Journal of Physiology, 1984(3-4):32.

第四,师范学校的课程设置和课程内容趋向规范化和系统化。师范学校每天安排 7 节课,课堂时长约 45 分钟,每门科目也有课时要求(详见表 3.2)。课程安排考虑了小学教育的实然状况和当时社会对技术工人的需求,课程设置领域趋向多样化。纵向上看,涉及教育管理、教育史、教育心理、学科教学等知识;横向上看,又兼含人文、实用工艺、科学和艺术等领域。

表 3.2　1928—1929 师范学校课程方案①

科目	课时要求	科目	课时要求	科目	课时要求
学校行政	50～60	教育运动与社会学	30～35	健康教育	30～35
算术	50～60	写作与拼写	30～35	教育心理学	20～25
地理	50～60	绘画与艺术	60～70	测量、制图与统计	20～25
自然学习与农业	50～60	音乐与声音训练	60～70	阅读	20～25
历史与公民	50～60	家庭经济	60～70	语法	25～30
初级与手工艺术	50～60	体育教育	60～70	书写	25～30

第五,教师认证标准有所提高。在 20 世纪 30 年代的经济萧条时期,教师供大于求。虽然一直沿用 1922 年以前的教师认证标准,但师范学校针对教师培训过程中出现的问题,对毕业时间、毕业要求、毕业证书和课程实施进行了调整。整体而言,教师的培养质量和入职要求均有所提高。获得教师资格证书的最低要求是从师范学校毕业,师范生必须修读完小学英语、历史和数学等课程以及 11 年级的外语、科学和地理课程。在英属哥伦比亚省,师范学校校长须向省教育部提供师范生的在校成绩,包括:①了解加拿大英属哥伦比亚省小学各个科目的教学主题和方法;②教育科学的相关知识与学校行政管理的原则和实践;③教授和开办学校的能力;④具有开展教师生活和工作的良好身体状况。1920 年之前,完成师范学校 4 个月的课程学习可申请获得三级证书。如果师范生拥有 11 或 12 年级的教育背景并完成 9 个月的课程学习,可以分别获得永久性二级证书或永久性一级证书。1920 年后,停止颁发三级证书,而且永久性证书的发放有所收紧,需额外提供两年教学工作经验以及公立学校的监察长推荐(详见表 3.3)。到了 1922 年,加拿大英属哥伦比亚省提出师范生必须持续

① University of Victoria. Regulations and Courses of Study for Provincial Normal Schools 1928 - 1929 [EB/OL]. http://curric.library.uvic.ca/homeroom/content/topics/programs/curriclm/nschool.htm, 2016 - 09 - 13.

完成 9 个月的培训方可毕业,继而又在 1923 年明确提出如果师范生在校仅获得"中等"的成绩评价,只能申请临时教学证书,有效期仅为两年。同年,英属哥伦比亚省还改革了教师教育课程,规定高中教师必须参加两段式的培训,即 15 周在温哥华师范学校进行,额外的 15 周在英属哥伦比亚大学进行。

表 3.3　加拿大英属哥伦比亚省师范学校证书一览表①

时间	证书	要求	
1920 年前	永久性一级证书	完成 9 个月的课程学习,达到 12 年级教育水平以上	
	永久性二级证书	完成 9 个月的课程学习,达到 11 年级教育水平	
	三级证书	完成 4 个月的课程学习	
1920 年后	临时性一级证书	完成 9 个月的课程学习,达到 12 年级教育水平以上	可以在两年的教学工作后,由公立学校监察长推荐转为相应的永久性证书
	临时性二级证书	完成 9 个月的课程学习,达到 11 年级教育水平	
1923 年	临时性一级证书	完成 9 个月的课程学习,达到 12 年级教育水平以上	
	临时性二级证书	完成 9 个月的课程学习,达到 11 年级教育水平。学习评价仅为"中等"	

第六,教师能力标准。当时的教师能力标准包括 6 个方面:①教师有责任了解学龄儿童在学校的身体、心理、社会和道德状况;②教师能确定学龄儿童分级和升级的因素,会使用标准化智力和成就测试作为评分标准以及了解其价值;③教师能应对问题儿童展开特殊关怀和管理;④教师要遵守纪律,教师的积极态度使学生能开展正确的行为和提升社会责任;⑤教师会运用兴趣、动机以及奖惩机制;⑥教师能实施课堂常规管理。同时,加拿大要求对教师采用合同聘用制。合同中有明确的教师聘用要求和职责,是衡量教师的又一标准。

3.2.2　经济自由主义与加拿大的教师教育大学化

在师范学校建立后不久,加拿大各省的教育界和相关人士就意识到了教师

① University of Victoria. Regulations and Courses of Study for Provincial Normal Schools 1928 - 1929〔EB/OL〕. http://curric. library. uvic. ca/homeroom/content/topics/programs/curriclm/ nschool. htm, 2016 - 09 - 13.

培养转向大学的必要性。进入 20 世纪初期后,加拿大的人口增长迅速,农业、其他初级和二级产业、交通设施和采矿业的发展将加拿大的经济提到了一个新的高度,越来越多的人迁移到新兴产业的城镇,儿童入学率骤然增加。许多工作对就业者的受教育水平要求有所提高,中学学历成为人们获得工作的重要门槛。在英属哥伦比亚省,15 岁以上的儿童选择上高中,女孩的入学率从 1921 年的 69.4% 增加到 1931 年的 83.2%,男孩的入学率从 64.1% 增加到 81.8%。① 这直接使得 1917 年至 1922 年间英属哥伦比亚省的高中数量几乎翻了一番。为了应对社会和市场发展带来的新挑战,加拿大开始将治理重点从国家建设转向经济利益的最大化,要求中小学必须为年轻人上大学和经济的持续发展做好准备。此外,新兴经济对人们的知识结构提出了新的要求,传统科目的专业知识已经跟不上经济发展的需要。受到经济自由主义日益增长的需要,加拿大将教育视为经济产品,学校教育系统侧重教授家庭经济学、工业艺术、商业和体育等实用科目,以此来吸引更多的学生入学。

市场经济发展的需求引发了加拿大教育形势的改变,进而对师范学校提出挑战。首先是加拿大各省普遍培养了足够多的教师来满足教育发展的需求,从而导致加拿大教师人数在 1900 年至 1920 年间从 19 000 人激增到了 40 600 人。② 再加上紧随而来的经济大萧条使师范学校的申请者增多,其中不乏一些来自法律和医学等其他行业的从业者。因此,师范学校不得不通过提高入学标准来筛选申请者和控制教师培养的人数。其次,为了适应经济发展的迫切需求,加拿大认为中学教师应增加学科领域以外的知识,改变教学方法来适应教育发展和有工作经验的学生的需要。加拿大各省开始对师范学校是否适合培训中小学教师有所质疑。因此,加拿大各省开始提高高中教师的任教要求,要求高中教师须有大学本科学历,还须接受专业的教学方法培训,此举促进了加拿大教师教育的大学化。1897 年安大略省教育部率先颁布强制性规定,要求所有公立中学教师必须接受专业的教师培训和持有多伦多大学新设的文科学位,成为加拿大首个由大学培养公立中学教师的省份。在英属哥伦比亚省,师范学校培养的是小学教师。英属哥伦比亚省的《公立学校法案》规定高中教师必须持有师范学校的证书,或者至少通过考试,证明他们对"教学艺术、学校纪

① Strong-Boag, V. B. C. society in the 20th century [A]. Johnston, H. The Pacific Province [C]. Vancouver: Douglas&McIntyre, 1996:295.

② Gidney, R. D. & Millar, P. J. How Schools Worked: Public Education in English Canada, 1900-1940 [M]. Montreal: McGill-Queen's University Press, 2012:124.

律和管理以及英属哥伦比亚省的学校法"的掌握。① 换言之,英属哥伦比亚省的大学毕业生如果想要任教,必须在毕业后进入师范学校学习一个学期才能获得高中教师证。随着英属哥伦比亚省高中学校数量的增多,师范学校因未能服务相应的年级和主题以及未能为高中教师提供实习途径而被诟病。② 因为师范学校和与师范学校有关的公立学校都只面向小学,无论是从大学生的实习还是教学实习来看,都极不适合。许多人将该问题视为高中教学的危机,并向教育部和师范学校的管理部门进行了大量投诉。英属哥伦比亚省的家长、学生、大学工作人员和学校董事会对英属哥伦比亚省师范学校的监督持批评态度③,这些质疑和批评也延伸到小学教师培养。加拿大各省意识到小学教师培训学术性不足的弊端同样需要专业知识来弥补。乔治·威尔(George Weir)提到,尽管师范学校培训小学教师的工作十分出色,但与现代大学设施或教育部相比,师范学校在中学教师专业准备的有效性方面不尽如人意。④ 英属哥伦比亚省教育督管威利斯(Willis)声称高中教师的培训是教师教育体系的弱点⑤。英属哥伦比亚省学校监察员狄龙(Delong)指出教师培训不仅要有学术培训,还要有专业培训,所以他和英属哥伦比亚省学校托管人协会(BC School Trustees Association)都建议在英属哥伦比亚大学建立一所教育学院,或在其中一所师范学校开展义务培训。

对此,加拿大学者帕肯纳姆(Pakenham)在第八届加拿大大学年度会议上指出教师培训应该像医生培训一样,由一个共同的机构来实施培训,"所有的课程都是相同的,在选修课进行必要的区别处理"⑥。各省政府也逐渐察觉到教

① British Columbia Legislative Assembly. Forty-seventh Annual Report of the Public Schools of the Province of British Columbia 1917 – 1918 by the Superintendent of Education with Appendices [EB/OL]. https://open. library. ubc. ca/collections/bcsessional/items/1.0059868? o=0, 2022 - 01 - 12.

② Calam, J. Teaching teachers on campus: Initial moves and the search for UBC's first professor of education [J]. Historical Studies in Education, 1994(6):180.

③ Uzelac, M. Training teachers for the public schools of British Columbia 1901 – 1956 [D]. Vancouver: Simon Fraser University, 1985:25 - 26.

④ Weir, G. M. The College of Education as an Agency for Training Teachers for Secondary Schools [R]. NCCU Proceedings, 1927:36.

⑤ Willis, S. J. Address to third annual convention of the BCTF [J]. The B. C. Teacher, 1922 (9):10.

⑥ Scott, J. K. The institutionalization of high school teacher education at the University of British Columbia [D]. Vancouver: University of British Columbia, 1998:208.

师教育大学化的必要性。加拿大各省通过教育调查总结出了两次世界大战期间教师职业存在的不足：未婚男教师过多；农村地区的教师尤其不成熟；教师缺乏远见和职业自豪感；学历和专业资格不够；不愿接受额外专业培训；缺乏经验；不能从经验中充分获益；频繁更换学校等。从中可以得知，师范学校只能解决师范性的问题，但学术性问题需要寻求另一途径。自此，魁北克省（1898年）、英属哥伦比亚省（1923年）、萨斯喀彻温省（1928年）、阿尔伯塔省（1929年）和曼尼托巴省（1935年）紧随安大略省的步伐，这也为加拿大教师教育大学化的全面实施奠定了较好的基础。另一方面，加拿大愈发意识到师范学校不能满足加拿大社会、经济和学校系统发展对教师教育提出的新挑战，又注意到美国在教师教育方面正在积极寻求方法，教师教育大学化已迫在眉睫。加拿大毗邻的美国的教师教育早已发动变革，开始将师范学校转型为师范学院，教师培养变成四年制，而且要求申请者必须中学毕业。但是加拿大在1945年之前对美国的教师教育改革视而不见，一直停留在一年制的师范学校，从而导致全国的教师教育整整落后于美国50年。所以在内部因素和外部因素的交织影响下，加拿大个别省份纷纷关闭师范学校，只在大学提供教师培训。① 阿尔伯塔省和纽芬兰省率先分别在1945年和1946年将教师教育转移到大学进行。1946年，加拿大省联合会颁行《师范学校法案》，于1947年建立了多伦多师范学院，这也是加拿大的第一所大学教师教育机构。加拿大英属哥伦比亚省在1956年关闭了温哥华师范学校、维多利亚师范学校以及暑期学校，将该省的教师教育转到大学来进行，要求所有教师必须获得学士学位或教育学士学位。② 萨斯喀彻温省和曼尼托巴省于1964年完成教师教育大学化，魁北克省和安大略省是最后完成的两个省份。至1970年，加拿大已经实现教师教育大学化，大多数小学教师都接受过至少两年的大学教育，所有的新教师获取资格证书的首要条件是学士学位或教育学士学位。③

---

① Chasteneuf, C. 1945 – 1955: Reaction and Reform [C]. Faculty of Education, University of Victoria, 1993:11.

② Sheehan, N. & Wilson, J.D. From normal school to the University of British Columbia to the College of Teachers: Teacher education in British Columbia in the 20th century [J]. Journal of Education for Teaching, 1994(1):23 – 36.

③ Sheehan, N. & Wilson, J.D. From normal school to the University of British Columbia to the College of Teachers: Teacher education in British Columbia in the 20th century [J]. Journal of Education for Teaching, 1994(1):23 – 36.

3.2.3　道德自由主义与加拿大的教师教育方式

从道德自由主义的角度来看,个人的教育发展不仅需要像政治自由主义者和经济自由主义者所设想的那样,考虑他们在政治社区中的成员身份对教育的影响,还需要考虑他们在其出生、成长和发展的文化社区中的成员身份对教育的影响,学会如何选择和生活。[①] 加拿大进入城市化和工业化进程之后,人口出生率下降,家庭结构趋小型化,儿童的良性成长成为家庭和社会关注的焦点。再加上美国"进步教育"和英国"新教育"运动的影响,加拿大的教育发生了相应的变化。教师的作用不再仅限于帮助学生记忆信息,死记硬背式的教学方法逐渐为人们所摒弃。杜威所倡导的经验学习理论为教育提供了全新的视角,要求教师的教学不再以"教师""书本"和"知识传授"为中心,而是以"儿童""活动""解决问题"为中心,对学生经验进行改组改造。因此,此时教师的教学方法相较以往有所改变,教师的教学要能反映儿童发展的渐进式体验过程,要考虑学生的学习、情感和心理发展;教师不应仅仅充当知识的传递者,而且要充当学生学习经历的促进者。[②] 此外,加拿大开始寻求有效的工具来监管学校。1917年,萨斯喀彻温省对本省的学校系统展开调查,并在 1918 年的《福特调查报告》中提出了近 60 项改革建议,涉及课程、教学法、考试、检查、职业教育、行政和财务方面的改革。加拿大各省依据萨斯喀彻温省的调查,开展了大规模的课程改革。这些课程改革采用了美国理论家威廉·赫德·基尔帕特里克(William Heard Kilpatrick)的"基于活动/项目的学习"的理念,以个性化、灵活的主题单元的方式来组织学习,并将学科与学校以外的问题或现象相关联和融合。学生有机会学习算术、历史、阅读、写作、地理和创造性艺术,因为这些课程涉及包容性主题。另外,该课程改革通过安排儿童的实地考察学习将儿童与社会环境联系起来,并将社区组织引入学校学习。

加拿大各省基础教育课程的改革对教师提出了更高的知识和能力要求。大学良好的文化积淀和知识阵地的角色促使英属哥伦比亚省从学术性的视角来看待教师教育课程和管理,教师教育课程的实施和研究有了提升发展的可能,对教师知识结构的探讨更趋科学,这大大地促进了该省教师教育制度的发

---

① Kraenzel, F. & Manzer, R. Public schools and political ideas: Canadian educational policy in historical perspective [J]. Journal of Value Inquiry, 1997(3):433 - 436.

② Manzer, R. Public Schools and Political Ideas: Canadian Educational Policy in Historical Perspective [M]. Toronto: University of Toronto Press, 1994:133.

展和专业化思考。首先,此时加拿大英属哥伦比亚省内的大学同时负责师范生培养与职后教师培训的管理和具体实施,时任政府仅保留了统一颁发教师资格认证的合法权力,教师教育的目标、课程内容、教学方法、入学要求和课程规定等主要由大学管控和推进。加拿大教师教育的学术性和专业性得到进一步提升,课程趋于规范化和多元化。以英属哥伦比亚省为例,英属哥伦比亚大学第二任校长伦纳德·克林克(Leonard Klinck)在英属哥伦比亚大学的教育课程中引入了教育概论和教育心理学这两门课程,这意味着英属哥伦比亚大学在其文科课程中加入教育研究。[1] 英属哥伦比亚大学的第一任教育学院院长内维尔·斯卡夫(Neville Scarfe)是杜威的跟随者,他认为学校对社会改革至关重要,学生不是知识的接受者,而是知识的参与者。[2] 受到杜威的体验式学习理念的影响,英属哥伦比亚大学将教师教育课程中的讲座授课方式改为整体化培训,注重学生的经历、体验和实践。而这种教师培训方法在 20 世纪 50 年代至70 年代经过审视和改进后,愈发获得人们的认可,独特的教师教育课程使英属哥伦比亚大学站在了英属哥伦比亚省教师教育的最前沿。[3] 1948 年至 1964年,英属哥伦比亚省皇家教育委员会发布《钱特报告》,推动了英属哥伦比亚省的多项教育改革,包括教师教育改革。根据报告建议,加拿大开始调整教师教育课程,增强学术性,延长实践,增加乡村教师教育课程和土著教师教育课程。英属哥伦比亚大学逐步提高了学术标准,并将教育实习的时间调整为一年。维多利亚大学"欣然接受大学对研究的日益增长的承诺……(鼓励)没有研究生学位的年轻教师继续从事研究工作"[4],其教师教育课程明显转向"确保教师在职业生涯初始阶段时能拥有足够的学术背景"[5]。与此同时,其他机构和组织的作用得到重视。自 1977 年起,中学的指导老师和大学导师被同时邀请到维多

[1] Calam, J. Teaching teachers on campus: Initial moves and the search for UBC's first professor of education [J]. Historical Studies in Education, 1994:180.

[2] Calam, J. Neville Scarfe and Teacher Education [EB/OL]. http://historicalstudiesineducation. ca/index. php/edu_hse-rhe/article/view/403/521, 2021 - 03 - 08.

[3] Macfarlane, E. & Bullock, S. M. Dreaming of modern design-considering curriculum history of teacher education in British Columbia [A]. Theodore, M. C. The Curriculum History of Canadian Teacher Education [C]. London: Routledge, 2015:203.

[4] MacPherson, I. Reaching Outward, and Upward: The University of Victoria, 1963 - 2013 [M]. Ottawa: McGill-Queens University Press, 2012:83.

[5] Mickelson, N. The Victoria normal school in the lansdowne years [J]. The Lansdowne Era, 2008:43 - 47.

利亚大学参加教师专业发展研讨会。乡村教师和土著教师的需求问题也得到了关注,加拿大开始有系统地招收乡村学生来修读教师教育课程,让"许多有能力的学生不再由于经济、文化和家庭原因上不了大学"①。此外,加拿大专门增设了土著教师教育课程,培养更具语言和文化能力的土著教师。西蒙弗雷泽大学的专业发展课程(简称 PDP 课程)提供了独特的视角,其独特之处有二:其一,PDP 课程秉持实践和理论"同等重要"的理念,将实践安排在课程学习之前,"从一开始就给予师范生第一手和广泛的教学经验",然后再进行理论学习。其二,PDP 课程中最初的 8 周实习及其后的实习周期并非实践教学,而是"真正的教学",师范生在大学联络员和教授的督管下成为教师的学徒,开展教学。② 这些角色在以前的教师教育中是前所未有的,这为后来的扩展实践和探究提供了可能性,师范生可以在真正的教学场所中进行学习。

为了让培养的教师有足够的时间来获得现代化、科学、系统的教学知识和能力,加拿大各省纷纷将教师的职前教育课程延长至 10 个月,并提高了教师资格证书的发放要求。一级证书获得者须完成高中学习(12 年级)和一年师范学校或大学一年级的学习;二级证书获得须完成初中学习(11 年级)和长达一年的教师进修学习;三级证书颁发给仅拥有初中学历,而且没有接受过专业培训的人员。③ 与此前相较,加拿大教师的学历要求在不断提高。1920 年,加拿大能获得二级证书的教师不到 50%,然而 1940 年,加拿大有三分之二的教师获得了一级证书。1960 年之后,加拿大教师教育已完成大学化,所有教师都拥有大学本科学历。

3.2.4　新自由主义与加拿大教师教育的解制与专业化

20 世纪 70 年代末,加拿大教师教育在步向专业化的同时开始受到新自由主义的影响,但新自由主义在加拿大引发的改革与其他国家的不同。美国和欧洲的新自由主义促发了教师教育市场化,通过私有化和教师工作的非专业化来削弱公共教育和教师教育项目,大学以外的社区和营利性公司开始进入教师培

---

① MacPherson, I. Reaching Outward, and Upward: The University of Victoria, 1963 - 2013 [M]. Ottawa: McGill-Queens University Press, 2012:85.

② Smith, S. J. The Bearing of Inquiry in Teacher Education: The SFU Experience [M]. Burnaby: Simon Fraser University, 2004:1.

③ Gidney, R.D. & Millar, W.P.J. How Schools Worked: Public Education in English Canada, 1900 - 1940 [M]. Montreal and Kingston: McGill-Queen's University Press, 2012:126.

训领域;加拿大则出现了教师教育解制化和专业化的双重局面。在新自由主义的影响下,加拿大采用了"竞争、减税、解制、贸易自由化、鼓励私营部门以及减少政府作用和公共支出"等相关政策来促进经济增长和提高效率。在 21 世纪,加拿大 K－12 教育面临云计算、合作环境、游戏化学习、手机、增强现实技术和柔性显示器等 6 项技术的挑战①,这些挑战无一不与提升经济竞争力相关。为此,阿尔伯塔省、英属哥伦比亚省和安大略省实施公共物品私有化和削减教育、医疗、福利预算以弥补税收损失等措施。② 新自由主义的话语环境逐渐在加拿大教育领域形成,影响显著。加拿大各省达成共识,通过衡量和提升学校成就以实现卓越教育,标准、绩效报告和结果问责制成为各省追求的目标。为此,自 2000 年起,加拿大各省在加拿大教育部长理事会的协调下,积极参与国际学生评估项目。同时,自 2007 年以来,加拿大各省参加了泛加拿大评估项目(PCAP)。这两项评估分别从国际和全国的层面来评估加拿大学生在全球范围内的阅读、数学和科学成绩,并采用国际学生评估项目的数据作为加拿大与世界其他各国在学生学业成就、学术成果、资源使用和教师资格等方面比较的参考。加拿大教育部长理事会还会定期协调与教师教育相关的国际评估,比如数学教师教育和发展研究。新自由主义引发的加拿大教育系统变革也影响了教师教育。加拿大各个大学的教师教育学院官方网站上的文字说明中呈现出了明显的新自由主义特征,涉及新自由主义主题和营销、商业术语、就业能力、经济导向和基于结果的方法。③ 同时,加拿大明确提出"有必要使教师培训方案与影响整个系统的变化相一致,以便使其适应未来几年将决定教育世界的新现实"④。加拿大各省纷纷积极响应,制定和发布了教师教育政策文件,进一步推动了教师教育治理的发展。首先是各省的教师教育模式从注重内容转向注

① Naylor, C. 21st Century Learning—Widening the Frame of Focus and Debate: A BCTF Research Discussion Paper [EB/OL]. http://bctf.ca/uploadedFiles/Public/Issues/21CL/21CL-DiscussionPaper.pdf, 2018－03－16.

② Carpenter, S., Weber, N. & Schugurensky, D. Views from the blackboard: Neoliberal education reforms and the practice of teaching in Ontario, Canada [J]. Globalisation, Societies and Education, 2012(2):147.

③ Yosef-Hassidim, D. & Sharma, M. Neoliberalism in websites of public Canadian and American university-based schools of education and teacher education programs [J]. Alberta Journal of Educational Research, 2018(4):411－440.

④ Québec, Ministère de l'Éducation du Québec. New Directions for Success: Teacher Training—Orientations—Professional Competences [EB/OL]. http://www.education.gouv.qc.ca/fileadmin/site_web/documents/dpse/formation_ens_a.pdf, 2021－09－23.

重能力。阿尔伯塔省政府在 1997 年推出了教师标准和《知识、技能和品性》(简称 KSA);2001 年,魁北克省教育部发布《教师培训:方向、专业能力》,阐述了教师教育的新框架,强调课堂所需的专业能力和情境教学技能。其次是教师教育的问责机制发生了改变,政府逐渐加大对教师教育课程的管理力度和建立相关审批制度。加拿大各省教师专业认证与大学毕业证书真正地分离,大学由此失去教师认证的管理权。① 在此之前,尽管教师认证由各省政府实施管理,但省政府以往极少过问大学中教师教育的具体实施,并没有建立教师教育课程的批准机制,往往毫无质疑地采纳大学的建议,不会审查大学提交的课程变更和相关规定。所以,加拿大教师教育的目标、设计、师资、资源和实施等基本由大学机构进行管理和掌握,只要申请人大学毕业,就可以通过政府方面的认证来获取教师证书。可以说,当时的加拿大各省政府不直接参与教师教育管理,大学隐性控制着谁能获得加拿大的教师资格认证。② 但是随着新自由主义的影响,各省对卓越教育有着迫切的需求,教师教育的外部问责的重要性不言而喻。政府开始着手对教师教育课程进行审查,制定相关能力标准和课程标准,要求大学提供相关学习档案和材料来证明师范生和教师教育课程的质量。③

　　在这样的形势下,加拿大各省出现了专业知识与公共利益之争,具体表现为教师教育治理话语权之间的斗争:教师以及教师教育相关机构渴望更大的自主权和更强的专业性,而政府意在推动教育市场化、私营化、分权和增加家长选择权,通过竞争和问责产生高效高质的教育管理和学生成就。同时,教师协会在加拿大各省教师中具有愈来愈大的影响力,开始在教师教育治理中发挥重要作用。因此,加拿大的教师教育治理在近 60 年间呈现出明显的动态推拉态势:标准化与去标准化、集权化和分权化、专业化和去专业化以及管制与解制等各种推力在加拿大各省教师教育发展中"你来我往",使得加拿大各省的教师教育治理体系发生显性转变,出现了机构自治、专业自治、政府治理三种模式。加拿

① Young, J. & Boyd, K. More than servants of the state: The governance of initial teacher preparation in Canada in an era of school reform [J]. Alberta Journal of Educational Research, 2010(1):5.

② Sheehan, N. & Wilson, J.D. From normal school to the University of British Columbia to the College of Teachers: Teacher education in British Columbia in the 20th century [J]. Journal of Education for Teaching, 1994(1):23-36.

③ Young, J., Halb, C. & Clarke, T. Challenges to university autonomy in initial teacher education programmes: The cases of England, Manitoba and British Columbia [J]. Teaching and Teacher Education, 2007(23):81-93.

大各省或是机构自治模式,或是专业自治模式,或是政府治理模式。上述三种治理模式在加拿大各省分别取得过治理地位,尤其是在英属哥伦比亚省。加拿大政治科学家弗兰克·麦金农(Frank Mackinnon)在《教育政治学》中曾提到教师应像加拿大的医生、工程师和律师等职业那般,自我管理认证、纪律和专业发展,从而成为一门真正的职业。教师应该由大学和专业组织共同制定要求和实施管理,师范生在大学获得毕业证书后由专业机构进行认证。[1] 加拿大英属哥伦比亚省采用了这一建议,成为加拿大当时为数不多的教师专业自治省份,也是加拿大这一时期最早寻求教师专业自治的省份。1987 年,英属哥伦比亚省建立英属哥伦比亚省教师学院(BC College of Teachers,简称 BCCT),并发布《教师行为标准》,负责教师资格认定和教师教育机构或课程审批等事宜,从而推进该省的教师专业化进程。教师学院制定了现有课程和新课程的评估标准,这些标准包括基本服务水平、研究课程的内容和性质的描述,描述应包括学术背景、师范生的选拔和录取、本科学习情况、专业准备课程、理论与实践的结合、实习的长度与质量以及持续的内部评估过程。[2] 加拿大英属哥伦比亚省教师学院的独特之处在于其"是由教师控制的机构,有权批准教育学院教师教育课程是否达到教师资格认证的要求,并与大学的教育学院合作设计和评估其课程"[3]。通过教师学院实施专业自治的治理模式是有吸引力的,因为"它允许最充分地表达专业知识和专业价值"[4],既拥有权威机构的正常权力,可以颁发和撤销证书,也可以管理教师学院会员。可以说,它把英属哥伦比亚省的教师教育机制进一步规范化,把教师教育专业化发展往前推了一大步。除了加拿大英属哥伦比亚省之外,安大略省在 1996 年建立了安大略省教师学院。安大略省教师学院一直保持独立管理和运作,规范和完善了该省教师管理制度,其中包括教师教育的认证管理,较好地确保了教师教育机构的质量和教师的专业性,成为加拿大教师专业自治的良好范例。从 1987 年到 2011 年这一期间,加拿大

① Sheehan, N. M. & Wilson, J. D. From normal school to the University of British Columbia to the College of Teachers: Teacher education in British Columbia in the 20th century [J]. Journal of Education for Teaching, 1994(1):23 - 36.

② Bowman, J., et al. A review of teacher education in British Columbia [J]. Journal of Education for Teaching, 1994(1):9 - 21.

③ Bowman, J., et al. A review of teacher education in British Columbia [J]. Journal of Education for Teaching, 1994(1):9 - 21.

④ Gideonse, H. D. The governance of teacher education and systemic reform [J]. Educational Policy, 1993(4):395 - 426.

在政策上出现明显的专业化,制定教师"自我监管和基于问责制、基于标准与基于能力的专业化制度"①。而且政府试图通过削弱教师协会和集体谈判程序走向专业化②,所以,加拿大的专业自治之路并不平静,夹杂了政治意识形态的博弈,以及大学、教师协会、政府和教师学院间的争斗。英属哥伦比亚省教师学院在这一场博弈中以解散落幕。2012 年,英属哥伦比亚省政府在教育部内新设教师监管局来管理教师教育事务,此举表明了省政府开始加强对教师教育事务的干预力度。加拿大其他省份也出现了政府治理加强的态势。不过这并不意味着新自由主义对加拿大教师教育的影响有所减轻③;反之,市场导向、效率崇拜、突出标准和强调问责愈发渗透到加拿大各省教师教育改革中。

3.3　历史溯源:加拿大教师教育治理

3.3.1　形成政府治理、机构治理和专业治理的模式

随着国家发展的不同历史时期及自由主义的影响,加拿大教师教育从无到有,尤其到了 20 世纪 60 年代以后,其教师教育治理进入实质性进展阶段。自1960 年以来,加拿大经历了政府治理、机构治理和专业治理三个教师教育治理时期。1960 至 1980 年期间,政府对教师教育实施良性的政府控制,教师教育在此阶段被视为一种培训。1980 至 2000 年期间是加拿大各省教师教育大学化的发展时期,大学开始在教师教育中发挥教学实施和专业知识场域的主体作用,由此产生了向机构治理的转变,教师教育在此阶段被视为学习如何教学。1990 年至 2010 年期间,加拿大在此阶段受到了新自由主义的深远影响,"大学在知识形成和文化再生产方面的传统作用不再是国家的核心。反之,它已经围绕学术资本主义进行了重塑,以支持经济发展和全球竞争力"④。然而与别国不同,尽管新自由主义提倡的治理理念为自由、选择和竞争,加拿大政府并未减

---

① Walker, J. & Bergman, V. Teacher education policy in Canada: Beyond professionalization and deregulation [J]. Canadian Journal of Education, 2013(4):72.

② Walker, J. & Bergman, V. Teacher education policy in Canada: Beyond professionalization and deregulation [J]. Canadian Journal of Education, 2013(4):65 - 92.

③ Petras, J. & Veltmeyer, H. Beyond Neoliberalism: A World to Win [M]. Surrey: Ashgate Publishing Company, 2011:13.

④ Grimmett, P. The governance of Canadian teacher education: A macro-political perspective [J]. Counterpoints, 2009(34):24.

少干预,而是改变了政府运作的特定话语和技术,大学里的教师教育课程由此受到更大的影响,学术性研究趋强。因此,尽管在新自由主义的宏观背景下加拿大教师教育治理从经济效益的视角重新定义了教师教育的角色和责任,但是并非一味地跟随英美两国的步伐。与美国教师教育实施解制和迅速发展替代性项目有所不同,加拿大根据本土情况逐渐形成了符合各省实际情况的治理模式。

魁北克省、曼尼托巴省、英属哥伦比亚省和安大略省是加拿大政府治理、机构治理和专业治理的代表省份。魁北克省政府的监管力度较大。1997 年 12 月 19 日,魁北克省通过《教育法》成立教师教育管理的官方组织:教育培训计划审批委员会(Comité d'Agrément des Programmes de Formation à l'Enseignement,简称 CAPFE)。该组织直接向教育部长报告,其组成人员和教师认证标准由政府直接选择和制定。教育培训计划审批委员会开发工具,并且制定评估标准和方法来研究教师教育课程。课程认证以教育部发布的《教师教育官方指南》中的专业能力为标准,具体包括:①纳入针对教师教育两大关键方向的应对策略,即着眼于文化视角的教学实践推进以及专业化水平的提升强化;②对未来教师专业能力的培养;③对教学语言和第二语言质量的深切关注;④大力并均衡考虑魁北克省中小学教育项目;⑤遵守魁北克省教育的重大改革和政策,如课程改革、学习评价政策、困难学生融入政策等。① 所有的教师教育项目必须向教育部长提供书面报告,提供具体的计划、决策和描述来解释其符合该省政府的教师专业化政策。同时,教师教育课程的申请必须使用《教师教育官方指南》中的专业话语。② 而且,教师资格证书的发放十分严谨,除了良好的知识、技能和态度,教师必须经过两年的教学后才能获得永久的教师证书。曼尼托巴省的教师教育实施机构治理。该省政府监管力度极小,没有制定教师教育的官方标准,大学可以直接决定教师教育课程的设计和开发。可以说,大学对该省教师教育的专业标准和认证要求有绝对话语权,师范生在毕业后仅需向政府提出申请,便可获得教师资格证书。英属哥伦比亚省和安大略省是实施教师教育专业治理的代表省份。英属哥伦比亚省于 1987 年建立英属哥伦比亚省教师学院,成为加拿大首个实施专业治理的省份;安大略省紧随其后,于 1996 年建立安大略

---

① Quebec government. Comité d'agrément des programmes de formation à l'enseignement [EB/OL]. http://www.capfe.gouv.qc.ca/accreditation.htm#, 2022 - 03 - 04.

② Quebec government. Comité d'agrément des programmes de formation à l'enseignement [EB/OL]. http://www.capfe.gouv.qc.ca/accreditation.htm#, 2022 - 03 - 04.

省教师学院。这两所专业监管机构的成员以教师居多,负责制定教学标准、教师教育项目的认证标准和专业发展标准等。

　　政府治理、机构治理和专业治理等模式实际上不会以纯粹的形式存在,地点、时间和涉及的人都有可能带来影响。[①] 加拿大的教师教育治理模式亦是如此,发展到现今,加拿大各省的教师教育治理模式很难用单一的某个模式来界定,因为各省"试图通过'解包'治理的概念,将这些特征突出为'理想类型',因此实践中的差异在于程度的不同"[②]。换言之,加拿大教师教育治理模式的区别在于各省教师教育治理方式中突显的是政府、大学还是专业组织,而政府、大学或专业组织在教师教育方面的主导程度与教师教育观念、教师的工作理念和教师专业性密切相关。整体而言,无论各省采用的是何种治理方式,加拿大整体的治理趋势是政府的治理力度加强,如英属哥伦比亚省教师学院和大学需根据《教育工作者教育、能力和职业行为标准》创建师范生电子档案,师范生在申请教师资格认证时需提交电子档案作为符合教师认证要求的证明,才有可能获得教师资格证书,可见政府对教师资格证书的把控力度不小。

3.3.2　构建规范的教师教育治理

　　加拿大教师教育治理在不同历史时期的发展中逐步形成并规范起来。在殖民时期,加拿大教师教育基本由州政府(如今的加拿大各省政府)和英国殖民政府掌管,当时的教师地位低下,从教的门槛低,而且政府对教师教育治理漠不关心。直到各省建立师范学校后,教师教育治理才从无到有。从外部看,教师认证制度开始萌芽,教师证书取代了原先每年举行的省级考试。地方教育委员会、省政府和师范学校充当教师教育的三个主体,分别负责教师的招聘、认证和培训。三者互不干涉,但教师教育治理的主要话语权归于省政府。从内部看,治理得到进一步的改善。师范学校开始制定和规范师范生的录取条件、教师教育课程、教师认证办法等。值得注意的是,在建设师范学校的过程中,加拿大还出现了示范学校和暑期进修学校。示范学校为师范生提供教学实践;暑期进修学校面向的是在职教师,为教师提供课程学习和活动来加强他们对任教科目的

---

① Gideonse, H. The governance of teacher education and systemic reform [J]. Educational Policy, 1993(7):5.

② Younga, J., Hallb, C. & Clarke, T. Challenges to university autonomy in initial teacher education programmes: The cases of England, Manitoba and British Columbia [J]. Teaching and Teacher Education, 2007(23):92.

掌握,使他们能够进一步提高教学水平。① 这说明加拿大教师教育在20世纪初期已有了理论与实践相结合、教师的职前培训和在职进修一体化的意识,并付诸了实践。可以说,师范学校是加拿大教师教育治理构建和规范化发展的开端。

20世纪30年代以后,经济、文化和政治全球化快速发展,教师职业的内涵不断地演变,全球对教师专业化的意识有所加强,越来越认可教师职业及专业知识的价值,认为实现专业化的唯一途径是在大学里进行科学、规范的培训。伴随这一变化而来的是加拿大教师教育的悄然变化。加拿大受到美国和英国教师教育改革的影响,开始思考如何提高教师的专业知识和水平,教育界和政府相关人士纷纷呼吁将教师教育从师范学校转到大学来开展。各省出于经济发展的迫切需求,积极响应,在20世纪70年代便已实现了教师教育的大学化。大学开始在加拿大教师教育治理中发挥隐性的主体作用,此时的政府虽然管理着教师认证,但"实际上不会质疑大学的建议"②,可见大学直接决定着教师教育的实质内容和师范生培养的质量,如入学条件、课程内容及实施、师范生的管理等。大学的教师和专家们在学校和课堂中带来的理论知识、专业理解和技能可以确保教学达到家长和公众普遍认可的专业水平。③ 实现教师教育大学化以后,教育学士学位成为加拿大教师认证的首要条件,师资的学历和水平有很大的提升。④ 学历的提升意味着师范生拥有良好的专业、教育和教学领域的知识储备,从源头确保了教师队伍的整体质量。除了知识和水平的提高,大学良好的文化积淀和知识阵地也促进了教师教育课程和管理的学术性发展,教师教育课程的知识结构和教学模式更科学、更系统。教师教育的学术性研究对教师教育课程本身、加拿大的教师教育政策和决策以及教师教育课程的发展和资源

---

① British Columbia Legislative Assembly. Forty-fourth Annual Report of the Public Schools of the Province of British Columbia 1914 - 1915 by the Superintendent of Education with Appendices [EB/OL]. https://open. library. ubc. ca/collections/bcsessional/items/1.0059802? o=19,2022 - 01 - 14.

② Young, J. Systems of educating teachers: Case studies in the governance of initial teacher education [J]. Canadian Journal of Educational Administration and Policy, 2017(32):65.

③ Sheehan, N.M. & Wilson, J.D. From normal school to the University of British Columbia to the College of Teachers: Teacher education in British Columbia in the 20th century [J]. Journal of Education for Teaching, 1994(1):28.

④ Sheehan, N. & Wilson, J.D. From normal school to the University of British Columbia to the College of Teachers: Teacher education in British Columbia in the 20th century [J]. Journal of Education for Teaching, 1994(1):23 - 36.

建设有积极的影响,彰显了大学在加拿大教师教育治理中的主体作用。同时大学为教师教育课程的开展提供了专业人员的支持性框架,其中包括行政管理人员、咨询员、课程开发人员、各个领域的专家等。在这个支持性框架中,专业人员在教育学院内部各司其职,分别管理招生、学习咨询、课程教学、中小学合作等事务。这些教师和专家既为教师教育提供了理论知识、专业理解和技能,还提供了稳定的行政管理保障。

　　教师教育大学化促使加拿大从专业的角度来思考和看待教师教育。20 世纪后期,世界各国掀起了教师专业化发展的浪潮。加拿大开始考虑采用建立专业组织来治理教师教育。加拿大政治科学家弗兰克·麦金农在《教育政治学》中指出教师应像加拿大的医生、工程师和律师等职业那般,自我管理认证、纪律和专业发展,从而成为一门真正的职业。教师应该由大学和专业组织共同制定要求和实施管理,师范生在大学获得毕业证书后由专业机构进行认证。① 加拿大英属哥伦比亚省和安大略省采用了这一建议,先后成为加拿大这一时期最早寻求教师专业自治的省份。教师教育事务基本由教师学院来治理,而且教师学院的成立得到了法律的保障。以英属哥伦比亚省为例,教师学院的成立得到了1987 年《教师职业法》的保障,从而确立了教师作为一个专业群体的地位。加拿大英属哥伦比亚省教师学院也由此被赋予了独立管理教师和教师教育的法定权力,负责师范生的入学标准、纪律与实践,统一管理教师专业群体、教师资格证书的发放以及教师教育课程的审批,等等。上述事务具体由教师学院内的三个委员会来管理:资格认证委员会监督教师教育机构的录取要求、证书和教师资格;纪律委员会处理涉及教师能力与行为的事务;专业发展委员会开展教师专业学习,并参与教师教育机构的课程设计和评估。② 教师学院促进了英属哥伦比亚省教师教育的建设和发展,在设立后的 5 年内,成功完成了英属哥伦比亚大学、西蒙弗雷泽大学和维多利亚大学三所大学的教师教育课程的审批。此后,根据审查所了解的情况,教师学院于 1990 年 6 月发布《教师教育中的问题》,成为英属哥伦比亚省教师教育的利益攸关方探讨的基础。

　　1991 年,教师学院还成立了一个三方外部审查小组,由多伦多大学教育学

① Sheehan, N.M. & Wilson, J.D. From normal school to the University of British Columbia to the College of Teachers: Teacher education in British Columbia in the 20th century [J]. Journal of Education for Teaching, 1994(1):23-36.

② BC Government. Teaching Profession Act [EB/OL]. http://www.bclaws.ca/civix/document/id/93consol17/93consol17/87019,1987.05.26/2016-07-03.

院院长迈克尔·富兰(Michael Fullan)、加拿大英属哥伦比亚省小学实习教师和大学理事会主席组成,对各个教育学院展开内部审查。教师学院根据收集的所有信息编写《最终报告:教师学院关于教师教育的报告》。报告提出 32 项建议,从选择适合参与教师培训的学生,到教师应具备的资格,以及解决具体社会问题的办法,几乎涵盖教师教育的所有方面。[①] 根据报告的建议,教师学院的委员会制定了对现有课程和新课程进行评估的标准。这些标准包括基本服务水平、对研究课程的内容和性质的描述,描述应包括学术背景、师范生的选拔和录取、本科学习情况、专业准备课程、理论与实践的结合、实习的长度与质量以及持续的内部评估过程(详见表 3.4)[②]。

表 3.4 英属哥伦比亚省教师教育课程标准

背景	机构的人员具备深度和广度、充足的研究活动和对教师教育的承诺
选拔	制定了选拔和录取政策,承认学术地位、与年轻人合作的兴趣以及进入教学行业的合适性的重要性
内容	1. 应能提供具有足够广度和深度的学术知识基础,为候选人在学校系统中完成适当的教学任务做好准备。内容应包括:①标准认证:至少有 78 个学时的课程学习,其中有至少 18 学时的课程学习安排在教育学院以外的中学进行,并且与英属哥伦比亚省学校的课程有关;②专业认证:有教师学院的学位政策规定中的可接受学位;③在课程中将学术和/或专业学习适当结合,课程开始前须经教育学院推荐并经教师学院批准;④至少提供 6 个学时的英语文学和写作课程。 2. 应至少提供 36 个学时的专业教育和教学课程,其中须包括至少 12 周的提供指导的教学实习,其中大部分必须在公立学校进行,符合英属哥伦比亚省教师学院规定的非公立学校亦可。 3. 应为当前研究提供教学知识基础。 4. 提供有效实践原则和当前研究的教学技能基础。 5. 应承认社会的多样性,并在整个课程中解决哲学、伦理和社会问题,特别关注以下领域:性别平等、多元文化主义和种族主义、有特殊需求的学生。 6. 应提供有关教师工作的行政、法律和政治框架的知识基础。 7. 应提供关于职业道德、标准和教学实践的探讨

① Glegg, A. The British Columbia College of Teachers: An obituary [J]. Historical Studies in Education, 2013(2):45 - 64.

② Bowman, J., et al. A review of teacher education in British Columbia [J]. Journal of Education for Teaching, 1994(1):9 - 21.

（续表）

理论与实践的结合	1. 整合课程所有主要领域的理论和实践,包括实习、教育研究、教学知识和技能。 2. 认识到课程的结构和性质,给予时间和机会进行反思,鼓励反思实践。 3. 认识到理论与实践的结合通过以下方式得到加强: （1）重视良好的教学和教学方法的适当建模。 （2）确保教授教学技能和监督实践的人员有最近经验或大量参与学校课堂。 （3）鼓励发展以专业实践为基础的教育理论和研究
课程审查	有一个持续审查其教师教育计划的程序,以便它能够发起变革,或对课程、研究、社会和政府政策方向引起的变革作出适当反应

可以说,加拿大英属哥伦比亚省教师学院把该省教师教育的政策进一步规范化,把该省的教师教育专业化发展往前推了一大步。安大略省更是如此,自安大略省教师学院成立之日起,便建立该省的教师专业标准,实施严格的教师资格证书制度,组织、审定和批准教师教育课程并制定教师准入标准,在该省的教师教育治理中发挥了关键作用。

3.3.3　政府、教师协会和大学之间的博弈

在全球化和新自由主义等话语力量的驱使下,"选择""竞争"渗透到了教师教育领域,对教师教育机构的专业自主权有所影响。作为回应,加拿大各省实施了"专业监管和基于问责制、基于标准与基于能力的专业化制度"[①]。因此,朱迪思·沃克(Judith Walker)等学者发现加拿大教师教育中既有融合的力量,也有针对各省特点和背景的本土化趋势,加拿大教师教育政策中呈现出明确的推拉动态[②]（详见图 3.1)。究其原因,不难发现"加拿大的教师教育植根于一个复杂的监管机构网络"[③],其中包括省政府、教师协会、大学、其他组织和教师的博弈。在博弈的过程中,政府、大学和教师协会逐渐凸显出各自在教师教育治理方面的主体作用,而这三者在加拿大各省教师教育中的主导程度决定了一省之治理模式。

---

① Walker, J. M., von Bergmann, H. Teacher education policy in Canada: Beyond professionalization and deregulation [J]. Canadian Journal of Education, 2013(36):72.
② Walker, J. M., von Bergmann, H. Teacher education policy in Canada: Beyond professionalization and deregulation [J]. Canadian Journal of Education, 2013(36):85.
③ Gambhir, M., et al. Characterizing initial teacher education in Canada: Themes and issues [R]. Toronto: Ontario Institute for Studies in Education, 2008:1-30.

标准化 ——————— 去标准化（多元）

集权 ——————— 分权

专业化 ——————— 去专业化

管制 ——————— 解制

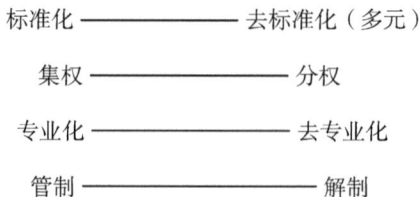

图 3.1　加拿大教师教育政策的推拉动态

　　政府在加拿大教师教育治理的发展过程中，经历了从无作为、弱作为到积极作为的过程。加拿大政府在早期并不直接参与教师教育管理，只有在保护公正、自由贸易和殖民地时才会实施干预。从政策角度来看，政府早期在教师教育方面几乎没有影响力和作为，加拿大的教师教育政策也极少提及教师教育最基本的结构要求。[①] 但是政府始终将教师资格认证的权力掌握在手中。自 20 世纪以来，政府干预的势头有所萌芽，并不断增强。英属哥伦比亚省教育部长威利斯顿认为"教育部最有能力确定学校系统的需求，如果教师培训学校隶属于教育部，那么未来教师的质量和数量都可以提高"[②]。到 21 世纪，新自由主义背景下的加拿大各省政府开始采用一系列标准化测试来强化教育问责，通过国际学生评估项目和其他评估获得教育水平、学生成果和教师质量等方面的数据，进行国际和国内比较。中小学校转向更强的集权化，教师教育要培养合格的师范生，适应日益严格、具有国际竞争力、毕业标准更高的教育系统。为此，大学需要向省政府或政府授权的机构提交教师教育课程申请，提交的教师教育课程方案必须符合该省的相关标准。比如，阿尔伯塔省政府亲力亲为，制定了相关教师标准和《知识、技能和品性》。教育部通过测试、考试或其他方法来确定师范生的能力、成就或发展，包括但不限于证明成绩的考试、文凭考试与省级管理的国家和国际考试。[③] 其他省份亦有此类情况。安大略省一直被视为专业治理的典范，虽然说教师学院对安大略省的教师教育有高度的控制权和领导作用，掌握了该省的教师资格证书认证和教师教育项目审批的双重权力，但是安大略省政府于 2005 年成立安大略省高等教育质量委员会，对教师教育实施

① Fullan, M. Education reform: Are we on the right track? [J]. Education Canada, 1998(3):4 - 7.

② Chasteneuf, C. 1945 - 1955: Reaction and reform [C]. Faculty of Education, University of Victoria, 1993:51.

③ Aitken, A., et al. Assessment in Alberta: Six areas of concern [J]. The Educational Form, 2011(75):193.

干预。该机构对包括教师教育在内的高等教育质量进行评估与监测,并据此向学院和大学部(Ministry of Colleges and Universities)提供政策建议,从而加强了其对高等教育系统的准入、质量与问责的干预。[①] 该省的教师教育项目只有通过了该机构的审查,才能获得政府资助。

作为教师教育的实施机构,加拿大的大学是教师知识产生、存储和应用的重要场所,是"最接近教师教育行动的位置"[②],在教师教育治理中发挥着不可或缺的作用。同时,加拿大各省教师协会的影响力自 20 世纪 60 年代之后不断扩大,逐渐在教师教育治理中占据一席之地。自成立之时起,教师协会就开始充当加拿大教师的权益代表。无论哪一党派执政,教师协会在所有教育事务中都或多或少扮演的是政府的"非正式反对派",两者之间常产生激烈对抗。在英属哥伦比亚省,教师协会、政府及大学之间的博弈导致了该省教师学院的解散,专业治理之路戛然而止。政府试图通过削弱教师协会和集体谈判程序走向专业化[③],为此,政府曾强行取消《公立学校法》中所有教师加入教师协会的规定,后因教师的反对而不得不恢复原立法规定。但 1987 年,为了削弱英属哥伦比亚省教师协会的谈判力量,政府在公共教育治理改革中再次取消了英属哥伦比亚省教师协会强制性的成员规定,并规定校长和副校长不得加入教师谈判单位。而对于这一点,英属哥伦比亚省教师协会迅速行动,将校长和副校长以及在教育部任职的认证教师、学校主管和董事等人清除会籍,此举在"教师"和"管理层"之间划出了明显界线。此外,在教育政策方面,为了提高教育效率和教育公平,实施教育问责,政府对学校系统的关注重新放在"老师、家长和孩子"身上,而不是像过去那般集中于"校长和老师"[④],于是加拿大开始采用定量评估策略来管理教育系统,而且为了控制不断上涨的公共部门成本,政府出台了一系列的措施。英属哥伦比亚省政府于 1982 年 3 月通过《教育临时财政法》(Education Interim Finance Act)。该法案允许英属哥伦比亚省对学区预算设定限制,并取消了董事会对商业财产征税的规定。1983 年,为了削减公共部门

① Higher Education Quality Council of Ontario. About Us [EB/OL]. http://www.heqco.ca/en-ca/About%20Us/Pages/Home.aspx, 2019 - 09 - 16.

② Gideonse, H. The governance of teacher education and systemic reform [J]. Educational Policy, 1993(7):4.

③ Walker, J. M. & von Bergmann, H. Teacher education policy in Canada: Beyond professionalization and deregulation [J]. Canadian Journal of Education, 2013(36):65 - 92.

④ Fleming, T. In the imperial age and after: Patterns of British Columbia school leadership and the institution of the superintendency, 1849 - 1988 [J]. BC Studies, 1989(81):50 - 76.

支出(包括公共教育经费),政府推出了 26 项法案,其中包括削减教育经费和减薪。而教师协会强烈反对这些举措,认为这些法案集中"攻击教师的基本权利和大量居民的基本人权",并且首次"允许无故裁减教师和其他公共部门工作人员"。[1] 教师协会通过组织罢工和教师年度大会的决策,增强教师的意识,向学校董事会要求为教师提供更好的工作条件,以及获得更强的教师专业自治。罢工又进一步加剧了英属哥伦比亚省校长和副校长协会与普通教师之间的紧张关系,这也成为时任政府亟待解决的一大难题。从上述事件中可以窥见政府与教师协会之间博弈的激烈程度,这明显影响了教师教育治理的顺利实施。在这样的形势下,英属哥伦比亚省政府试图通过教师学院来结束眼前的难题,但并不奏效。当时的加拿大教师协会主席将《教师职业法》描述为"加拿大教育史上对教学行业最骇人听闻、最恶毒、最卑鄙的攻击"[2],并将英属哥伦比亚省教师学院视为来自政府的敌对之举,认为教师学院的职责完全可以由教师协会来履行。

除此之外,《教师职业法》和《大学法》中对于教师学院与教师协会的教师教育职权的说法存在矛盾。英属哥伦比亚省教师学院对教师教育项目审批的权力由此遭到了大学的质疑和抵制。在 1991 年的教师教育课程审查中,英属哥伦比亚省教师学院外部审查小组的协调员对维多利亚大学教育学院提出了严厉批评,认为维多利亚大学教育学院采取单方面而非协作的方式来改变教师教育:"大学的风气已将其从学校的日常转向研究生课程和研究……它似乎遗忘了它的集体愿景,它作为专业学校这一任务的概念目的……我们建议现在确实需要变革教育学院"[3]。但英属哥伦比亚省大学的教育学院对其学术和专业自主权有所削弱的这一说法并不赞同。教师学院渴望与大学共同合作开展教师教育的法定责任和愿望显然未能实现。此外,《教师职业法》给予了英属哥伦比亚省教师学院在教师专业发展方面的治理权,但这一规定与教师协会的职责有所重复。英属哥伦比亚省教师协会自 20 世纪 50 年代便设立了"省级专家协会"来实施教师专业发展,所以教师学院向政府提议其不应行使该方面的权力。1993 年,新民主党政府应教师学院要求修订了《教学职业法》,将其下设的"专

① Glegg, A. The British Columbia College of Teachers: An obituary [J]. Historical Studies in Education, 2013(2):45-64.

② Ornstein, A.C. Towards increased professionalism for teachers [J]. The Phi Delta Kappan, 1981(3):196-198.

③ Glegg, A. The British Columbia College of Teachers: An obituary [J]. Historical Studies in Education, 2013(2):45-64.

业发展委员会"更名为"教师教育课程委员会",其职责范围不再包括职后教师专业发展。[①] 教师的终身学习和后续专业学习交由教师协会负责,英属哥伦比亚省教师职后专业发展与师范生教育由此分割开来,与教师教育一体化的管理相背而驰。再加上英属哥伦比亚大学和西三一大学分别与教师学院产生法律诉讼,两所大学都以尊重机构自治为由反对教师学院,并得到了司法系统的肯定。索辛法官指出:"从英属哥伦比亚省教师学院的角度来说,它可能不想批准,但又必须批准英属哥伦比亚大学教育学院或其他任何教育学院为认证而开设的课程……任何一项法案都不能阻止大学在教育学生方面按照自己的想法去做。我想大学面临的问题是,学生们不希望学习英属哥伦比亚省教师学院未批准的学位课程。"[②]由此可见,治理中多方主体的职责明确和主体间的合作方式十分重要,如英属哥伦比亚省教师学院和教师协会的职权均有相关法律依据,职责界限不明晰,导致触及了其他主体的利益和法定职权,不利于管理的顺利实施。为此,2003 年,政府出台了《教师职业修正法案》来明确教师学院和大学在教师教育课程上的各自职能,即教师学院有权设置教师认证标准,大学负责教师教育课程的具体管理和实施,但必须向教师学院证明其教师教育课程符合《英属哥伦比亚省教师教育、能力和专业行为标准》。尽管如此,英属哥伦比亚省教师学院被认为已经失去了英属哥伦比亚省教育界人士的信任,功能失调,远远没有达到其他自治职业制定的标准,其权力受到了教师协会的公开限制。[③] 英属哥伦比亚省教师学院最终未能实现教师教育专业化和指导其他专业组织的初衷,于 2012 年解散。自此,英属哥伦比亚省政府加大教师教育事务管理的力度,政府主导意图愈发明显。

简言之,在教师教育发展的过程中,加拿大教师教育逐渐形成了多元主体共同治理的格局,涉及了政府、大学、教师协会等多方主体,而且政府的主导趋势逐渐加强,在多个省份中有所体现。多元主体之间的共建共享共生在加拿大追求卓越教师教育的过程中发挥了重要作用。

---

① Glegg, A. The British Columbia College of Teachers: An obituary [J]. Historical Studies in Education, 2013(2):45 - 64.

② Young, J. Systems of educating teachers: Case studies in the governance of initial teacher education [J]. Canadian Journal of Educational Administration and Policy, 2004(32):1 - 33.

③ BC governement. A College Divided: Report of the Fact Finder on the BC College of Teachers [EB/OL]. http://www.bced.gov.bc.ca/pubs/2010_factfinder_report_bcct, 2010.10.17/2016 - 09 - 15.

第 **4** 章
加拿大教师教育治理逻辑

　　加拿大的教师教育治理有其独特的逻辑和方法,体现了其治理的复杂性和多样性。本章从多元主体协同、一体化推进、标准导向以及实践与理论并行四个方面来探讨这一主题。首先,加拿大的教师教育治理涉及多个层面,包括国家和省级的治理主体,以及这些主体之间的关系。其次,加拿大在教师教育治理中强调一体化推进,涵盖了教师职前教育、入职培训和职后专业发展各个阶段。此外,加拿大的教师教育治理以标准为导向,制定了教师教育课程审批标准、教师专业资格认证标准和教师专业标准,并对这些政策进行了深入的逻辑思考。最后,加拿大的教师教育治理实践强调理论与实践并行,通过提出并实施"实践与理论并行"模式,展示了其内涵和实际应用。

4.1　加拿大教师教育治理的主体逻辑:多元主体协同

4.1.1　国家层面的教师教育治理主体

　　加拿大国情极具区别性,倡导多元化、民主、公平、包容的公民教育信念,其教育体系独特,没有统一的国家管理机构。因此,各省教师教育的基础性、目标性和全局性缺乏融合的平台和渠道。随着加拿大人口流动、居民多样化,以及教育国际化等趋势愈发明显,加拿大各省需要统一的"加拿大声音"来与世界各国交流。这意味着即使加拿大教师教育划归各省进行管理,各省特别需要泛在系统的支持和引领。这个泛在系统充当加拿大国家层面的教师教育治理主体,是加拿大"与教师教育和教师管理高度相关、能独立发挥客体间纽带作用并对教师政策产生重大影响,以促进教师专业化、教师政策科学化与民主化、繁荣教师教育事业为目标的非政府的社会团体或组织"①。加拿大教育部长理事会(Council of Ministers of Education,Canada,简称 CMEC)和加拿大全国教育学院院长管理协会(Association of Canadian Deans of Education,简称 ACDE)是两个国家层面影响力最大的教师教育治理主体,在加拿大的教师教育治理体系中共同发挥作用,形成统一的发展愿景,承担对加拿大各省的教师教育进行统筹规划、促进各省间的交流协调、为各省教师教育发展提供咨询和建议、代表加拿大与世界各国联系、组织参与国际评估等工作。可以说,国家层面的教师教育治理主体有效地弥补了加拿大教师教育分省独立管理,以及各个省份之间难以统一、难以沟通、难以合作的弊端。

4.1.1.1　加拿大教育部长理事会

加拿大教育部长理事会于 1967 创立,被视为发挥了"泛加拿大教育领导力"的机构。从组织结构上看,加拿大教育部长理事会是个政府间机构和非官方协调机构;其机构成员虽然均为政府官方成员,但却是非政府性质的教育中介组织。加拿大教育部长理事会成员为加拿大 10 个省和 3 个辖区的教育部长,每两年在成员中选举主席。从组织职能看,其一,该组织立足于加拿大各省和辖区的国际教育利益,早期主要负责协调各省教育政策,在互惠互利的基础上开展教育事务和活动,充当教育组织与联邦政府间的咨询和合作途径(详见表 4.1)。

表 4.1　加拿大教育部长理事会简介

机构名称	创立时间	机构成员	组织结构	组织职能	
				早期	晚期
加拿大教育部长理事会	1967 年	政府官方成员(加拿大 10 个省和 3 个辖区的教育部长)	政府间机构和非官方协调机构	主要负责协调各省教育政策	接轨国际,泛加拿大和国际评估项目的设计、实施和分析

近年来,加拿大教育部长理事会有意识地接轨国际,发挥对泛加拿大教育的领导作用。2008 年 4 月,加拿大教育部长理事会发布了《学习型加拿大

---

① 郭朝红.影响教师政策的中介组织[M].天津:天津教育出版社,2006:29.

2020》(*Learn Canada 2020*)①，树立加拿大终身教育目标的新愿景，加强加拿大教育系统，增加教育机会，改善整体教育效益，同时强调了加拿大实施终身教育的四大目标——早期儿童学习和发展、中小学教育、中学后教育、成人学习和技能发展，并建议要与重要伙伴和利益攸关方共同合作来确保加拿大国民能从省和辖区教育系统中获益。根据加拿大教育的四大目标，教育部长们将各省共同合作的重要工作划分为土著教育、评估、加拿大国际认证信息中心、版权、幼儿学习与发展、教育数据与研究、可持续发展教育、国际化、读写能力、官方语言、高等教育、学生和教师流动等 12 个领域。

其二，加拿大教育部长理事会通过组织各省参加国际评估来关注加拿大教育状况，评定各省的学生是否达到了教育战略所要求的水平。其组织的评估项目大多是全球影响力颇大的项目：①泛加拿大评估项目（The Pan-Canadian Assessment Program，简称 PCAP）；②国际学生评估项目（The Programme for International Student Assessment，简称 PISA）；③国际成人能力评估项目（The Programme for the International Assessment of Adult Competencies，简称 PIAAC）；④国际计算机和信息素养研究（The International Computer and Information Literacy Study，简称 ICILS）；⑤数学教师教育和发展研究（The Teacher Education and Development Study in Mathematics，简称 TEDS - M）；⑥国际阅读扫盲研究进展（The Progress in International Reading Literacy Study，简称 PIRLS）；⑦国际数学和科学研究趋势（The Trends in International Mathematics and Science Study，简称 TIMSS）。

泛加拿大评估项目曾被称为学生成就指标项目（SAIP），自 2007 年以来每 3 年举行一次。该项目面向加拿大各省和地区 8 年级和魁北克省的高二学生，是围绕数学、阅读和科学专业的成就所进行的一系列周期性测试。国际学生评估项目自 2000 年以来每 3 年进行一次，是针对 15 岁学生阅读、数学和科学方面的技能和知识的国际评估。加拿大 10 个省都参加了国际学生评估项目，加拿大就业和社会发展部、统计局和教育部长理事会合作开展该项评估工作。国际成人能力评估项目是由经济合作与发展组织领导的一项国际调查，旨在评估 16 至 65 岁成年人的基础技能，收集他们过往经历以及他们的技能如何在 21 世纪的工作环境和其他环境中使用的信息。加拿大所有省份和地区都参与了

① CMEC. Learn Canada 2020 [EB/OL]. http://www.cmec.ca/Publications/Lists/Publications/ Attachments/187/CMEC-2020-DECLARATION.en.pdf, 2008.04.15/2019 - 01 - 14.

这一项目,加拿大就业和社会发展部、教育部长理事会以及其他联邦机构和部门之间以合作的形式开展评估,加拿大统计局自 2012 年起负责所有省份和地区的调查实施。国际计算机和信息素养研究是由国际教育成就评估协会赞助的国际评估,旨在评估 8 年级学生了解、理解并使用信息和通信技术的程度。该研究于 2013 年春季首次实施,安大略省和纽芬兰与拉布拉多省参与其中。数学教师教育和发展研究是一项关于教师教育的国际比较研究,侧重于培养未来的小学和初中数学教师,加拿大有 4 个省参与了这项研究。国际阅读扫盲研究进展由国际教育成就评估协会负责,每 5 年举行一次,面向 4 年级的学生,用于评估学生阅读识字成就的趋势以及与识字相关的政策和实践。2001 年和 2006 年仅有少数几个省参加,但自 2011 年起,参加的省份增加至 9 个省,是泛加拿大首次参与此评估的标志。国际数学和科学研究趋势于 1995 年启动,面向 4 年级和 8 年级学生,每 4 年进行一次。

上述评估项目的结果使加拿大教育部长理事会和各省更好地审视加拿大教育环境和各省的教育水平,提供具可比性的评估数据,形成研究报告。这些评估数据和研究报告既是评价加拿大各省学生学习成就的外部参考,也是衡量一省之教育水平是否达到世界领先水平的重要依据。同时,这些数据既为加拿大制定教育政策和计划提供了证据支持,也对教师教育管理、课程和政策起到了较强的导向作用。但这些评估结果对教师不产生直接影响,主要"起到一个问责系统的作用,旨在让教育工作者们使用数据结果来提高教学和学生整体成就"[1]。这种教育问责模式被称为"低风险的问责框架",因为"问责往往被放置到教师职业责任的履行之中,期望教育行政人员和教师使用评估结果来支持学校的持续改进"[2]。

其三,加拿大教育部长理事会与多个合作伙伴合作,共同推进教师教育发展。1997 年,加拿大教育部长理事会协同加拿大教育统计委员会共同推出了《泛加拿大教育研究议程》(以下简称 PCERA),通过与教育及培训相关部门、教育研究人员以及欧洲委员会咨询委员会展开积极且深入的协商,进而确定了研究重点方向。2001 年,PCERA 研讨会以"教师教育/教育者培训:目前趋势

---

① Klinger, D. A., Volante, L. & DeLuca, C. Building teacher capacity within the evolving assessment culture in Canadian education [J]. Policy Futures in Education, 2012(10):447 - 460.

② Klinger, D. A. & Roger, W. T. Teachers' perceptions of large-scale assessment programs within low-stakes accountability frameworks [J]. International Journal of Testing, 2011(11): 122 - 143.

和未来方向"（Teacher Education/Educator Training：Current Trends and Future Directions）为主题,围绕多方面重要议题展开了深度探讨。其中涵盖了教师与教师教育所发挥的作用、教育工作者以及教育者培训所担当的角色、加拿大小学教育工作者的供求态势、教师/教育者的专业发展路径、加拿大教师培训成功的质量评判指标以及领导力等在加拿大具有普遍性的现实状况。此次研讨会为 21 世纪教师教育事业的发展贡献了极具价值的审视视角与建设性建议,有力地推动了加拿大教师教育领域在理论与实践层面的深入探索与积极变革,对后续相关政策的制定与教育实践的优化起到了极为关键的参考与引领作用。为了响应"联合国可持续发展教育十年"计划,加拿大教育部长理事会在《学习型加拿大 2020》中将可持续发展教育视作教师教育治理应关注的事项。2012 年 5 月,加拿大教育部长理事会的加拿大可持续发展教育工作小组专门发布了《加拿大教育学院的可持续发展教育》（Education for Sustainable Development in Canadian Faculties of Education）。该报告指出可持续发展教育在加拿大教师教育中取得了微小却有希望的进展,还就加拿大教师教育提出了 7 项建议。一是加拿大教育部长理事会和加拿大教育学院应重新定位教师教育中的可持续发展教育。二是教师职前教育中要加强和促进可持续发展教育的对话和联系。三是为教师教育者和其他工作人员举办可持续发展教育的讲习班。四是鼓励各省教育部与教育学院和教师认证机构深入探讨如何更好地将可持续发展教育能力纳入教师教育课程和教师认证。五是加拿大全国教育学院院长管理协会与加拿大研究委员会开展可持续发展教育的对话。六是加拿大全国教育学院院长管理协会考虑是否在教师审查和认证标准中增加可持续发展教育以及如何实施,以便外部机构对课程内容和实施进行审查,或者在内部审查中将可持续发展教育添加到大学质量保证程序之中。七是加拿大教育部长理事会可以在 2013 年至 2014 年再次实施这项研究,并在"联合国可持续发展教育十年"结束时报告加拿大取得的成就,建立简单的沟通和报告机制,定期收集和分享教育学院的经验,包括学生的看法。[①]

其四,加拿大教育部长理事会重点关注并传达"国际教学职业峰会"报告。"国际教师职业峰会"（The International Summit on the Teaching Profession）

---

① CMEC. Education for sustainable development in Canadian faculties of education [EB/OL]. http://www. cmec. ca/Publications/Lists/Publications/Attachments/279/ESD _ Dean _ reportEN. pdf, 2019 - 03 - 12.

于 2011 年首次在美国纽约举办,标志着国际社会对教师专业化发展这一议题的聚焦和关注。加拿大教育部长理事会每年组成加拿大代表团参加会议,将加拿大与会者的发言、峰会探讨结果和建议形成报告,公布在加拿大教育部长理事会网站上,将国际性教师教育研究及时传播到加拿大各省。

综上所述,加拿大教育部长理事会既是加拿大各省与国际接轨的重要窗口,也是影响加拿大各省教育和教师教育政策的重要评估和参考来源,形成了泛在化和潜在化的协调和引领作用。

4.1.1.2 加拿大全国教育学院院长管理协会

相较于加拿大教育部长理事会的协调引领,加拿大全国教育学院院长管理协会对加拿大教师教育的影响是直接的,其主要使命是解决全国范围内教育政策和实践的重大问题。加拿大全国教育学院院长管理协会与加拿大教育部长理事会在组织机构成员和组织职能上有所区分,但其也是非官方性质的组织结构(详见表 4.2)。

表 4.2 加拿大全国教育学院院长管理协会简介

机构名称	创立时间	机构成员	组织结构	组织职能
加拿大全国教育学院院长管理协会	1967 年	非政府官方成员(加拿大各省教育学院的院长、主管及负责人)	非官方性质	(1) 解决全国范围内教育政策和实践的重大问题。 (2) 通过制定一系列协定来统一指导和规范加拿大教育、教师教育课程和培养

从组织结构来看,加拿大全国教育学院院长管理协会属于非官方性质组织,同时也是加拿大教育研究协会的成员机构。该协会目前共有 63 名成员,分别是加拿大各个大学的教育学院院长、主管和负责人。加拿大全国教育学院院长管理协会开展的工作与教师教育的管理、课程和具体实施有直接联系。从职能运作来看,该协会通过制定一系列协定来统一指导和规范加拿大教育、教师教育课程和教师培养:①《教育总协定》(*ACDE General Accord*);②《职前教师教育协定》(*Accord on Initial Teacher Education*);③《原住民教育协定》(*Accord on Indigenous Education*);④《原住民教育协定:进展报告》(*Accord on Indigenous Education:Progress Report*);⑤《教育研究协定》(*Accord on Research in Education*);⑥《早期学习和早期儿童教育协定》(*Accord on Early Learning and Early Childhood Education*);⑦《教育研究协定:背景文件》

（*Accord on Research in Education：Background Document*）；⑧《教育国际化协定》（*Accord on the Internationalization of Education*）；⑨《教育者的有效实习：来自加拿大全国教育学院院长管理协会的声明》（*Effective Practica for Educators：A Position Statement of ACDE*）。

2006 年，ACDE 成员共同签署了《教育总协定》，明确与教育相关的共同承诺和价值。《教育总协定》中阐述了所有成员共同努力的 10 个目标，明确要推进加拿大教师教育、专业发展、大学政策和教育研究的决心。这 10 个目标分别为：①确定和解决教育领域的全国性问题，特别是涉及职前教师教育的事务；②发展教育领域中公民健全、集中和知情的意识；③促进省和联邦政府代表、原住民群体、机构、国家和省级教师协会以及教育研究团体间的沟通，针对如何建立泛加拿大职前教师教育、本科生教育、专业发展教育等领域的原则开展对话；④鼓励国家、省级和区域层面的学院、大学以及教育部门共同发力影响教育政策；⑤助推教育研究的资助、认可度和传播，尤其是与教师教育和教学实践相关的研究；⑥培养职前教师教育的泛加拿大认同意识，同时尊重机构自治和由于地区和文化多样性带来的项目差异性；⑦促进大学生和教师在泛加拿大范围内的流动性；⑧支持深思熟虑、考虑周到的创新，以改进和加强全国教师的培养工作；⑨以教学文献研究为基础，确保大学和中小学的重要合作；⑩加强省内和省际联系，加强教师教育、研究生教育和专业发展教育课程的伙伴合作。这 10 个目标均与教师教育息息相关，为教师教育提供了一个强有力的规范性原则框架。之后，加拿大全国教育学院院长管理协会颁布了《职前教师教育协定》，成为加拿大各省教师教育课程方案审查和课程标准发展的依据，其中明确了 12 条宽泛的原则（详见表 4.3）。

表 4.3 《职前教师教育协定》内容①

领域	原　　则
领导力	向个人和社会充分展示学习的变革力量
	鼓励教师在社会和政治活动中承担领导者角色
伙伴合作	重视大学与中小学之间的合作伙伴关系，有效整合理论、研究和实践，并为职前教师提供与其他教师合作和发展有效教学实践的机会

① ACDE. Accord on Teacher Education ［EB/OL］. https://csse-scee. ca/acde/wp-content/ uploads/sites/7/2018/05/Accord-on-Teacher-Education.pdf, 2019 - 10 - 11.

（续表）

领　域	原　　则
国际视野	要与地方、国家乃至全球保持对话,促进多样性、包容性、理解性、接纳性和社会责任感
优化支持	支持经过深思熟虑的、慎重的改革,提升和完善职前教师培养
教学实践	为职前教师提供实践研究的机会
教学内容	培养教师对学习者、学校、同事和社会的积极观念和责任感
	使教师理解政治认同和差异,并使他们掌握全纳课程和教学方法相关知识体系,并积极实施到教学中
	确保新教师了解儿童和青少年在智力、生理、情感、社会、创新、心理和道德上的发展,并理解学习的本质
	确保新教师有扎实的学科知识、文化修养、学习方法和教学专业知识
	能使教师成为专业人员,使其能观察、分析、批判、评价和采取相应举措
	要形成从多元视角进行研究的素质和氛围

　　这 12 条原则认同加拿大教师在使学生为当今多元化世界做好准备方面面临着巨大的挑战,声明教师教育应该包含情境化的实践知识、教育学知识、学科内容知识、多元文化、合作、教师的价值观等,清楚地呈现了加拿大全国教育学院院长管理协会立足于国家层面对加拿大教师教育进行立体化构建的意图。

　　从教育目标上看,它涉及三个维度,即知识与技能之维、过程与方法之维和情感态度价值观之维,具体又分为领导力、伙伴合作、国际视野、优化支持、教学实践和教学内容这 6 个核心领域。教学内容和领导力属于知识与技能之维,该协定明确了加拿大教师教育课程的教学内容,认为应融合教师伦理、教育学方法、教学实践、学科知识、教学研究这 5 大方面。而教师培养目标应多向化发展,教师的角色应集教育者、领导者和研究者为一体。过程与方法之维指明了教师教育中伙伴合作、优化支持和教学实践的重要性,教师教育的成功实施离不开教育生态环境的有机发展和支持。而情感态度价值观之维则要求教师教育要培养未来教师们的社会责任感、国际视野、多元化的思维视角和能力。该协定无形中成为加拿大各省教师教育相关法案、政策、课程方案审查和课程标准发展的指导依据,由成员机构依照自身的性质和背景来调整实施。

4.1.2 省级教师教育治理主体

经过一系列的教师教育改革之后,政府、大学、教师协会在加拿大教师教育治理中都发挥了积极作用,三者互相联结、互相斗争、互相促进、互相制约。为了更全面地审析这三个主体在教师教育治理中的作为及关系,本章选取英属哥伦比亚省为主要案例进行分析。英属哥伦比亚省教师学院解散之后,2012 年新成立的教师委员会将该省各大教育利益攸关方整合到一起,共同参与教师教育治理,建立了新的共同责任监管模式(new shared responsibility regulatory model)。这一新的教师监管模式将公众利益置于所有团体组织利益之上,英属哥伦比亚省政府在其中扮演了主导监控的角色,同时加强了省内教师教育伙伴在治理中的话语权,广泛采纳自下而上的专业知识、意见和建议。

4.1.2.1 教师教育治理中省政府的责任

自 21 世纪以来,加拿大各省政府在教师教育治理中的作用愈发凸显,纷纷通过制定和颁布相关政策文件来管理教师教育。1994 年 10 月,曼尼托巴省政府发布了一份关于教师教育的框架文件,提出一系列改善教师教育的举措,比如延长实习期;教师在获得永久认证之前须完成两年实习;确定适当的招生条件、差异认证、强制性的定期重新认证等建议。2001 年,魁北克省教育部发布了《教师培训:方向、专业能力》,详细阐述了教师教育的新框架,强调教师的专业能力和课堂教学所需的情境教学技能。为了深入和全面了解政府在教师教育中的作用,以下将以英属哥伦比亚省为例,对省政府在教师教育治理中承担的责任和作用进行阐释和剖析。

英属哥伦比亚省政府依照《教师法》设立了教师监管局(Teacher Regulation Branch),行使英属哥伦比亚省教师教育管理职责(详见图 4.1)。教师监管局作为政府旗下的运营部门,其治理目标在于为该省教学行业的监管结构提供行政支持,“致力于确保持有教师资格证书的教师受过良好的教育,助力其为与学生相关的重要工作做好准备,与家长分担责任,培养强大、健康和知情的公民”[①]。具体而言,教师监管局负责评估申请人的认证,评估教师教育课程,颁发教师证书,并确保持证教师符合相关标准,是具有实权的教师教育管理和质量保证机构。

---

① BC Government. BC Teacher Regulation [EB/OL]. https://www.bcteacherregulation.ca/AboutUs/AboutUs.aspx, 2019 - 01 - 10.

```
                        ┌─────────────┐
                        │  教师监管局  │
                        └─────────────┘
          ┌──────────────┬───────┴────────┬──────────────┐
   ┌────────────┐  ┌────────────┐  ┌────────────┐  ┌────────────┐
   │  教师委员会  │  │ 教师认证主管 │  │ 纪律和职业  │  │ 教师监管专员 │
   │            │  │            │  │  行为委员会  │  │            │
   └────────────┘  └────────────┘  └────────────┘  └────────────┘
         │               │               │               │
   ┌────────────┐  ┌────────────┐  ┌────────────┐  ┌────────────┐
   │制定教师专业行│  │负责教师资格  │  │教师违纪受理, │  │监管工作流程的│
   │为标准、     │  │证书的办理、  │  │收集材料、审查 │  │合法性、合规性 │
   │教师教育课程标│  │中止和撤销。  │  │及形成报告等。 │  │以及投诉事宜。 │
   │准、教师教育课│  │            │  │            │  │            │
   │程审批标准。  │  │            │  │            │  │            │
   └────────────┘  └────────────┘  └────────────┘  └────────────┘
```

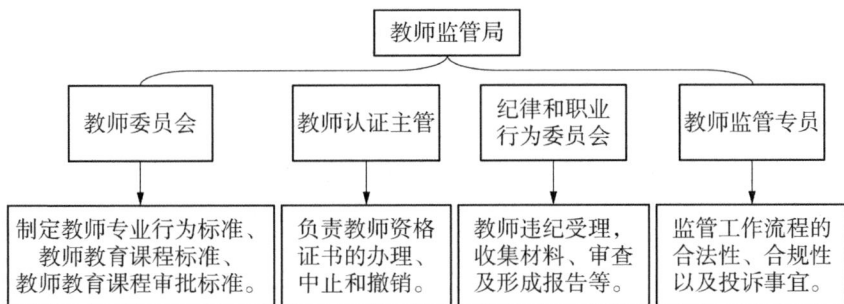

图 4.1　英属哥伦比亚省教师教育管理体系一览图

从组织结构上来看,教师监管局分设教师委员会、纪律和职业行为委员会、教师监管专员和教师认证主管。这四个部门各司其职,形成英属哥伦比亚省教师教育的上层治理部门。教师监管局颁发的教师资格证书是教师任教必须获得的证书。教师委员会负责制定教师专业行为标准、教师教育课程标准以及相关审批标准。纪律和职业行为委员会负责通过访谈收集涉事教师材料,审查后形成报告并提交给教师监管专员,教师监管专员同时也是听证会成员。教师监管专务办公室监管所有工作流程的合法性、合规性以及投诉事宜,力保从公平和公众利益的立场来审查资料并决定采取何种程序来处理投诉。教师认证主管由英属哥伦比亚省教育部门工作人员担任,负责办理、中止和撤销公立学校教师资格证书、私立学校教师资格证书和许可信。私立学校教师资格证书标准委员会管理私立学校教师资格的标准、颁发和相关事宜。

从组织成员来看,教师监管局各部门工作人员多由政府任命,牢牢掌控教师管理的方方面面。教师委员会有 16 名成员,通过选举和直接任命的方式当选,其中的 15 名具有投票表决权。15 人当中有 5 名选自省内教师,3 名由教育部长根据英属哥伦比亚省教师协会的提名直接任命,其余 7 名由教育部长从其他教育合作伙伴团体的提名中任命,无表决权的成员被任命为委员长。教师委员会中的 9 名成员被委任为纪律和职业行为委员会成员,由此成立纪律小组,其中 5 名必须来自英属哥伦比亚省教师协会以外的合作伙伴团体。教师监管专员由英属哥伦比亚省总督根据教育部长的建议任命,拥有法定的决策权力。从组织职能来看,教师委员会负责制定教师教育、教师资格认定、教师行为和能力领域的标准,引领着该省教师管理和教师教育治理的一系列改革工作。教师委员会遵循一套会议规则来运作,每年的动议都经过多方调查之后才确立，并且与多方教师教育利益相关方共同讨论协商。有了良好的调研基础和合作伙伴共商机制，教师委员会探讨和推行的政策举措极大地推动了英属哥伦比亚省教师教育的发展（详见表4.4）。

表4.4　英属哥伦比亚省教师委员会历年改革事项一览表

时间	年度战略目标	动议及举措
2012—2013年度	启动委员会	组建委员会
		制定会议制度
		制定未来工作计划
2013—2014年度	建立认证愿景，与教师教育利益攸关方展开讨论	对最近获得认证的英属哥伦比亚省教师教育课程毕业生展开调查
		要求工作人员报告教师教育的课程要求，这些课程涉及社会情感学习、有特殊需要的学生、心理健康以及与弱势群体一起工作
		要求工作人员报告教师教育方案中土著部分的执行情况
		调查和探索持续培训的模式及其与认证的联系，并在下次会议上提供信息
		要求工作人员制定可能的教师教育课程的审查模式
		教师委员会要求执行主任为标准修订的请求制定程序，供后期会议审议
		要求工作人员提交《学习》这一杂志的报告
2014—2015年度	建立英属哥伦比亚省教师教育课程的差异化审查程序；对英属哥伦比亚省教育工作者标准的初步审查；促进商业教育者认证	启动教师教育课程的审查程序
		明确教师教育课程审查工作组职权范围
		建立教育工作者专业标准指导小组
		2014年11月新教师调查启动
2015—2016年度	启动英属哥伦比亚省教育工作者标准审查的第一阶段；新教师调查数据分析；建立教师教育课程审查程序	开户行业教育者认证
		开始审查英属哥伦比亚省教育者标准的第一阶段
		分析新老师调查的数据
		建立教师教育课程的审查程序

(续表)

时间	年度战略目标	动议及举措
2016—2017 年度	1. 继续审查英属哥伦比亚省教育工作者标准； 2. 新教师调查数据的分析和战略发布； 3. 建立和实施临时教师教育计划审查程序； 4. 建立教师教育计划的正式审查程序； 5. 制定和实施教师委员会传播计划； 6. 继续审查教师委员会的政策、程序和会议规则； 7. 由认证主任领导的认证和教师教育计划标准的审查，以及向教师委员会提出的建议供审议	
2017—2018 年度	1. 审查专业标准； 2. 建立教师教育课程的正式审查程序； 3. 制定并实施英属哥伦比亚省教师委员会沟通计划； 4. 审查英属哥伦比亚省教师委员会的政策、程序和会议规则； 5. 由认证主任领导的认证和教师教育课程标准的审查，以及向教师委员会提出的建议供审议	

　　教师委员会将对三套教师专业标准的补充、完善和修订作为工作重点，进一步完善了英属哥伦比亚省的教师教育治理。教师委员会的审查和修订程序非常严格，事先进行了广泛的意见收集、调查、座谈、数据分析等工作。首先，其对三套标准的审查和修订有着明确目标，组织英属哥伦比亚省的教师教育利益攸关方围绕目标展开探讨："①在英属哥伦比亚省成为一名专业教师意味着什么？②当前系统需要什么？③当前系统的优势是什么？④教师教育课程在多大程度上与系统的现实不一致？⑤教师教育课程与监管要求发挥何种作用？是否存在差距？"[1]然后根据收到的反馈意见，将认证愿景与教育系统内的现实进行差距分析。各方的讨论富有成效，比如，第一民族教育指导委员会从自身的角度探讨教育系统的优势和需求、教育者作为专业人员的作用和意义以及英属哥伦比亚省教师教育课程的作用。教师监管局阐明专业监管和标准的作用，并着重就目前教师教育系统中三套标准的一致性和充分性以及反馈意见开展审查。英属哥伦比亚省教师协会则提交了教师入职培训的提案：与英属哥伦比亚大学和学校督管协会合作的"新教师指导项目"。卡莫森学院和落基山学院递交了修改三套标准的请求。根据上述讨论结果和反馈，教师委员会启动了 7

---

[1] BC Teachers' Council. Annual Report 2012 - 2013 [EB/OL]. https://www.bcteacherregulation. ca/documents/FormsandPublications/AnnualMeetings/BCTC _ annual _ rpt _ 2012 _ 2013. pdf, 2013.01.11/2017 - 02 - 11.

项动议,其中一至六项动议与教师教育项目息息相关。动议一是针对刚毕业两年的新教师的调查,以此来确定英属哥伦比亚省的教师教育课程中需要提升的领域,从而更好地应对课堂教学的现状。动议二要求相关人员提交教师教育的课程要求,课程包括社会情感学习、有特殊需要的学生、心理健康以及与弱势群体一起工作。动议三要求相关人员提交土著教师教育的开展情况。动议四是调查和探索持续培训模式及其与认证之间的关联。动议五要求相关人员制定教师教育项目的审查模式和程序。动议六要求执行主任制定修订标准的工作程序。此外,教师委员会针对教师监管局对英属哥伦比亚省教师教育项目政策展开调查,明确了教师教育课程构成内容和学分设置,同时关注 K-12 教育系统对商贸教师日益增长的需求,缺乏商贸教师专业证书和与之配套的教师教育课程等问题。

为此,英属哥伦比亚省教师委员会迅速开展三个方面的工作:①建立英属哥伦比亚省教师教育课程的差异化审查程序;②对英属哥伦比亚省教育工作者标准展开初步审查;③增加商贸教师证书。为了完成这一工作,教师委员会发放了"新教师调查"来获取相关数据信息;为了有效地实施审查程序,还制定了教育工作者标准审查程序,由教育工作者标准审查小组开展工作。根据教师教育课程的地理位置、教师教育课程的水平和受访者的人口统计等若干关键因素将调查结果形成单独的数据报告。教育工作者标准指导委员会对教育工作者标准修订的期望度、教师委员会的作用、指导委员会的决定作用、教育工作者标准与教师学科成果之间的关系等展开了深入的探讨,最终认为应该重新审视和修改教育工作者标准的结构,建立英属哥伦比亚省教学专业的卓越基准。

在制定教育工作者标准方面,英属哥伦比亚省教师委员会的修订工作流程十分严谨。教师委员会先将教师标准内容和结构与加拿大其他省份的进行比较,而后又邀请省内 17 个教育伙伴团体的 35 名代表参加会议,围绕教师教育所面临的挑战和优势对教育工作者标准的审查提出了宝贵的反馈和建议。同时在教师监管局网站上发布了一项调查来收集教师、公众和教育合作伙伴的反馈意见,倾听各方对教育工作者现有标准的修订要求。最终英属哥伦比亚省的教育工作者标准和教师教育课程标准修订草案在多次反馈意见和结构化对话之后才有了定音,提交教育部进行法律审查和审议。

在增加商贸教师证书方面,英属哥伦比亚省教师委员会开展了广泛而扎实的工作。先是向省内 30 多个工业和教育合作伙伴团体发送信函,征求相关意见;同时,结合来自经济学家杰里米·希格斯提供的劳动力市场预测数据,广泛地研究了英属哥伦比亚省的贸易术语、加拿大其他省份提供的贸易/技术教学证书类型、教师监管局颁发的许可证、商贸教育者职位的数量以及行业培训局要求行业培训教师应具备的专业技术和教学能力,探讨了红印章(Red Seal)和学士学位的等效性、不同行业的等效性、商贸专业人员拥有教学证书的必要性以及向英属哥伦比亚省 K-12 教育系统推出限制或无限制证书的影响等一系列问题。在充分讨论之后,教师委员会要求教师监管局制定教师认证标准政策和程序,建立红印章和有资格证书的贸易专业人士的教学认证途径,允许他们进入教学行业。2015 年,英属哥伦比亚省完成商贸教师证书的增设。

简言之,政府在加拿大教师教育治理中发挥了重要的主导作用,并通过教师委员会整合和发挥各个教育合作伙伴的力量,广泛征求社会和教师的意见和建议,形成良好的合作铺垫、氛围和基础,共同推进教师教育治理相关政策和标准建设,有利于相关制度的顺利落实。

4.1.2.2　教师教育治理中大学的责任

尽管自 20 世纪末期以来,政府监管和专业治理不断增强,大学在加拿大教师教育中的主导作用受到了挑战[1],但无论是在专业自治时期,还是政府主导的现今,加拿大的大学作为教师教育重要场所的地位和传授教师专业知识的话语权从未旁落。《大学法》规定"大学作为教师的培养机构,拥有教师教育课程开发和证书颁发的权限"[2],这赋予了大学实施教师教育的相关权力、责任和内部治理结构。不同的是,以往"控制的主要机制位于大学内部及其既定的决策和问责结构"[3],而如今,大学受到越来越多的公众监督和政府监管,既要积极响应一省之社会发展需求,适应教育系统变革和教师专业发展,还要与加拿大其他省份和国际的教师教育接轨。总体而言,大学的主体作用体现在其对教师教育课程的治理,如课程数量、类型、结构和评价,以及师范生的筛选等。

首先,加拿大 10 个省的 62 所大学承担了加拿大职前教师教育。由于加拿大各省在历史、地理、语言和文化等方面存在较大的差异,加拿大的职前教师教育课程没有规定各省实施"一刀切"式的教师教育模式,各省的教师教育课程在

---

① Younga, J., Hallb, C. & Clarke, T. Challenges to university autonomy in initial teacher education programmes: The cases of England, Manitoba and British Columbia [J]. Teaching and Teacher Education, 2007(23):84.

② 谌启标. 加拿大教师教育大学化的传统与变革[J]. 比较教育研究,2005(11):61-64.

③ Younga, J., Hallb, C. & Clarke, T. Challenges to university autonomy in initialteacher education programmes: The cases of England, Manitoba and British Columbia [J]. Teaching and Teacher Education, 2007(23):85.

课程形式、课程时数、课程结构和实习安排等方面有着显著差异。加拿大职前教师教育大多采用接续制或并行制两种形式,教育模式各有特色,课程长度也长短不一,从 8 个月到 5 年不等。加拿大职前教师教育的目的在于为师范生传授学科专业知识、教育专业知识和技能以及入职经验。英属哥伦比亚省内各所大学开设的教师教育课程在种类、模式、主题、课程时长、实施方式等方面各有特色,充分体现了英属哥伦比亚省教师教育多元化的局面和该省复杂的教学现实状况(详见表 4.5)。西蒙弗雷泽大学以教学证书类课程为主;汤普森河大学仅开设发展标准期限证书课程;西三一大学专设特殊教育硕士类课程;英属哥伦比亚大学则提供了该省内最全面以及综合性最强的教师教育课程,覆盖面特别广泛,开设的课程种类也十分多样。北英属哥伦比亚大学、菲莎河谷大学和维多利亚大学提供的是常规的小学和中学教育学士学位课程和硕士课程。温哥华岛大学和英属哥伦比亚大学奥卡纳干分校则涉及教育学士学位课程、硕士课程和文凭证书类课程。

表 4.5　英属哥伦比亚省职前教师教育课程一览

学校	模式	长度	学位	申请对象/要求	面向学段
西蒙弗雷泽大学	专业发展项目(PDP)	16 个月(4 学期)	教学证书,可申请教育学士学位为第二个学位	12 年级的学生;大专转学生;国际学生	小学(K-7)、中学(8—12)
	专业链接项目(PLP)	16 个月(4 学期)	教学证书,可申请教育学士学位为第二个学位	辅助专业人员;学生支持工作者;辅助教育者;独立学校教育工作者;使用许可证的法语教师	
	外籍教师的职业资格认证项目(PQP)	12 个月(3 学期)	英属哥伦比亚省教师资格	受过外国培训的教师	
	教师轻松返校计划(HEART)	1 个学期	教学证书	需要重新认证的教师;在英属哥伦比亚省外获得认证的教师	
	阿拉斯加高速公路教师教育联盟(AHCOTE)	16 个月	有条件或专业教学证书	小学:完成文学副学士学位(AHCOTE)—完成认可大学的学位—完成至少 60 个大学学分;中学:完成学士学位	

（续表）

学校	模式	长度	学位	申请对象/要求	面向学段
汤普森河大学	发展标准期限证书（DSTC）课程	3 年（92 学分）	发展标准期限证书	原住民	小学全科（K-7）
西三一大学	教育领导	12 个月	文学硕士(K-12)	有志于教育管理岗位的教师或学校工作人员	小学（K-7）、中学(8-12)
	领导力	12 个月	文学硕士(K-12)		
	教育研究—特殊教育硕士	暑期两周/线上12周	特殊教育硕士	具有教育或相关领域的本科学位的专业人士	
英属哥伦比亚大学	中小学（K-7）	12 个月全日制	教育学士学位	愿意成为教师的所有人士	小学低级（K-7）、小学高级（5—8）、中学(9—12)
	高中（8—12）				
	西库特尼乡村教师教育课程				
	法语教师教育课程				
	国际文凭				
	蒙特梭利				
	双学位	五年制	理学＋教育学士学位；运动学＋教育学士学位；音乐＋教育学士学位		
	原住民教师教育课程		原住民教师	原住民教师	
	重返教育学士学位课程	4 年内	教育学士学位	早先中止教师教育的学生	
	文凭和证书课程	学分制	无	想提升自身学历和能力的教师	
	教师提升课程	6 个月	无		

学校	模式	长度	学位	申请对象/要求	面向学段
北英属哥伦比亚大学	小学教师教育课程（K-7）	2年	教育学士学位	已获得第一学士学位的人士	乔治王子市校区:小学低级(K-7)、小学高级(8—12);特瑞斯市校区:小学(K-7)
	中学教师教育课程（8—12）				
	教育咨询	全日制2—4年;非全日制3—6年	教育硕士学位	有意攻读博士学位或提高专业发展的人士	
	多学科领导				
	特殊教育专业				
菲莎河谷大学	中小学教师教育	4年	教育学士学位	有志成为教师的人士	小学(K-7)、中学(8—12)
	高中教师教育				
	教育领导力和导师	2年（每两年）	教育硕士学位	有志成为领导和导师的人士	
维多利亚大学	教育学士（小学）	4年	教育学士学位	有志成为教师的人士	小学初级（K-7）、小学高级（5—8）、中学（8—12）
	学位后专业课程(小学)	16个月	教育学士学位		
	学位后专业课程(中学)	16个月	教育学士学位		
	教育学士（中学）	5年	教育学士学位		
	中学教师教育文凭课程	16个月	证书,可升学位后文凭		
	教育学士（小学课程—东库特尼教师教育）	4年	教育学士学位	有志成为乡村教师的人士	

（续表）

学校	模式	长度	学位	申请对象/要求	面向学段
	教育学士（中学课程—东库特尼教师教育）	2 到 3 年	教育学士学位	有志成为乡村教师的人士	
	法语浸入式教学专业证书	6 个月	证书	法语环境中教学的教师	
	教育辅修		学分	人文、科学或社会科学的在校生	
温哥华岛大学	教育学士学位	5 年	教育学士学位	有志成为教师的人士	小学(K-7)、中学(8—12)
	毕业后学士学位	18 个月		已获得第一学位	
	体育教育(主修、辅修)	4 年		有志成为教师的人士	
	教育领导力硕士课程	2 年	教育硕士学位	对教育领域的实践和有抱负的专业人士	
	特殊教育			特殊教育教师	
	研究生文凭课程	16 个月到 2 年不等	研究生文凭	想提升学历的教师	
	学位后文凭课程	18 个月	学位后文凭	已获得教学证书的教师	
	体育教育文凭课程	2 年			
英属哥伦比亚大学奥卡纳干分校	教育学士学位课程	16 个月	教育学士学位	有志成为教师的人士	小学初级（K-5）、小学高级（6—9）
	发展标准期限证书(DSTC)课程	12 个月	原住民教师资格		
	教育硕士学位课程	2 年	教育硕士学位		
	学位后文凭和证书课程	12 个月	学分制		

其次,加拿大的教师教育课程都"意识到学生的需求与社区、本土、国家和国际的期望"[①],要让师范生"为当前小学和中学课堂教学中不断变化的挑战和责任做好准备"[②],同时也为到"加拿大其他省份和地区以及世界各地任教做好准备"[③],所以加拿大的教师教育课程种类丰富,除了常规的中小学教师教育课程之外,还开设了专门培养乡村教师、原住民教师和商贸教师的教师教育课程以及在职教师进修课程。比如英属哥伦比亚大学开设了西库特尼乡村教师教育课程、面向加拿大土著民族的原住民教师教育课程;西蒙弗雷泽大学开设了专业发展项目等。英属哥伦比亚省的职前教师教育课程分为硕士学位、学士学位、文凭证书和发展标准期限证书四类课程。硕士学位课程以提升教师领导力为导向,授以文学硕士或教育硕士学位,主要面向有志于教育领导实践和教育领导力发展的人群。9 所大学中有 5 所开设了硕士学位课程,其中不难看出英属哥伦比亚省教师教育机构对特殊教育的关注,因为西三一大学、北英属哥伦比亚大学、温哥华岛大学都开设了特殊教育硕士学位课程。而学士学位课程按学段划分为小学初级(K-7)、小学高级(5—8)、中学(9—12)三类课程,也有个别学院将小学初级和小学高级整合为小学段(K-8)。不同学段的教师教育课程所涉及的学科内容和团队小组不尽相同,这也决定了师范生毕业后所承担的教学工作学段。文凭证书类教师教育课程有些以获取教学证书为指向,是申请教育学士学位(第二学位)的必备课程。西蒙弗雷泽大学的所有教师教育课程都属于这一类,比如专业发展项目、专业链接项目、外籍教师的职业资格认证项目、教师轻松返校计划和阿拉斯加高速公路教师教育联盟等。有些则指向特定教育学位课程或证书,维多利亚大学的中学教师教育文凭课程和法语浸入式教学专业证书分别对接校内的教育学士学位后专业课程和"在法语教学环境中的教师"课程。有些大学提供的是第一学位后的文凭课程,例如温哥华岛大学提供了研究生文凭课程和体育教育文凭课程;英属哥伦比亚大学奥卡纳干分校提供了学位后文凭和证书课程;英属哥伦比亚大学提供了文凭和证书课程。发展标准期限证书课程由省内的汤普森河大学、英属哥伦比亚大学奥卡纳干分校、

① University of Simon Fraser. About Us [EB/OL]. https://www.sfu.ca/education/about.html, 2022-02-12.

② University of Victoria. Teacher Education Programs [EB/OL]. https://www.uvic.ca/education/areas-study/teacher-ed/index.php, 2022-02-12.

③ Thompson River Univerisity. Bachelor of Education (Elementary) [EB/OL]. https://www.tru.ca/edsw/schools-and-departments/education/bed.html, 2022-02-12.

北英属哥伦比亚大学和维多利亚大学提供,每两年招生一次。总之,大学在设计教师教育课程时考虑到了教师职业生涯的发展性和动态性,使得教师可以通过学历提升来成长。此外,职前教师教育按照基础教育的学段来进行划分,小学和中学教师培养的要求和内容略有不同,可见英属哥伦比亚省职前教师教育课程真正将未来教师们的教学工作情境预置到教师教育中,促进教师教育课程和实践与未来教师教学场域的协同。

　　第三,大学对教师教育课程的主题和学时亦精心安排。英属哥伦比亚省教师教育课程囊括了中小学教师、特定学科(体育、音乐、运动学和科学)、领导力、法语、返校教师、国际文凭、乡村教师、特殊教育、土著教师等多个领域,乡村教师、特殊教育和土著教师课程的开设充分反映了该省对全国教育学院院长管理协会的《职前教师教育协定》《原住民教育协定》和《原住民教育协定:进展报告》的认可和遵循,关注教师教育公平,为来自特殊文化背景和处于地理、经济和身体劣势的人士提供成为教育者的机会,进而促进该省教师教育的多样化,体现包容性、理解性、接纳性和社会责任感。根据教师教育课程模式的不同,课程时长也存在较大的差异。并行制课程长达 5 年,因为完成第一学位需要 4 年,教育学士学位作为第二学位融入第一学位的学习之中,需要更多的时间来确保特定学科知识、教育理论、教学法等教师知识的学习和实践。接续制教师教育课程面向需要获得教育学士学位和教学证书的师范生。由于选择这一模式课程的学生或已获得了第一学位,或仅攻读教育专业的课程,所以长度从 12 个月到 4 年不等,具体视各个学校和课程种类而定。英属哥伦比亚省教师教育课程的实施方式也较有特色,因具体涉及实习模块,故在 4.4 中详述。

　　最后,加拿大所有的职前教师教育课程以获得教师资格证书为评价标准,因为师范生在获得教育学士学位之后,还需要获得教师资格证书才能任教。教师教育课程须培养师范生获得与教师资格证书相符的专业技能和知识,采取恰当的教学行为来"帮助学生的学业、社交和情感成长"[①]。为了达到这一目标,加拿大的大学必须实施符合教师教育课程标准和教师认证标准的课程。在英属哥伦比亚省,大学中的教师教育课程必须符合英属哥伦比亚省的教师教育课程标准和《英属哥伦比亚省教师教育、能力和专业行为标准》,并在该省教师教育领域取得开展相关教育活动的关键资质与认可依据。因此,在开发和设计教

---

① Trinity Western University. BEd Program [EB/OL]. https://www.twu.ca/academics/school-education/education-bed, 2022 - 02 - 12.

师教育课程内容方面,大学必须适当结合学术和专业课程;知识的深度和广度须符合《英属哥伦比亚省教师教育、能力和专业行为标准》,使师范生为学校的教学任务做好准备;此外,课程安排须设置 3 学分与特殊需要学生相关的学习内容,3 学分与第一民族、因纽特族和梅蒂族学习者的历史和现有形势相关的教学法和事务,至少 6 学分的英语文学和写作、前沿的教学法知识研究、有效实习原则所提倡的教学技巧以及认同加拿大社会多元化本质的内容。在实习方面,必须重视理论和实习的有效结合;教师教育课程必须包括不少于 12 周的带指导实习,其中针对申请人认证资格予以总结性评价所依托的大实习必须不少于 8 周;实习学校必须是采用省级统一课程的省内学校,要求由持有教师资格证书的合作教师和校长承担指导。在课程配套资源方面,大学有丰富充足的图书和课程资源,有合格和足够的员工、学术科研和教师教育承诺。

简言之,大学作为教师教育的实施场域,在课程治理上发挥重要作用,其治理遵循了加拿大全国教育学院院长管理协会发布的《职前教师教育协定》,与教师专业标准保持高度一致,并有良好的专业人员和资源等课程支持体系。

4.1.2.3 教师教育治理中教师协会的责任

加拿大各省的教师协会有着悠久的历史,在引领各省教师管理、教师行动和教师学习方面有很大的影响力和领导作用。英属哥伦比亚省教师协会成立于 1917 年,尽管英属哥伦比亚省政府在 1987 年通过《法案 20》(Bill 20)取消了教师协会成员的强制性规定,而且校长和副校长不得参加教师协会,但仍有98%的教师自愿申请成为教师协会会员[1],目前其公立教师会员达 41 000 名。此外,教师协会内部组织结构完整,管理有序,活动组织覆盖了英属哥伦比亚省各所中小学校,具有一定的深度和广度,能在很大程度上对英属哥伦比亚省的教育政策和教师产生影响。教师协会的所有事务由主席全面监督,依照宪法和章程来运作。协会章程明确规定了主要决策机构之间的责任分工,并阐明了各级决策的授权。

英属哥伦比亚省教师协会的组织层次清晰,运作有序,整个管理结构包括了教师协会成员、地方教师协会、代表大会、年度代表大会、执行委员会和主席。整个管理运作都是依照宪法和章程开展(详见图 4.2)。

英属哥伦比亚省教师协会成员主要通过代表大会和年度代表大会两大途

---

① BCTF. The Steps Leading to Full Bargaining Rights [EB/OL]. http://bcft.ca/AboutUs. aspx?id=4466,2007.09.16/2017 - 02 - 11.

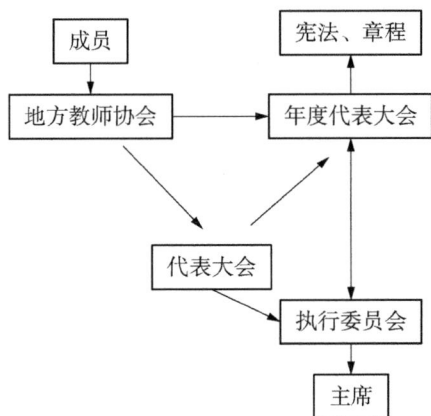

图 4.2　英属哥伦比亚省教师协会治理结构图

径来参与和确定英属哥伦比亚省教师协会的决策和发展方向。教师协会成员通过地方教师协会选出代表大会的地方代表,代表大会每年举行三次会议,具体职责为批准预算、选举司法委员会和监察员委员会成员,以及为教师协会的政策和程序进行决策规划。年度代表大会约有 670 名投票代表,由教师协会成员通过地方教师协会和执行委员会所推选的代表和地方代表组成,主要职责为选举执行委员会、确定费用、批准章程的变更、确定明年的工作重点,并制定英属哥伦比亚省教师协会的重大决策。地方教师协会成员选出主席和行政人员来开展地方事务。目前英属哥伦比亚省共有 93 个地方教师协会,教师协会成员通过地方教师协会推选代表参加教师协会年度代表大会。年度代表大会将选举产生省教师协会的执行委员会,由 11 名成员组成,全面负责教师协会的运作,设立和任命咨询委员会或工作小组。

英属哥伦比亚省教师协会要求成员遵守道德准则,提供高标准的专业服务和行为。道德准则规定如下:①成员在与学生的交谈和接触中应秉持尊重的态度,并明智地与他们相处,始终关注他们的个人权利和感情。②成员尊重学生信息的机密性,并且只能将其提供给与其利益直接相关的官方人员或部门。成员要遵守报告儿童保护问题的法律要求。③成员和学生之间存在权益关系。成员应避免利用这种关系来获取物质、意识形态或其他方面的利益。④成员愿意与同事、学生及其父母共同审视其在履行会员专业职责时所采用的做法。⑤成员应该私底下告知同事自己对其教学表现和相关工作的意见和批评。如果该成员认为问题未能得到解决,可以私下以书面形式向同事告知自己的看法之后,将这些批评直接提交给能够提供建议和帮助的合适人员。如果成员遵守报告儿童保护问题的法律要求,则不应被视为违反"道德规范"。⑥成员认可英属哥伦比亚省教师协会及地方教师协会的权力和责任,并履行成员的义务。⑦成员遵守集体协议的规定。⑧成员的行为方式不妨碍其工作行动或其专业工会的其他集体战略。⑨成员既不申请也不接受协会争议声明中提及的职位。⑩成员不得在未经许可的情况以个人或团体的形式以及不得以协会或其地方协会的名义向外部机构发表不恰当的言论。不难发现,前4项准则与教师的专业行为息息相关,而后6条则是教师作为协会成员应遵守的行为规范,"皆属于工具性目标的伦理规则"①。其实,英属哥伦比亚省教师协会不仅致力于争取教师工作条件和薪资福利等工具性目标,还将自己定位为专业人士的工会(a union of professionals),追求专业性目标。

加拿大历史上早期当教师的人大多经济窘迫,且无法在其他行业就业,很长的一段时期内教师工资很低,自主性弱,也不被当作一项职业来看待。因此,自1919年成立以来,英属哥伦比亚省教师协会长期致力于争取教师应有的地位和福利,在早期就建立了较强的工具性目标。英属哥伦比亚省教师协会与政府多次斡旋,于1987年实现了教师的集体谈判权利。自此,英属哥伦比亚省教师协会代表省内所有公立学校教师与英属哥伦比亚省公共学校协会就教师的薪资和学校经费等事宜进行谈判。而英属哥伦比亚省政府则退居后位,只有当谈判双方产生争端时,才会指派政府人员从中斡旋。如果谈判不涉及教师薪资和经费事项,则由地方教师工会与学区董事会进行谈判。随着卓越教育目标的确定,英属哥伦比亚省教师协会后期逐渐确立了专业性目标,致力于促进协会成员的专业化发展。英属哥伦比亚省教师协会将专业发展定位为"通过课程、服务和活动使成员个人或集体加强专业实践的成长过程"②。为了更好地促进专业发展,英属哥伦比亚省教师协会专门设立了专业和社会问题局(The Professional and Social Issues Division),目的是通过促进和支持对社会负责的高质量教学来加强学生的学习。专业和社会问题局的工作囊括了教师专业发展的方方面面,涉及教师招聘、职前服务、认证、入职指导、教师职业生涯发展、课程和教育政策、支持所有教师和学生工作和学习的安全、培育和包容环境的社会公正项目、优质教学、对风险教师的扶持、土著教育、培训和支持地方协会

---

① 萧芳华.加拿大卑诗省教师专业化管理之策略分析:教师工会联盟和教师学院的发展[J].教育资料集刊,2007(11):171.

② BCTF. Professional Development and Support [EB/OL]. https://bctf.ca/Professional Development.aspx, 2018-07-11.

领导、专业发展和社会问题网络、法语会员的课程和服务、教学辅助和教师资源、帮助新教师联系教师教育机构,以及所有与英属哥伦比亚省教师委员会和教师资格认证服务相关的事宜。可以看到,英属哥伦比亚省教师协会主要在教师入职后的专业发展培训方面起着重要作用。

英属哥伦比亚省教师协会依托学校专业发展代表形成学校层面、地方层面和省级层面的专业发展模式。从学校层面来看,每所学校都专门设立了专业发展负责人、通讯者和倡导者,规划和实施学校层面的专业发展工作。专业发展组织者或负责人负责开展每年一次的学校专业发展代表和学校专业发展委员会成员选举,明确和落实学校专业发展代表和委员会职责,确定每年的专业发展需求并制定专业发展计划和目标等。通讯员负责接收和分发英属哥伦比亚省教师协会以及与专业发展相关的信息;积极参与学校员工会议,向学校传达地方教师协会与英属哥伦比亚省教师协会专业发展和教育变革的机会和信息;参加校本专业发展代表的地方会议,承担地方协会和学校专业发展委员会之间的联络;同时也参加学校专业发展代表培训,学习履行学校专业发展代表职责所需的知识和技能。倡导者需要熟悉与专业发展、课程实施和教育变革相关的合同语言和地方政策;在与专业发展、课程实施和教育变革相关的所有事务中担任所有教师的学校倡导者;与其他校本专业发展代表共同制定适当的合同语言和地方政策,以促进专业发展、课程实施和教育变革;同时还要参与员工代表和学校委员会的工作。从地方层面来看,各个地区通过集体协议和地方工会政策来管理该区的教师专业发展。所有地方协会条款的核心是承认成员的专业自主权,以规划和追求其专业发展。为了确保成员的专业自主权,地方协会每年为各学区的每所学校推选一名以上的校本专业发展代表,还在地方协会的政策和专业发展手册中指明了校本专业发展代表的角色和职能条款。除此之外,地方协会每年还负责为学校的专业发展代表举办由英属哥伦比亚省教师协会出资的培训课程。从省级层面来看,英属哥伦比亚省教师协会由专业和社会问题局通过校本专业发展代表就与专业发展、课程实施和教育变革有关的所有事项来与学校进行沟通,省教师协会需要推广并为校本专业发展代表提供学校专业发展代表培训,并在学校专业发展代表培训中配以强大的本地化开发资源,以满足学校和地方的特定需求。同时校本专业发展代表负责就英属哥伦比亚省教师协会与专业发展、课程实施和教育变革相关的政策和活动向教师提供信息和建议。

不难看出,英属哥伦比亚省教师协会对教师专业发展形成了系统的管理体系和施行结构,深入到校本活动中,每个层级都有专人负责和推广,各有职责又环环相扣,形成上下贯通的样态。英属哥伦比亚省教师协会的专业发展学习主要面向教师的职后发展,其秉持的专业发展观与政府机构的有所不同,倡导的是"教师自治的专业发展"。所有的专业发展规划须以教师的需求为导向,为教师提供高质量的专业学习计划。作为英属哥伦比亚省教师协会的成员,教师应认识到自己是终身学习者,有专业发展的责任和义务,但在规划自身的专业发展方面具有自主权。因此,英属哥伦比亚省教师协会为教师开展"自我导向"的专业学习提供了丰富多样的途径和支持。

4.1.3 加拿大教师教育主体间关系

加拿大教师教育有多方主体,除了加拿大教育部长理事会、加拿大全国教育学院院长管理协会、各省政府、大学、教师协会等部门和机构,中小学校、研究机构、教师和相关组织亦参与了教师教育,都是教师教育的利益相关主体。从利益相关者理论层面看,加拿大教育部长理事会、省政府、大学、教师协会、中小学校具有非常鲜明的合法性、影响力和紧迫性,属于确定型利益相关者。它们深度参与教师教育,在教师教育政策、决策、研究、实践等方面有着决定性作用。加拿大全国教育学院院长管理协会、研究机构和其他相关组织属于欲望型利益相关者,"拥有较强的利益表达诉求",但"只能通过合法稳定的组织形式才能发挥影响力"[1]。上述利益相关者在参与教师教育的过程中有相应的利益期待,教师教育则在它们的互动中获得利益回报。表4.6显示了它们的利益获得,这些利益相关者与利益主体之间以及各利益相关主体间的利益关系奠定了加拿大教师教育治理的基础和合作伙伴关系的可能。

表4.6 教师教育与教师教育主体的利益分析

教师教育主体 (利益相关者)	教师教育主体的利益获得	教师教育的利益获得
加拿大教育部长理事会	教师教育、教育政策、教师研究方面的泛领导力	教师教育方面的泛加拿大对话空间和教师教育同质性的基础
省政府	教师教育质量控制、改善公共教育	立法保障、经费、专业认定、标准规范

---

① 蔡华健,张相学,曹慧英. 教师教育 U-G-S 合作的实施困境与路径突破:基于利益相关者理论的分析[J]. 上海教育科研,2021(10):81.

（续表）

教师教育主体 （利益相关者）	教师教育主体的利益获得	教师教育的利益获得
大学	教师教育的实施权、教师教育学术研究	专业知识和能力、优秀的教师人才
教师协会	专业实践的加强、持续的专业发展学习	教学和专业发展资源、同伴支持、参与专业发展学习共同体的机会
中小学校	良好的师资队伍、教学质量保障	理论知识运用的实践场所、专业发展学习的支持
加拿大全国教育学院院长管理协会	教育方面的泛领导力	国际最新资讯、教师资格证书的国际认可

　　加拿大的教师教育主体之间存在着错综复杂的关系。首先，这些主体有着明确的分工，权责明晰。加拿大全国教育学院院长管理协会聚集了各教师教育学院的院长、主任，使命是促进教师教育和职业教育，参与教育研究和教育政策的制定，发挥国家层面的领导力。[①] 为了达成共识，加拿大全国教育学院院长管理协会开启了加拿大各省在教师教育标准以及其他教育事项上的对话空间；制定一系列的协议，搭建了加拿大各教师教育主体讨论和实施教师教育的文件框架，在形成统一共识的同时又确保制度自治的必要性，尊重各成员机构的自主性、独特性以及各省级的教育特权。加拿大全国教育学院院长管理协会关注沟通、研究、宣传、专业学习和会员机构等重点事项，参与并记录其游说和影响政府省级监管政策、做法和资金支持的过程，开展全国性的会议和成员会议，出版《加拿大教育杂志》(*Canadian Journal of Education*)等，由此逐渐形成泛加拿大的领导力，奠定加拿大教师教育同质性的基础。加拿大各省政府依加拿大宪法规定管理本省的教育事务。本着建设优质教育的发展理念，各省政府通过立法保障、经费划拨、教师资格认证、学校管理等方式对教师教育予以支持和保障。加拿大各省政府颁发的《教师法》较为详尽，包含负责教师事务的人员、教师委员会的任命及职责、教师资格证书和许可证发放、教师纪律和专业行为调查等，同时赋予教师委员会制定教师教育标准、教师资格认证标准和教师专业行为标准的权利。同时，《大学法》赋予大学较大的自治权，大学可以制定学术政策和标准、录取条件和毕业标准，甄选和任命工作人员。而教师协会在加拿

---

① ACDE. Mission [EB/OL]. https://csse-scee.ca/acde/about-us/, 2022 - 07 - 18.

大有悠久的历史和强大的教师会员基础,为广大教师的工作条件、福利、地位和专业发展发声。各省教师协会和省政府不断磨合,由之前的罢工和对抗转为共商共建。如英属哥伦比亚省教师协会在英属哥伦比亚省政府的立法保障下获得强制性会员权力,所有的教师都必须注册为省教师协会的会员。同时,英属哥伦比亚省教师协会也充分参与到英属哥伦比亚省课程开发、教师委员会等教师教育活动中。中小学作为教师的用人单位,为了实现优质教育,有义务为教师提供教学实践的场所、资源、专业学习时间和必要的支持。加拿大中小学为职前教师提供实习场地,为在职教师提供津贴并确保新教师有充裕的时间和机会参加专业学习,且能获得有效的专业辅导来提高他们的教学技能和教学信念。

其次,加拿大教师教育主体由彼此对抗走向合作共生,共建教师教育组织,通过对话参与制定教育政策、决策。省政府、大学和教师专业组织是加拿大不可或缺的三方治理主体。加拿大各省始终处于三方政治博弈中,而三方的博弈关系呈现出动态变化,有时是零和博弈,有时也有扩张的可能。① 政府出于对公众教育利益负责的宗旨,将政治智慧带给教师教育。同时,在新自由主义的影响下,加拿大的教育治理逐渐呈现出中央集权和分权治理的双重趋向,政府在确定全省教育目标、课程目标以及质量控制方面起着关键作用。大学享有学术自治的权利,管理和教授教师教育课程,给未来教师们带来理论化的教学理解,以及对全国和全球的教育背景和教学情境的批判性理解,为教师教育提供学术智慧。教师专业组织从教学背景、教学实践理解和教师专业地位的角度为教师教育带来实践智慧。省政府、大学和教师专业组织摒弃了以往的对立立场,在探讨协商中求同存异。省政府抓放有度,大学保有学术自治,教师专业组织保持适度的专业自治,形成"你来我往"以及"政府主导与专业自治兼顾"的发展样态。可以说,加拿大"逐步形成了包括省教育部、大学教育学院与教师专业协会等主要利益相关者力量共同参与的共享责任"②的教师教育治理范式,构成支持性的力量共同助力教师的专业化发展。

最后,加拿大各省教师教育治理主体是多元的。除了省政府,全国性教师中介组织、大学、教师协会和其他教育机构或多或少都参与了教师教育管理,形

---

① Lessard, C. & Brassard, A. Education Governance in Canada: Trends and Significance [EB/OL]. https://www. researchgate. net/publication/267778463 _ Education _ Governance _ in _ Canada_Trends_and_Significance, 2021 - 05 - 23.

② 杨启光. 走向共享责任的再专业化:加拿大阿尔伯塔省教师教育政策的变革[J]. 教师教育研究,2015(1):96.

成治理共同体。其一,加拿大教育部长理事会和加拿大全国教育学院院长管理协会凝聚了上层和下层的思想交流,随时基于加拿大各省的具体实践进行协商,并及时发布细则进行宏观引导,确保了加拿大教师教育的上层设计是一致的,时刻将教师教育中可能产生"无序"的状况调整为"有序"的运作。各省的教师教育利益相关者则基于共同认定的教师教育上层设计来实施运作,出台相关的法规政策和细则,使上层设计的理念落到实处,确保"计有所施"。以英属哥伦比亚省为例,英属哥伦比亚省政府以政治家的身份与其他组织机构就议程进行谈判,与英属哥伦比亚省教师协会、大学、其他专业团体和校董会等组织进行谈判。① 英属哥伦比亚省教师监管局在某种程度上充当了英属哥伦比亚省政府的代言人,但凡与教师事务相关的审议、决策和执行均积极寻求来自英属哥伦比亚省教师协会的支持和帮助,广泛听取和采纳"不同声音",在一定程度上使英属哥伦比亚省教师教育的改革谨慎,稳步前行。此外,英属哥伦比亚省教师协会充当了英属哥伦比亚省全体教师"发言人"的重要角色,在教师教育管理方面拥有了合法的话语权,更多地从教师专业发展的角度出发,与英属哥伦比亚省政府展开"对抗不对立"和"交锋不交恶"的共存共生共发展的良性沟通交流。从系统外部来看,加拿大教育部长理事会目前在国际教育舞台上积极作为,活动频繁,并组织加拿大各省参与国际评估项目,从中了解加拿大教育的优势和劣势。所参与的省份根据相关数据结果能清楚地知道各自省份的教育水平在加拿大和全球所处的位置,明确未来需要努力的方向;教师们基于这些数据结果也可以随时调整自己的教学;教师教育的课程设置中也适当加入了与加拿大各省所参与的测评项目相关的课程。此外,加拿大教育部长理事会还专门组织各省教师参加"国际教师职业峰会",宣传加拿大教师教育的良好范例,促进了加拿大教师教育的本土化研究,同时还让加拿大各省有机会了解全国和全球教师教育的最新动态和前沿研究。

其二,加拿大教师教育的管理力求达到内部和外部的平衡。从内部来看,加拿大全国教育学院院长管理协会的一系列协定弥补了加拿大"分省而治"的不足,作为各省教师教育发展的方向标,为加拿大各省的教师教育发展提供了统一的基准。而加拿大教育部长理事会则提供了一系列评估项目的数据结果和研究,为各省提供自评依据和努力方向。比如,英属哥伦比亚省教师监管局

① Perlaza, A. M. & Tardif, M. Pan-Canadian perspectives on teacher education: The state of the art in comparative research [J]. Alberta Journal of Educational Research, 2016(2):207.

通过掌握教师教育课程审批、延续教师教育机构资质、决定教师资格认定等来保障本省的教师教育质量,并且英属哥伦比亚省教师委员会开展动态式、持续式和跟进式的工作,严格遵循和把控本省教师教育资质的准入和退出机制,确保教师教育机构和质量符合英属哥伦比亚省当前发展的需要。而英属哥伦比亚省教师协会则基于工具性和专业性两大目标,确保教师的工作环境、薪资、资源配置、释放时间(release time)满足教师的基本生活、工作和学习需求,为教师个体和群体寻求专业化发展的多种途径,提供丰富的学习资源,从而避免教师由于相关方面的困难而出现"失衡感"。英属哥伦比亚省教师协会从学校、地方和省级三个层面层层推进,将教师专业发展落实到每个学区、每个学校及每位教师。从外部来看,加拿大教育部长理事会连通了加拿大各省与国际的交流、比较、竞争,通过参与国际评估项目,加拿大优质的教育水平和优良举措为更多国家和人群所知晓,从而推动了加拿大的经济、教育和文化进一步发展。英属哥伦比亚省每年在国际学生评估项目中的表现都优于加拿大的平均分数,有时还能跃居世界前列,再加上地处宜居的地理区域,所以成为加拿大的移民大省和教育强省。

综言之,加拿大教师教育主体有机统一,协同发展。加拿大教育部长理事会、加拿大全国教育学院院长管理协会、加拿大各省教师教育利益相关方之间互动频繁,相互影响又互为制约,在整个教师教育系统中占据重要且职责清晰的位置,较好地从各自的站位实现对教师教育事务的协同配合。这些主体间基于整体的"优质教学"愿景,在教师教育事务上形成合力,有效地融合政府、社会、学校、教师和家长的力量。一旦外部环境发生变化,这些主体又展示了较好的自组织性,迅速做出积极的回应,调整自身定位和能力,寻求与系统内其他主体的协同创新。

4.2 加拿大教师教育治理的本质逻辑:以一体化推进

加拿大在教师教育治理不断完善发展的过程中,形成了教师的职前教育、入职培训和职后进修的一体化体系,各教师教育主体在其中各司其职又协同合作。

4.2.1 教师职前教育的治理

作为各省教育系统的领导机构,加拿大各省政府在加拿大教师职前教育治理中积极承担其责任。各省政府制定教师职前教育的相关制度,规定教师职前教育各方主体的责任、权利与义务,明确其参与教师职前教育治理的合法性,一方面增加教师职前教育资金,引入以绩效为基础的资助方式;另一方面扶持市场和中介组织参与高等教育治理,同时加强对高等教育的管理监督。大学承担教师教育的主要工作,大学董事会决定教学人员的任命和薪酬,由参议院设定教师教育的学位标准、文凭标准、入学资格、课程内容、培养模式等,形成系统、详细的规范。

在教师教育入学标准方面,尽管加拿大没有标准化的入学考试,但加拿大教师教育的入学要求明显高于其他国家[1],满足入学最低要求并不能确保入学。加拿大各省教师教育的生源有四类:第一类是在加拿大 K-12 教育系统中完成了中学学习,而且平均成绩在 70 分以上的学生;第二类是来自加拿大大学各个专业的大一学生;第三类是在加拿大已经获得学士学位的毕业生或拥有工作经验的其他职业人士;第四类是加拿大境外申请者。加拿大境外的申请者必须具有美国认证大学及学位数据库(Database of Accredited Postsecondary Institutions and Programs)中的正规大学所提供的具有等效性的学位证书。而对于加拿大境内的申请者,其就读的大学和学位课程必须是正规的、被加拿大各省政府认可的大学。同时,加拿大教师教育的大学录取要求非常严格,在申请者是否具有学士学位、大学所学习课程、语言水平、实践、法语类课程学习等方面设置了详细的学术要求。以英属哥伦比亚大学高年级教师教育为例,录取者需拥有大学学士学位,并且该学位需经过至少 3 年的正式学习。申请者大学期间须修读完符合“可教授课程要求”中的课程学分,如 6 学分的英语文学和写作或法语文学和写作。英属哥伦比亚大学在网站上还为申请者提供了自我评价单来查看相应课程所需的学分。尚未完成大学学习的申请者需提交其英语语言水平成绩,学术类雅思须达到 6.5 分以上且每个小项不得低于 6.0 分,同时口语和写作须达到 7.0 分;机考托福必须 98 分以上,其中规定了各项的最低分数:阅读 23 分,听力 23 分,口语 25 分,写作 27 分。申请人在提交申请时须至少已完成 65% 的指定课程分数,还需有不少于 75 小时的实践,实践对象最好与未来所教授的学生年龄相仿。此外,申请者必须修读 9 学分的法语类课程,其中语法 3 学分,写作 3 学分,文学 3 学分。

---

[1] Organisation of Economic Cooperation and Development. Education at a Glance 2007: OECD Indicators [EB/OL]. http://www.oecd.org/education/skills-beyond-school/39315136.pdf, 2007.12.20/2017-11-23.

　　除此之外,申请者还需要满足非学术要求。这些要求除了申请者须有志于教师事业,充分认可英属哥伦比亚省多种族、多元文化、多样化的社会特性并且无犯罪记录之外,还需要提交个人资料、推荐信、相关经验等证明。首先,个人资料强调申请者的从教动机、愿景、自我认知和经历等,要求申请者须详细回答三个问题:①为什么想当老师? ②描述一下想成为什么样的老师? 并举例。③举例说明你是否适合从事教师职业。在回答时,申请者被要求用 300 词讲述自己如何用专业方法解决教学中具有挑战性的困难,或者从错误中所吸取的教训等。其次,申请人必须提供两份专业推荐信,推荐人必须是教育界权威人士,在近两年内有针对青少年和儿童的教学经验,并且观察过申请人与某一年龄段的儿童或青少年在团体环境中的工作情况,可以评价申请人与教师职业相关的经验、兴趣和能力。加拿大特别重视申请者是否具有教学经历和课堂教学体验。申请人在近 5 年内须有与儿童或青少年共处 75 小时的经历,这些经历可以涉及中小学的志愿者、课程教学、团队指导活动、小组辅导、与教会团体或其他青年团体共同合作等活动。不同学段的教师教育课程面向特定年龄段的儿童和青少年,中小学教师教育课程要求申请人拥有针对 5 至 12 岁学生的教学经历,高中教师教育课程要求申请人拥有针对 13 至 17 岁学生的教学经历。

　　在培养模式方面,加拿大的职前教师教育主要通过连续制和并行制两种模式实施。连续制教师教育的学程通常为一年。在英属哥伦比亚省,申请连续制首先要取得本科学士学位,之后参加英属哥伦比亚大学中小学和高中两个年级段的教师教育项目学习来获得教育学士学位。不同学段教师教育课程的选择决定了职前教师未来的任教领域和年级。由于课程持续时间较短,学士学位也不是入学的必需条件,所以参加连续制模式的人数较多。在连续制的培养模式中,教师教育课程和学术性课程分开进行,“有利于学生习得扎实的专业基础知识和宽广的学术基础,又能系统地习得熟练的教育学专业素养,为职前教师提供丰富的经验”①。并行制教师教育为双学位课程,学程通常为 5 年,主要面向高中毕业生和大学在读生。此类课程中教师教育课程和学术性课程穿插进行,有利于二者的有机融合。第一学年至第四学年期间的每一个学年都设置了专业课程。在第一学年里,师范生须修读制定的学术学分;第二学年和第三学年里设置了专业选修课和教育学类课程,师范生须到中小学校进行实地考察并在探究研讨课中有计划地对教学观察和体验进行探讨,并逐渐形成学术研究。第

---

① 谌启标.加拿大教师教育大学化的传统与变革[J].比较教育研究,2015:60-63.

四学年和第五学年安排教育学士学位课程。申请人在并行制教师教育课程学习结束后可以同时获得本科学士学位和教育学士学位。并行制教师教育模式能让师范生较早地整合学术性知识和可任教学科的知识,有利于师范生较早地将其学习的专业与未来教授的学科领域联系起来,进行有益的探索和思考。此类教师教育模式最大的好处在于能吸收更多优秀的人才加入师资队伍,满足紧缺学科任教的需要,而且修读双学位的学分比学生毕业后再去参加连续制教师教育所需的学分要少,是获得教学专业认证更高效的途径。

　　在教师教育课程设置方面,加拿大的目标是要让师范生符合各省的教师资格认证要求,更强调的是让教师在加拿大和全球范围内为承担教师的职责做好准备,致力于把教师培养成为知识渊博、技术娴熟、富有灵活性和富有同情心的专业人士,对学生和社会具有更广泛的社会责任感和道德责任感。[1] 为此,加拿大提供了综合全面的教师教育课程。加拿大的教师教育课程包含了本科阶段和硕士阶段的职前教育和在职教师教育。这些课程可以分为文凭类课程和证书类课程。英属哥伦比亚大学提供了加拿大最为全面的教师教育课程,是了解加拿大教师教育情况的首选机构。其教师教育课程(详见表 4.7)覆盖面广且方式灵活,下至幼儿园教师教育,上至博士学历教育,并专门开设了乡村教师教育、法语教师教育和原住民教师教育,充分体现了对偏远地区和土著居民教师教育的关注和包容性。

表 4.7　英属哥伦比亚大学教师教育课程一览表

教师教育类型	方向	时间及课程实施	项目名称
职前教师教育 (文凭类)	低年级教师教育 (K-7)	3~4 个学期(9 月—来年 8 月)内完成课程学习+探究式研讨+实习; 完成 60 学分(法语需 62 学分)	普通小学教师教育
	中年级教师教育 (6—9)		普通初中教师教育
	高年级教师教育 (8—12)		普通高中教师教育
			西库特尼乡村教师教育
			法语教师教育
	原住民教师教育		原住民教师教育
	五年制双学位教师教育	1. 理学士(食物、营养和健康)+教育学士学位(家政学) 2. 理学士(数学)+教育学士学位(数学)	

---

[1]　UBC. The University of British Columbia [EB/OL]. http://teach. educ. ubc. ca/about/mission/, 2018 - 02 - 23.

(续表)

教师教育类型	方向	时间及课程实施	项目名称
	五年制双学位教师教育		3. 音乐学士(通识教育、中学教育)+教育学士学位(音乐) 4. 运动学学士(体育和健康学教育)+教育学士学位(体育教育) 5. 理学士(体育)+教育学士学位(体育)
在职教师教育 (文凭类)	教师资格提升教育	网络; 课堂; 会议; 暑假短期培训。	
	具体学科教师教育		
	硕士学位教师教育		
	博士学位教师教育		
	国际学士后教师教育		
在职教师教育 (证书类)	幼儿教育类、健康运动类、技术学习、英语作为第二外语类、行政管理与领导力、行为分析、高等教育领导力		

4.2.2 教师入职培训的治理

加拿大的教师入职教育起步较晚,虽说各省对教师参与入职指导的强制性要求和资金支持各不相同,但各省的入职教育普遍由多个主体共同参与:有些由政府资助且有法律保障;有些由省教师协会或工会提供;有些由省政府、教师协会、原住民或当地社区共同合作开展;有些则交给地方学校董事会或学校开展(详见表 4.8)。

表 4.8 加拿大教师入职教育概况

省份	组织方	参与要求
新布伦瑞克省	由新布伦瑞克省教育部、教师协会组织	强制性参与
安大略省	由安大略省教育部组织	
西北地区	西北地区教育、文化和就业部与西北地区教师协会合作开展	
阿尔伯塔省	由省教师协会或工会组织	非强制性参与
纽芬兰与拉布拉多省		
新斯科舍省		
爱德华王子岛省		

（续表）

省份	组织方	参与要求
英属哥伦比亚省	英属哥伦比亚省政府、省教师协会、英属哥伦比亚大学、省学校监督协会合作开展	非强制性参与
萨斯喀彻温省	由个别学校部门开展	
努纳武特地区	努纳武特地区教育部和教师协会共同合作建立，由努纳武特专业改进委员会进行指导	
育空地区	教育部与第一民族合作举办	
魁北克省	没有全省范围的教师入职框架	
曼尼托巴省	没有专门针对初任教师的入职计划，省内的某些学区提供教师培训计划	

从上表中可以发现，加拿大实施正式的入职指导计划的比例不高①，但新布伦瑞克省、西北地区、安大略省和英属哥伦比亚省的新教师入职指导项目的设计和实施较具规模和系统性，由政府、大学、教师协会和其他教育合作伙伴共同推进。

首先，新布伦瑞克省教育部于 1995 年在英语地区推行"初任教师入职指导项目"，促进"教学技能的介绍、支持、获取和完善，发展教育理念、自我评价和自我评估，以及保留初任教师"②。该教师入职指导项目的成功引起了加拿大其他省份和其他国家的关注。该省政府和教师协会共同协商，制定入职指导和导师选择的程序和政策③，在全省范围为新教师举办入门讲座，还为中小学校长提供支持新教师的建议。省教育部和教师协会分别为教师入职指导项目提供资助来支持新教师的专业发展。教育部为匹配好的每一对导师和新教师拨款500 美元，帮助新教师专注于提升教学技能、知识和态度。教师协会提供 3 万美元，发放给有支出标准的地区。因此，该省对教师入职指导项目的资助比较灵活，根据导师—新教师的组对数量而定。在具体实施方面，中小学校长和导

①　Glassford, L. A. & Salinitri, G. Designing a successful new teacher induction program: An assessment of the Ontario experience, 2003 - 2006 [J]. Canadian Journal of Educational Administration and Policy, 2007(11):1 - 34.

②　Kutsyuruba, B. Teacher induction and mentorship policies: The pan-Canadian overview [J]. International Journal of Mentoring and Coaching in Education, 2012(1):235 - 256.

③　Lombardi, M. Induction and mentoring: A lifeline for the next generations of teachers [D]. Vancouver: University of British Columbia, 2006.

师在该省的入职指导中有着很高的参与度,发挥了举足轻重的领导力作用。校长负责在学校层面进行导师和新教师配对,向新教师介绍学校情况,并监督新教师的工作进展。① 导师则对新教师进行手把手的指导,确保能为新教师提供有特色和合适的学习机会,帮助他们获得更多的主题领域知识和树立教学自信,帮助他们进行良好的课堂管理实践。② 导师所指导的内容涉及学校资源信息、教学策略、课程实施、教学专业介绍和提供专业发展培训机会等,大多与课堂管理、纪律、教师评估、工资、沟通、教授有特别需求的学生和课程相关。导师和新教师会安排释放时间来参观彼此的教室,或面对面地共同规划专业发展活动,以及为家长访谈或报告卡等事宜做好准备。可惜的是,尽管该教师入职指导项目有着良好的声誉良好和评价,但 2009 年由于受到新自由主义经济导向的影响,许多政府"支出受限而导致该省某些计划和服务被撤销,新教师入职指导项目就是其中之一"③。

其次,看西北地区。2001 年,为了降低教师流动率,加拿大西北地区教育、文化和就业部与西北地区教师协会共同实施新教师入职培训项目。该项目成功地实现了留住新教师的既定目标,传承当地学校和社区的文化,并提高了西北地区新老教师的教学技能。西北地区的每一位教师有 650 美元的专业会议经费。该计划包括四个阶段:预始业培训、始业培训、系统的持续支持和专业发展④,分为线上和线下两种方式。系统的专业发展支持以线上的形式进行,为教师提供课程文件、教案、教学案例和网络资源等。在具体实施方面,主要以导师和新教师配对的形式开展。每位新教师会分配到一名经验丰富的导师,导师和新教师的配对由中小学校长负责。在两者建立正式的指导关系之前,导师需要接受指导培训。导师和新教师共同制定指导计划,并提交给校长和学监审

---

① Glassford, L. A. & Salinitri, G. Designing a successful new teacher induction program: An assessment of the Ontario experience, 2003 - 2006 [J]. Canadian Journal of Educational Administration and Policy, 2007(11):1 - 34.

② Lombardi, M. Induction and Mentoring: A Lifeline for the Next Generations of Teachers [D]. Vancouver: University of British Columbia, 2006.

③ New Brunswick Department of Finance. Budget 2009 - 2010 Leadership for a Stronger Economy: Toward Self-Sufficiency [EB/OL]. https://www2. gnb. ca/content/dam/gnb/Departments/fin/pdf/Budget/2009-2010/Speech_2009-2010-e. pdf, 2009.03.17/2019 - 12 - 02.

④ Government of the Northwest Territories. NWT Teacher Induction: A Program for Beginning Teachers [EB/OL]. https://www. ece. gov. nt. ca/sites/ece/files/resources/nwt _ teacher _ induction_binder_en.pdf, 2011.05.13/2019 - 08 - 16.

批。结对的导师和新教师须定期举行正式或非正式会议，新教师有专业发展津贴和释放时间来与同伴进行互动，以期从中学习和发展。结对的导师和新教师要反思过程，审查指导计划，并进行任何必要的更改。同时，西北地区鼓励各学区和学校根据特定的地理和人口背景调整新教师入职培训模式。

再次，要提到的是安大略省。安大略省于 2006 年取消原先的安大略省教师资格考试，推行"新教师入职指导项目"，并将其作为教师专业发展的一个环节。因此，安大略省在《学生表现法案》里明确提出，安大略省内所有的教育局必须提供"新教师入职指导项目"，并要求所有公立学校的新教师必须参加。该计划帮助新教师轻松进入教学行业，并为他们提供指导和指引正确的方向。该项目同样将导师与新教师结对，二者建立密切关系，共同参与有效的专业发展活动和为新教师提供持续支持，从而使新教师提高自己的技能和自信心。[1] 导师分享其教学经验和知识，充当榜样、教练和顾问等多种角色。为了确保指导符合新教师的真实需求，导师与新教师反复沟通后确定其个人需求，制定针对新教师的策略表，此表随着新教师需求的变化而随时更新。中小学校为新教师提供足够的释放时间，确保他们有充裕的时间和机会参加专业发展学习活动，并能获得有效的专业辅导来提高他们的教学技能和教学信念，例如课堂观察、与同侪和导师进行专业对话、线上会议、专业会议以及师生共同合作分享的专业发展活动等。相较于其他省份，安大略省教育部对"新教师入职指导项目"提供了充足的资金支持，每年投入约 1 500 万美元来支持该省 10 000 多名新教师的入职指导项目。

最后是英属哥伦比亚省。该省于 2012 年春季开始试行五年一期的新教师指导项目，其对新教师的支持和影响覆盖了全省的 40 个学区。该项目由省教师协会、英属哥伦比亚大学和英属哥伦比亚省学校监督协会合作开展，开发统一的教师入职指导项目，既要减少教师流失，又要为新教师过渡到教学实践提供必要的支持，其"最终目标是建立覆盖全省的入职指导项目"[2]。新教师指导项目得到了英属哥伦比亚省政府的大力支持，将其纳入该省的教育发展战略之

---

[1] Ontario Ministry of Education. New Teacher Induction Program: Induction Elements Manuel [EB/OL]. http://www. edu. gov. on. ca/eng/teacher/pdfs/NTIP-English _ Elements-september2010. pdf, 2010. 05. 08/2019 - 03 - 11.

[2] British Columbia Ministry of Education. Mentorship pilot to support new teachers [EB/OL]. http://www2. news. gov. bc. ca/news_releases_2009-2013/2012EDUC0034-000404. htm, 2017 - 05 - 16.

中,指出"无论是在新教师的成长过程还是其整个职业生涯中,指导是支持教师专业学习的关键;通过与教师导师和他人合作,新教师将有更多机会获得学习机会"①。在具体实施方面,英属哥伦比亚省教育部明确指出要"将新教师与经验丰富的教师导师联系起来,通过高质量的教学和技术来促成学习"②。为此,该项目专门设计了"新教师指导框架"(详见表4.9)和循环训练设计表,供省内各学区进行参考。

表4.9 新教师指导框架设计③

维度	参 考 问 题
1. 组建设计团队	谁是团队所需的行政、工会、地区工作人员、校长和教师团体的代表?个人可以承诺什么? 他们带来了什么技能? 需要添加/开发哪些技能? 谁来协调团队?
2. 理解背景和文化	我们的重要方面和影响教师归属感的地方有哪些?我们对专业学习的看法是什么? 我们的区域优势和限制是什么?
3. 识别目的	团队对社区内指导目的的集体理解是什么?指导将培养哪些专业价值观和教学倾向?指导如何提高社区教师的福祉和效率?这种指导倡议的基本原则是什么?
4. 资助	什么是承诺的资金来源?提供教师释放时间的其他可能来源是什么?我们如何确立和重视导师对专业学习的重要性?
5. 寻求和支持新教师	这项倡议将支持哪些新教师? 他们的学习需求和首选学习方式是什么?我们对新老师的期望是什么? 我们如何才能在实际和虚拟空间中与这些教师进行最佳沟通? 我们如何在新教师中建立网络和同伴支持?
6. 寻求和支持导师	我们的导师有哪些技能和性格?我们如何招募导师?我们如何促进导师的学习和成长? 我们如何表现出对导师知识和贡献的欣赏?

① British Columbia Ministry of Education. Education Plan [EB/OL]. http://www.bcedplan.ca/assets/pdf/bc_edu_plan.pdf, 2018-01-16.
② British Columbia Ministry of Education. Education Plan [EB/OL]. http://www.bcedplan.ca/assets/pdf/bc_edu_plan.pdf, 2018-01-16.
③ Mentoring BC. Redesigning Responsive Sustainable Mentorship [EB/OL]. http://mentoringbc.edcp.educ.ubc.ca/mentor-leaders/redesigning-responsive-sustainable-mentorship/, 2018-03-16.

（续表）

维度	参 考 问 题
7. 设计模型	什么模式最适合我们此时的目的？ 导师计划在哪些方面可以与区内活跃的其他专业学习小组和小组保持一致？在哪些方面可以整合技术以实现和加强我们的计划？
8. 形成性评估	哪些形成性评估流程可以用来收集新教师、导师和设计团队的反馈意见？ 我们如何确保诚实的反馈？ 反馈能告诉我们哪些举措是有效的以及哪些方面亟待调整与变革？ 我们如何在整个地区传达评估数据？

维度 1、维度 5 和维度 6 表明了"新教师指导框架"以能力为基础和导向。维度 1"组建设计团队"要求慎重选择新教师入职指导项目中行政、工会、地区工作人员、校长和教师团体的代表，考虑这些代表们具备的技能和技能短板，从而为项目的设计和实施奠定良好的基础。维度 5"寻求和支持新教师"要求入职指导项目要设定教师期许，即新教师应具备何种能力和道德。新教师入职指导项目不能仅仅让教师在当今复杂多变的学校中生存，还必须将其成功教师的新形象作为其愿景的一部分，让其领导能力从进入教室的那一刻开始发展。[①] 维度 6"寻求和支持导师"既考虑到了导师应具备的技能和性格，还兼顾促进导师的进一步学习和成长。

维度 2 和维度 3 指向了社区在教师专业学习中的重要性，以及在特定区域内入职指导所形成的统一观念，如社区优劣点、专业学习的理解、价值观、入职指导的基本原则和教学倾向等。英属哥伦比亚省共有 60 个学区，各自有独特的文化、信仰、习俗、语言和身份认同等，造就了复杂纷繁的课堂和教学情境。如第 93 学区属于法语学区，该学区所负责的学校并没有特定的区域，而是遍布全省，以法语环境为主。本拿比学区地处温哥华市中心，居民种族和族裔多元，拥有优越的师资和现代化设施。斯蒂金学区位于英属哥伦比亚省的最北端，教师流失率较高。第 8 学区库特尼湖区教育局（Kootenay Lake School Board）致力于发展国际教育，接收了大量国际留学生就读，主要以韩国、日本、巴西、德国、墨西哥等国的学生为主，中国学生偏少。因此，英属哥伦比亚省没有采用"一刀切"的模式，而是根据学区的情况来灵活规划，在设计和实施入职指导项

---

① Moir, E. & Glass, J. Quality induction: An investment in teachers [J]. Teacher Education Quarterly, 2001(1):109 - 114.

目时注重其与该学区的教情、学情、文化和语言的适应性。

维度 4 指向对新教师指导项目在资金、新教师时间和导师安排上的支持。资金是使入职指导项目的实施具有挑战性的领域之一①,资金充足与否关乎项目的实施质量;教师时间投入关系到教师专业学习的效果;导师往往是入职指导项目成功最关键的要素。维度 7 指向了入职指导的模式、导师项目以及如何整合技术来实现和加强入职指导。维度 8 关注的是项目的评估,项目负责人通过关注导师和新教师,采用形成性评估来收集和采纳新教师、导师和设计团队的反馈意见,定期进行项目实施情况公示和评估。这种责任超越了合规性,并朝着持续的循环方向发展,是改善任何旨在提高新教师效率的强有力的入职培训计划的精髓。②

综述之,加拿大所推行的教师入职指导计划拥有正式的结构框架,为教师入职培训的治理提供了经验和启示。经验之一在于校长在创建入职指导项目的过程中发挥了领导作用,积极参与新老教师的匹配结对、审查和评估,积极启动和促进校园环境中入职指导文化的形成,更好地支持和加强学校内部的对新教师的支持和指导。所以,校长既是提供支持和促进沟通、共享的主要来源,又是学校内部指导文化的塑造者。因此,入职计划的有效实施很大程度上取决于校长。③ 经验之二是加拿大的教师入职指导项目中都建立了正式的指导关系,"以正式指导为基本模式的教师入职指导更有效"④。加拿大的教师入职指导项目将经验丰富的导师与新教师配对,根据新教师的需要为其制定系统和全面的辅导计划。导师支持让新教师对职业和工作场所的满意度产生了积极的影响⑤,还可以减少新教师的隔离感。⑥ 如此一来,确保了新教师专业发展指导的连续性、稳定的导师支持系统以及校内和校际间合作文化的建立。加拿大的教

---

① Doerger, D. W. The importance of beginning teacher induction in your school [J]. International Electronic Journal for Leadership in Learning, 2003(21):1–13.

② Moir, E. Accelerating teacher effectiveness: Lessons learned from two decades of new teacher induction [J]. Phi Delta Kappan, 2009(2):14–21.

③ Jones, M. Qualified to become good teachers: A case study of ten newly qualified teachers during their year of induction [J]. Journal of In-Service Education, 2002(3):509–526.

④ Kutsyuruba, B. Teacher induction and mentorship policies: The pan-Canadian overview [J]. International Journal of Mentoring and Coaching in Education, 2012(3):235–256.

⑤ Carter, M. & Francis, R. Mentoring and beginning teachers' workplace learning [J]. Asia-Pacific Journal of Teacher Education, 2001(3):249–262.

⑥ Schlichte, J., Yssel, N. & Merbler, J. Pathways to burnout: Case studies in teacher isolation and alienation [J]. Preventing School Failure, 2005(1):35–40.

师入职指导分为"校本模式""地区模式""小组模式""学习团队"和"同伴合作"5
种模式。导师在其中发挥"教练""咨询者"和"合作者"等多种角色。入职指导
的形式灵活多样,充分考虑到了学区、学校以及教师个人的特点和需求,在提供
系统的专业发展学习的基础上又兼顾了新教师的个性化学习指导。活动涉及
了培训、观察、研究、个人指导、团队指导、研讨会和课程等方式。此外,加拿大
充分考虑了导师和新教师之间的兼容性,这是形成有效指导的重要因素。① 并
不是所有导师的经验对于新教师的指导都是有效的,这涉及导师制的模式、导
师的遴选、导师与受指导者的匹配方式、导师的意愿、导师的培训等。无意参与
教师指导或参与教师指导的兴趣和意愿较低的导师不太可能提供有效的指
导。② 因此,加拿大的导师经过较严格的遴选。先由导师在申请表中提供自
己的详细信息,如任教学校、任教年限、任教学区、课程科目等,并且详细地描
述申请某一学区导师的原因、自身感兴趣及想指导的教学领域,是否具有正
式或非正式的指导经历,自身所具备的有助于建立有效指导关系的优势,具
有哪些在专业学习、学习团队和咨询项目等方面的经历。而后,从提交申请
的人员中筛选出合适的导师团队,将导师与适合其指导的新教师进行匹配。
为了获得最佳的指导效果,应该把新教师与任教相同科目和/或年级的导师
匹配。③ 必要时,一位新教师可以安排多位导师。拥有多个教学风格和方法
的导师能帮助新教师弥合理论与实践之间的差距,并弥合具有不同经验的教
师之间的差距,合作关系从个人观察转变为多位成员之间的人际互动和互惠
学习。经验之三是加拿大通过个人、团体和各层级的合作塑造入职指导的集
体责任文化,力求形成一个指导、协作和同伴咨询的系统来支持新教师④(详见
图 4.3)。

　　这种指导支持不仅存在于新教师与导师之间,还存在于新教师与新教师之

① Russell, J. & Adams, D. The changing nature of mentoring in organizations: An introduction
to the special issue on mentoring in organizations [J]. Journal of Vocational Behavior, 1997
(1):1-14.

② Normore, A. H. & Loughry, K. S. Avoiding the pitfalls of the rookie year: How a mentor can
help [J]. Kappa Delta Pi Record, 2006(1):25-29.

③ Ingersoll, R. M. & Smith, T. M. Do teacher induction and mentoring matter? National
Association of Secondary School Principals [J]. NASSP Bulletin, 2004(638):28-40.

④ Howe, E. R. Teacher induction across the Pacific: A comparative study of Canada and Japan
[J]. Journal of Education for Teaching, 2008(4):333-346.

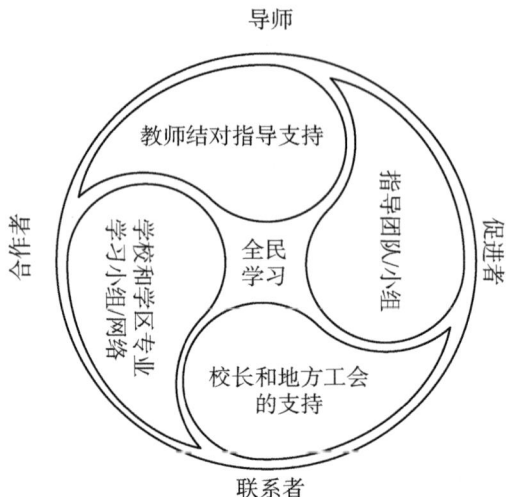

图 4.3　入职指导和集体责任文化的概念框架①

间。这种指导支持不是单向的教学交流，而是双向的互惠关系。与同事的互惠学习可以磨炼新教师的教学技艺，对早期职业教师的自我效能感、自信心和联系感产生积极的影响。所以，传统意义上的一对一指导被重构为"多重指导关系"，这意味着每位受指导者都拥有一个导师系统，每个导师可以发挥不同的功能。"如果指导是基于合作的环境，那么新教师将成为反思者和共同学习者。"②导师和新教师在合作环境中从老手和新手的角色转变为共同学习者和同事。③ 这种指导设计反映了扎卡里（Zachary）所说的指导者之间的过程导向关系，即知识是通过持续批判性反思的过程获得和应用的，因为导师和新教师在"并行地旅行"④。

---

① National Council for Accreditation. Grow a Culture of Collective Responsibility [EB/OL]. http://mentoringbc. edcp. ubc. ca/mentor-leaders/growing-a-culture-of-collective-responsibility/, 2018 - 05 - 24.

② Clandinin, J. Early Career Teacher Attrition: Problems, Possibilities, Potentials [R]. Edmonton, AB: Center for Research for Teacher Education and Development, University of Alberta, 2012.

③ Kutsyuruba, B. Teacher induction and mentorship policies: The pan-Canadian overview [J]. International Journal of Mentoring and Coaching in Education, 2012(3):235 - 256.

④ Zachary, L. The Mentor's Guide: Facilitating Effective Learning Relationships [M]. San Francisco: Jossey-Bass, 2012:1.

加拿大对新教师指导项目的效果十分看重，认为新教师不应模仿或复制经验丰富的教师的方法，而应"成为探索自己个人教学风格的反思者"①。因此，每年都会对新教师指导项目进行评估，在评估中自我反思和获得优化项目的启示，表 4.10 是英属哥伦比亚省对新教师指导项目的评估结果。

表 4.10　新教师指导项目评估结果数据②

评估内容		2012—2013	2013—2014	2014—2015	2015—2016
导师与被指导者匹配得好	被指导者	94%	94%	100%	88%
	导师	91%	94%	98%	100%
从中得到宝贵经验	被指导者	100%	97%	97%	92%
	导师	95%	94%	100%	96%
被指导者的课堂教学得到提高	被指导者	88%	90%	94%	92%
	导师	91%	97%	98%	97%
导师的课堂教学得到提高	被指导者	90%	97%	90%	93%
	导师				
提高学生成就	被指导者自我报告			97%	92%
	导师对被指导者的报告	该年度未对此项进行调查。	该年度未对此项进行调查。	98%	97%
	导师自我报告			85%	89%

不难发现，新教师指导项目评估对教师入职培训项目进行细致的调查和评估，涉及导师和被指导者的匹配、获得的经验、被指导者课堂教学的提高、导师课堂教学的提高和学生成就提高这 5 个方面。此外，评估囊括了量化的方式和质性的方式，报告和自我报告表明加拿大对导师和被指导者的自我认知和经验的重视。从表 4.10 中的数据得知，导师和新教师对匹配满意度较高，并从中得

① Boreen, J., et al. Mentoring Beginning Teachers: Guiding, Reflecting, Coaching [M]. Portland: Stenhouse Publishers, 2009:224.
② Faber, S. NTMP Program Evaluation: Wisdom from the Field [EB/OL]. http://mentoringbc.edcp.educ.ubc.ca/wp-content/uploads/2017/03/SI_faber-Presentation.pdf, 2018-04-16.

到了宝贵经验；无论是导师、新教师的课堂教学还是学生成就，都有所提高。新教师指导项目也反思了目前在时间和规划方面所遇到的挑战。一是释放时间的安排并非易事，因为需要找到代课教师来接替新教师的工作，所以无论是让新教师调换课或其与导师的定期会面，时间和工作上都难以协调。二是入职指导的规划有时较难制定，新教师的需求较难锁定，以及由于地区偏远给新教师所带来的困难还未得到有效解决等。

基于这些思考，加拿大建议教师入职指导必须尊重新教师的多样化和"地方性"需求，比如地理环境、复杂的需求、人口特征和学生特点。有效和可持续的指导计划应考虑"互惠的专业学习社区，教师需求的复杂性，探究焦点的多样性，学校、教师和学生之间合作的文化，以及有效的领导"[1]。针对新教师入职培训项目的实施情况，加拿大的相关治理经验是：①将匹配的导师和新教师尽量安排在同一学校、同一年级或学科；②匹配和分组一定要尽可能早；③预留出社交互动的时间；④灵活性很重要；⑤导师的培训和新教师的培训都要安排；⑥释放时间要安排妥当。这些经验对新教师的有效指导具有启示作用。美中不足的是，尽管加拿大对教师入职指导项目提供了经费，但资助金额还有待增加。此外，加拿大仍在探索教师入职指导项目的有效实施模式，英属哥伦比亚省新教师指导项目在试行了 5 年之后暂停，进入重新设计阶段。在其重新启动之前，新教师的指导势必会受到影响，不利于对新教师形成长期的稳定的支持，可以考虑在实施的过程中逐步优化完善。其他省份的教师入职指导项目仍需进一步建设规范系统的框架和内容。

4.2.3　教师职后专业发展的治理

"专业发展"在加拿大是个宽泛的概念，被视为与新教师的课堂实践、领导力以及学校和学区的有效运作相关的学习经历，包括任何提高学生成长和成就以及社会发展的各类活动，所以"这些专业发展活动是中小学和地方教育机构不可或缺的一部分，为教育工作者（包括教师、校长、其他学校领导、专业教学支持人员、辅助专业人员以及适用的幼儿教育工作者）提供知识和技能，让学生在全面的教育中取得成功并达到具有挑战性的专业标准"[2]。

---

① Faber, S. NTMP Program Evaluation Summary [EB/OL]. http://mentoringbc.edcp.educ.ubc.ca/wp-content/uploads/2017/03/NTMP-Program-Evaluation-Summary-brief.pdf, 2018 - 04 - 16.

② Brown, S., et al. The State of Educators' Professional Learning in British Columbia [EB/OL]. http://www.learningforward.org/Canadastudy, 2018 - 05 - 18.

为了激励教师的专业发展积极性,加拿大将教师专业发展学习与教师的工资挂钩,教师可以通过参加学位后教育来提升他们的工资类别。比如英属哥伦比亚省的教师们在刚从教时拿到的是第 5 类工资,如果想提升到 5＋级工资,教师需要修读 15 个学分或修读与教师资格认证服务(TQS)认可的学分相当的课程。如果教师获得硕士、教育博士或教育学博士等学位,工资就可以提升到第 6 类。①

加拿大各省的多方组织从各自层面为教师的职后专业发展提供机会和支持,形成合力。以下以英属哥伦比亚省为例,详细考察加拿大教师职后专业发展的治理情况。英属哥伦比亚省政府、教师协会、大学等主要教师教育治理主体尽管有着不同的职责,但是对教师专业发展学习的必要性存有共识,提供针对教师需求的专业学习计划。

4.2.3.1　教师协会组织的专业发展学习

英属哥伦比亚省教师协会一直自诩为教师专业人士的联盟,并将教师的专业化发展视为主要目标之一。自 21 世纪后期以来,其与众多教师教育的利益相关方积极合作,参与开发和改进教师教育项目。

英属哥伦比亚省教师协会为教师的专业发展建立了"三位一体"的支持体系,从省级、地方和学校等层面为英属哥伦比亚省教师提供丰富的专业发展机会。从省级层面看,教师协会设有"专业和社会事务部""土著教育事务委员会"和"社会公正行动委员会"。其中,"专业和社会事务部"的任务是通过促进和支持对社会负责的高质量教学来加强学生的学习。"专业和社会事务部"为教师协会执行委员会提供专业建议,涉及教师职业生涯的终身发展、课程和教育政策、社会公正计划、优质教学、支持困难教师、土著教育、培训和支持地方协会领导等相关事宜。"社会公正行动委员会"负责为课堂教师提供信息、课程观点和专业支持。这三个部门为英属哥伦比亚省各个学校和地方的专业发展日提供60 多个免费的研讨会,主题相当广泛,分为土著教育、学校和课堂事务、社会公正和全球教育三大类,涉及英属哥伦比亚省土著历史和文化、探索土著和非土著人民之间的历史关系、学习评估、发展学校领导团队、课堂实践与自我调节、教师专业发展调查等。教师协会为每个研讨会都安排了一位参加过指导教师培训的协助老师,负责与参会人员进行会前协商,确保研讨会能满足与会者的

---

① Teacher Qualification Service. Category Upgrade—TQS Category Requirements [EB/OL]. http://www.tqs.bc.ca/upgrade/requirements, 2016.07.01/2018 - 03 - 16.

背景和需求。从地方层面来看,地方教师协会为学区的每所学校都安排了至少一名校本专业发展代表,由其将省教师协会与专业发展、课程实施和教育变革相关的政策和活动传达给学校教师并提供建议。地方教师协会每年对校本专业发展代表进行免费培训,确保代表们具备履行其职责的知识和技能,凸显地方和学校特色,以满足各地区和学校的特定需求。地方教师协会还与学校积极沟通,确保校本专业发展代表有充足的释放时间参加培训。从学校层面看,校本专业发展代表是主力军,负责与校方领导的沟通和专业发展的组织工作。校本专业发展代表每年要组织学校专业发展代表和学校专业发展委员会成员的选举,主持学校专业发展委员会,并与其他教师共同制定学校专业发展代表和委员会的岗位职责。同时,鼓励和引导教师确定各自的专业发展需求并制定当年目标,然后据此与学校专业发展委员会共同制定专业发展计划。此外,校本专业发展代表要确保学校的专业发展基金根据地方政策和程序公平分配。在沟通方面,他们要参加学校员工会议,传达学校、地方教师协会和省教师协会的专业发展以及教育变革的机会和信息,还要参加校本专业发展代表会议,确保地方教师协会和学校专业发展委员会之间的沟通顺畅。同时,他们参与制定与专业发展、课程实施和教育变革相关的合同语言和地方协会政策。

除此之外,省教师协会内设有 32 个省级专家协会,比如英属哥伦比亚省数学教师协会、英属哥伦比亚省合作学习协会、英属哥伦比亚省小学教师协会、英属哥伦比亚省学校辅导员协会、英属哥伦比亚省科学教师协会、英属哥伦比亚省社会研究教师协会、英属哥伦比亚省英语语言艺术教师协会等。每个省级专家协会各具特色,是英属哥伦比亚省教师交流研究、教学策略、课程开发和其他共同兴趣的重要渠道。这些省级专家协会拥有各自的章程、活动主题和重点,但却秉持同一目的,即通过举办会议、研究所、研讨会、制定课程项目和立场声明等活动提供和促进专业发展;与其他团体沟通和联络,倡导合适的标准、工作和学习条件。[①] 省级专家协会通过线上或线下的期刊、新闻通讯、会议、研讨会和网站来促进成员之间的沟通。但有些省级专家协会设有地方专家协会,在学区内组织持续的专业学习。参与英属哥伦比亚省省级专家协会的教师可以及时获得教育政策更新信息,通过地方教师协会建立网络,阅读专业出版物,开展模范实践,支持新教师,获取教师奖金、教学资源和学习材料。

---

① Daly, H. Origins of the PSA Council [EB/OL]. http://www. bctf. ca/publications/NewsmagArticle. aspx?id=23826,2011.09.08/2018 - 05 - 16.

值得注意的是,英属哥伦比亚省教师协会倡导的是自我导向式的专业发展,认为专业发展应以教学为中心,以教师为导向,并且是教师自愿参加的终身学习过程。因此,其要求教师应认识到自己专业发展的责任和义务,在规划自身的专业发展方面具有自主权;同时,所有的专业发展学习须以教师的需求为导向,为教师提供高质量的专业学习计划。教师作为成人,"在参与诊断、计划、实施和评估自己的学习时学得最好。成人学习者需要自我指导。"①为此,英属哥伦比亚省教师协会的专业事务咨询委员会开发了"专业发展镜头"以指导教师的自我导向式专业发展。图4.4中的"专业发展镜头"形如相机镜头,包含教师在自主选择个体专业发展和集体专业发展时应考虑的标准。

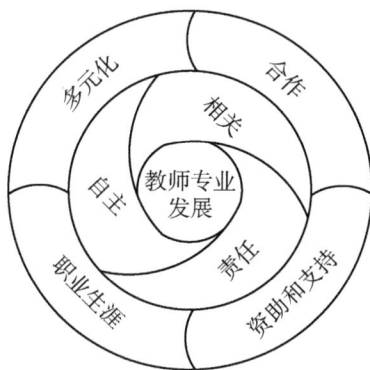

图 4.4　专业发展镜头②

"专业发展镜头"的中心是"教师专业发展",强调的是教师的个体专业发展和集体专业发展。"专业发展镜头"的内环指明了专业发展活动的三个关键元素:相关、责任和自主。这三个元素在选择专业发展活动时缺一不可。相关是指教师在参加自我导向的专业发展活动前要思考两个问题,一是这项活动是否有助于改善教师工作? 二是这项活动是否有助于教师改善他们的集体工作? 自主是指教师参加专业发展活动的自愿性,但不能损害教师同侪的自主性。责任是指教师专业发展活动要能履行同事、集体协议和教师职业的义务。"专业发展镜头"外环中指明了教师自我导向式专业发展成功的必要元素:多元化、合

---

① Knowles, M.S. The Modern Practice of Adult Education: From Pedagogy to Andragogy [M].
New York: Cambridge University Press, 1980:19.

② BCTF. The Professional Development Lens [EB/OL]. https://ktta.ca/pd-lens/, 2019 - 05 - 03.

作、资助和支持、职业生涯。多元化指的是自我导向式专业发展应涵盖广泛的主题和学习方法。合作意味着当教师共同计划、实施和分享他们的专业学习时效果最好。资助和支持是指对教师的专业发展必须给予时间、信息、尊重、鼓励和足够的经费等支持。职业生涯指自我导向式专业发展应贯穿教师的整个职业生涯。这四个元素共同为所有教师提供了必要的条件来创造适合自己的、丰富多彩的专业学习。

英属哥伦比亚省教师协会鼓励教师基于"专业发展镜头"来规划自我导向式的专业发展学习,建议教师使用自我导向式的专业发展日志来作为规划和反映自身专业发展的工具。为此,英属哥伦比亚省教师协会开发了自我导向式的专业发展日志指南来帮助教师制定自我导向式的专业发展日志。指南中为教师会员们归纳了专业发展学习的类型及内容(详见表 4.11)、专业学习的重点领域(详见表 4.12)以及自我导向式的专业发展日志范例。

表 4.11 英属哥伦比亚省教师协会专业发展学习的类型及内容①

专业发展学习类型	专业发展学习内容
1. 正式课程	修读大学或学院课程、大学毕业课程、省教师协会课程、其他机构或组织课程
2. 研究	进行与教学和学生学习相关的调查。 实施/计划研究。 在团队内协作研究主题。 参与与研究相关的在线讨论小组。 调查和查阅教育研究。 应用教育研究
3. 专业网络	参加省、国家或国际专业协会会议或活动。 促进省教师协会研讨会和/或培训计划。 为其他专业组织作出贡献。 参加学校委员会;参加省教师协会或当地咨询委员会。 参与学校/地区/省级课程或计划/政策委员会;担任学校专业发展代表或地方专业发展主席
4. 专业活动	坚持自我导向式的专业发展计划或专业发展日志。 参观观察同事教授;阅读教育期刊、书籍或文章;参加专业会议、暑期学院或研讨会。 与同事讨论教学;参与课程团队

---

① BCTF. Professional Issues [EB/OL]. https://www.bctf.ca/advocacy-issues/professional-issues#teaching-resources, 2019 - 05 - 03.

（续表）

专业发展学习类型	专业发展学习内容
4. 专业活动	参与评估项目；进行在线搜索感兴趣的专业主题；为同事开发和/或促进研讨会。 组织地区、省级专家协会会议。 开发和/或发布专业人员资源/文章。 参加学校、地区或省级专业发展日活动；坚持反思性实践日志
5. 在实践中学习	实施课程单元/课程。 参与学校项目的协作。 实施新的教学和/或评估策略。 试行新的计划；试用新材料，例如科学、阅读、数学计划。 参与教师协会质量教学计划或同伴支持计划
6. 技术和学习	培养新的技术技能。 参与有关专业问题的在线对话。 将技术融入课堂实践和教学策略中。 注册在线课程
7. 其他	

表 4.12　专业学习的重点领域①

专业学习的重点领域	具　　体
1. 教学方法	准备 ● 评估 ● 差异化教学 ● 主题焦点 ● 教学的演变，以个性化学习 ● 课堂管理/问责制
2. 教师角色	我是如何教学的 ● 我与同龄人的互动 ● 与同行合作 ● 与学生和家长的互动
3. 背景	学校内的变化 ● 地区层面的变化 ● 部门政策/文件
4. 学生	学习方法的变化 ● 校内/校外学习 ● 数字/技术使用和访问

---

① BCTF. Professional Issues［EB/OL］. https://www. bctf. ca/advocacy-issues/professional-issues♯teaching-resources, 2019 - 05 - 03.

不难看出,省教师协会认定的专业发展学习的主要作用在于引领教师的自我导向式学习,包括正式学习和非正式学习,考虑到了教师的个体性和反思性,将其持续地贯穿在教师整个职业生涯中。其内容宽泛而多样,包括了正式课程、研究、专业网络、专业活动、教学实践、技术学习以及其他领域的学习活动。为了引导教师的自我导向式学习,省教师协会为教师提供了专业学习领域表和自我导向专业发展表等,以此作为他们自我评估的重要工具。该表分为教学方法、教师角色、背景和学生四个重点领域。教师可从中确定自己感兴趣的领域,思考如何实现选定领域中的具体目标和内容,以及需要哪些资源或经验在所选定的重点领域中开展工作。教师以专业发展学习体验单上的体验和专业学习领域作为指导,在自我导向专业发展表中记录所参加的研讨会或活动的日期和名称,提供日记、学生作业样本等事实证据来记录专业学习进度,反思自己的学习,寻求机会与他人分享和讨论等。可以看出,这样的自我导向式的专业发展日志旨在促进教师个性化的专业学习,鼓励教师展开与实践相关的反思,建立自我导向式的职业发展目标,协助教师根据他们的独特需求规划专业发展,有助于教师远离"一刀切"式的专业发展,获得各种专业发展经验。因为教师的专业需求各有不同,所以如果将其专业发展置于自我记录的情境之下,那么他们的专业自我就能随着时间的推移和知识经验的增长而发展。其专业需求也在职业生涯中有所改变和增多,从而产生不断学习的驱动力。① 教师充当自己的"学习经纪人",有助于产生内在动机和主动性。通过自我监管,教师监控自己的学习需求,并寻求学习机会以满足他们的需求。通过自我调节,教师的信念系统可以指导他们在终身学习者的教学生涯中保持专业学习需求。②

4.2.3.2 教育部提供的教师专业发展支持

英属哥伦比亚省教育部参与教师专业发展的程度虽然没有教师协会的大,但基于对本省 K-12 教育系统良好发展的愿景和承诺,教育部对于教师专业发展的支持更多地与该省的课程改革和教育资源相挂钩。2015—2016 学年,英属哥伦比亚省试行了从幼儿园到 9 年级的新课程草案;而后决定在 2016—2017 学年全面实施新课程,并普及至 10~12 年级。因此,英属哥伦比亚省教育部的专业发展目标是建立支持性框架,支持教师进行高质量的、持续的专业

① Tang, S. Y. & Choi, P. L. Teachers' professional lives and continuing professional development in changing times [J]. Educational Review, 2009(1):1-18.
② Spruce, T. & Bol, R. Teacher beliefs, knowledge, and practice of self-regulated learning [J]. Metacognition and Learning, 2015(2):245-277.

学习,例如参与培训和研讨会,指导教育方案和课程实践,提供教师指导系统和方案,参加与教师资格证书有关的学习活动,以及促进合作伙伴关系等。近几十年来,英属哥伦比亚省教育部积极与教师教育相关方合作,促进教师专业发展。一方面,英属哥伦比亚省教育部在 2011 年成立学习部,参与课程和评估方案的制定,协调教育部外联小组的活动,主要侧重于向中小学和大学传达教育政策和课程变更信息以及征求反馈意见。另一方面,教育部为与新课程实施相关的专业学习提供 300 万美元的经费,同时要求学区必须与教师协会合作,制定符合地方情况的专业学习策略。除此之外,学习部所开展的教育会议积极邀请教育委员会和其他利益相关方一起参与、组织和规划,必要时提供经费资助。英属哥伦比亚省教育部每年还安排部门工作人员参加省级专家协会和学习部门外联小组的活动,并发表演讲。除此之外,学习部所开展的会议形式多样,根据活动目的可分为面对面的演讲、网络会议、语音会议和研讨会。这些会议使教师教育相关人士得以直接参与新的政策对话,并有机会提出问题以及提供进一步改进的建议。

从 2015 年起,英属哥伦比亚省开始面向 K－12 教育逐步实施新课程改革。新课程改革强调学生阅读、写作和算术等基础能力,尤其注重培养学生的协作、沟通和批判性思维技能。为了让英属哥伦比亚省的教师们尽快地理解、适应和实施新课程,达到实行优质教育的目的,英属哥伦比亚省教育部将新课程的普及作为其对该省的教师专业发展支持的优先事项。教育部为教师提供大量新课程解读信息和与新课程相关的评估文件,供教师开展与新课程相关的专业发展学习。教育部建立了新课程网站,内容分为新课程背景介绍、核心能力、课程、评估和毕业 5 个部分。教育部通过网站发布了与新课程实施相关的大量资料,英属哥伦比亚省所有教师都可以浏览和下载这些资料。网站上还专门向教师提供了"教育者更新"系列文件,分别是《2016 年 8 月教育者更新文件:K－9 课程》《2016 年 10 月教育者更新文件:K－9 学生进步报告指南》《2017 年 3 月关于课堂评估的教育者更新文件》和《2017 年 6 月关于基础技能评估重新设计的教育者更新文件》。《2016 年 8 月教育者更新文件:K－9 课程》向教师们普及了重新设计的 K－9 课程内容、常见问题、课程代码等信息。重新设计的 K－9 课程内容中简述了 K－9 课程的重点、教学设计、将提供的教学样本和课程综合资源。《2016 年 10 月教育者更新文件:K－9 学生进步报告指南》向英属哥伦比亚省教师传达全省各学区学生报告的新变化。自 2016 年新课程实施以后,各学区的学生报告须依据《学生报告政策》(2016 年 7 月 1 日)和《学生进度报告令》等文件。英属哥伦比亚省教育部为各个学区提供了两个选择,各学区可以根据地方实际选用其一。两个选择的主要内容可见表 4.13。

  两个选择为英属哥伦比亚省各学区采用个性化的做法来反映当地学区学生学习情况提供了可能性和方向。选择 A 和选择 B 在实施上存在共同点,第一个共同点是两个选择均要求教师在学年末提供最终书面总结报告,而且最终书面总结报告要涵盖学生对新课程中的核心能力(沟通、思考、个人和社会)所进行的自我评估。这体现了英属哥伦比亚省教育部对于正式报告在学生成就报告中的重视,也说明教育部强调学生成就报告与新课程的关联性,希望通过学生成就报告反映新课程改革实效和学生进步。

表 4.13 英属哥伦比亚省学生报告指南选项 A 和选项 B 的关键要点①

内容	选择 A	选择 B
报告的频率	● 报告在全年中及时和积极反应。 ● 在一年中,与父母的沟通至少应进行 5 次。 ● 应在学年结束时提供最终书面总结	年内应向家长提供 5 次报告,内容为:3 份书面报告,其中一份应在学年结束时提交;2 份非正式报告
字母评分	● K-3 年级不提供字母评分。 ● 对于 4~9 年级,由学区的政策和程序来决定在摘要报告中字母评分的使用。 ● 在 4~9 年级,必须依家长要求提供字母评分	● K-3 年级不提供字母评分。 ● 在 4~5 年级,可以通过书面报告以外的方式提供,必须依家长要求提供字母评分。 ● 在 6~9 年级,所有书面报告都要求字母评分
关于核心能力的报告	最终的书面总结报告包括学生对核心能力(沟通、思考、个人和社会)进行的自我评估,并在需要或适当时通过教师的支持和指导完成	最终的书面总结报告包括学生对核心能力(沟通、思考、个人和社会)进行的自我评估的要求,并在需要或适当时通过教师的支持和指导完成
最终总结性报告	学年末应提供最终书面总结报告	学年末应提供最终书面总结报告

  第二个共同点是两个选择都重视与家长的沟通,把与家长沟通学生情况作为不可缺少的组成部分。在制定学生进步报告的地方政策时,学区和学校必须与家长和教育工作者进行全面的沟通,让家长和教育工作者有机会表达自己的观点,并为报告过程提供意见。另外,在具体操作中,家长可以依据家长沟通指

① BC Ministry of Education. Reporting Student Progress (Grades K-9):Guidelines for School Districts [EB/OL]. https://curriculum.gov.bc.ca/, 2016.10.08/2019-06-18.

南在学年期间至少收到 5 次关于学生学习情况的反馈。指南之一是家长及时收到学生全年学习情况的反馈。指南之二是在学年结束时或学生搬家时，要确保家长收到最终的书面总结报告。指南之三是学生学习情况的反馈可以有摘要报告、基于学生的工作或作品集合的学生学习总结、学生主导的教师—家长会议摘要、临时报告和针对特定目标的进展总结等多种形式。指南之四是关于学生报告的地方政策应概述 4～9 年级所规定的字母评分制的过程。指南之五是学区可以创建模板或表格来报告学生的学习情况。在这样的互动沟通中，家长能充分了解孩子的进步情况，也能充当合作伙伴来参与关于孩子进步的对话以及寻找支持和改善学习的最佳方式，还可以向孩子提供对其有意义的信息。

第三个共同点是最终书面总结报告要概述和总结学生在课程的必要学习领域中的成就，还可以包含学生的优势、学生正在努力的领域以及进一步发展的需求。除此之外，它还可以提供学生在该年龄和年级应有的成就和表现，以及如何在学校和家中支持学生的信息。对报告所使用的语言也有要求，教师在报告中评价学生时应使用简单的语言，避免使用教育术语，要提供孩子的贡献和与他人关系的信息，概述孩子如何学习的过程，确保父母及时获得应关注的事宜，并提供具体干预措施和促进学生接受的其他措施。另外，报告要侧重于儿童的成长、表现和成绩水平，还要描述教师支持孩子学习的其他方式以及父母如何提供帮助。

两个选择之间也存在差异。从目的来看，选择 A 旨在允许学区使用更积极的回应和更灵活的流程向家长报告。所以选择 A 要求学区制定或准备制定报告学生进步的地方政策，而且学区须确保本地制定的政策和报告符合学生进步报告政策和法令的要求。选择 B 为学生报告政策的修订版，提供了报告学生进步的标准流程。它侧重于在学年期间通过至少三份正式报告和两份非正式报告与家长进行沟通。从评估的方式来看，选择 A 主要采用描述性的话语来反馈学生学习情况。K-9 年级的总结报告全部采用描述性书面评论，提供学生在所有学习中于课程学习标准方面取得的进展。如果地方政策或家长明确要求采用字母评分，则仅在 4～9 年级的总结性报告中采用字母评分制。选择 B 在学生评估方面细化到了具体学科领域的课程学习标准。英语语言艺术、法语语言艺术、数学、科学、社会研究、艺术教育、体育和健康教育等课程在不同年级段的正式报告中的内容要求不一样。对于这些课程，K-3 年级的三份正式报告须包括绩效量表和与课程中规定的学习标准相关的进展描述。而应用设计、技能和技术、职业教育等课程的年末正式总结报告还要包括与课程中规定的学习标准相关的进展说明。4～5 年级的正式报告须包括字母评分和书面报告评论，说明学生在这些课程中是否表现出与学习标准相符的水平。其中艺术教育、体育和健康教育、应用设计、技能和技术、职业教育等课程的三份正式报告可以采用绩效量表或书面报告评论。6～9 年级所有课程的正式报告都将采用字母评分和书面报告评论，10～12 年级的正式报告则使用字母评分、百分比和书面报告评论。如果学生达到毕业过渡课程所规定的学习成就时，期末和最终报告中会有"符合要求"的表述。反之，则会出现"不符合要求"的词语，教师还应制定促进学生达到要求的建议和计划。

《2017 年 3 月关于课堂评估的教育者更新文件》是来自课堂评估和报告指导小组（A Classroom Assessment and Reporting Advisory Group）的成果。根据 K-12 教育系统的 35 名教师、行政人员和学区职员所提供的课堂一线视角和建议，英属哥伦比亚省教育部运用韦伯的深度知识框架开发了课堂评估工具和资源，为教师评估深度学习提供支持，并与"知—行—理解"课程模式（know-do-understand，简称 KDU 模式）保持一致。这个文件介绍了教师可以获得以及如何获得关于课堂评估的信息和资源。教师需要支持学生核心能力的自我评估，英属哥伦比亚省教育部在网站上提供了如何在课堂上促进核心能力自我评估的样本。教师们可以获得课堂评估的多模态资源，其中包括一系列的课堂评估视频和小册子，涉及课堂评估系列简介、评估和学习周期、学生自我评估和反思、记录和使用证据进行评估与设计课堂评估，解答了每个评估主题的基本问题，提供了英属哥伦比亚省的教师和评估专家在课堂评估领域的各种观点、想法和专业知识，概述了教师应用课堂评估的方式以及课堂策略。

《2017 年 6 月关于基础技能评估重新设计的教育者更新文件》则为教师提供了英属哥伦比亚省的基础技能评估（Foundation Skills Assessment，简称FSA）根据新课程改革重新设计后的变化。FSA 是英属哥伦比亚省对 4 年级和 7 年级学生阅读、写作和计算技能的评估，每年评估一次。它是英属哥伦比亚省最早的省级学生表现评估，也是英属哥伦比亚省学生未来成就的有力证据。新设计的 FSA 与英属哥伦比亚省的新课程保持一致，学生参与评估互动，反思他们的思维并传达他们的理解，使评估更好地反映了课堂实践。新设计的FSA 有 4 个组成部分：协作活动、学生小册子或书面部分、网络部分和自我反思部分。FSA 从一个简短的小组协作活动开始，让学生参与其中，与他们的知识和经验建立联系，并让他们从中选择一个阅读主题。而学生小册子或书面部分与协作活动相关联，为学生提供了他们感兴趣的阅读主题选择。学生阅读文本,提供书面答案以说明他们的理解,并完成写作任务。在这个部分,学生还要完成计算任务,展示自己的计算能力。FSA 的网络部分包括阅读和计算的相关问题和互动问题,线上项目具备一定的难度和复杂性。在自我反思部分,学生反思和分析他们自己在过程和评估任务中的经验。这个部分促进他们从学生的角度提供反馈,与思维和沟通核心能力息息相关。

总的来说,英属哥伦比亚省教育部所提供的新课程文件和资源极好地支持英属哥伦比亚省的教师进行与新课程相关的专业发展,而且这些专业发展大多也是以教师的自我学习为主。

4.2.3.3　大学内的教师专业发展课程

除了职前教师教育课程之外,加拿大的大学也会提供教师专业发展课程。在英属哥伦比亚省,英属哥伦比亚大学开设的课程最为齐全。从表 4.14 中可以得知,英属哥伦比亚大学开设的教师专业发展课程分为文凭类和证书类。文凭类的教师专业发展课程分为教师资格更新课程、硕士研究生课程和博士研究生课程。教师资格更新课程面向三类群体:①来自他省或他国的合格教师,向教育部教师监管处申请获得英属哥伦比亚省的教师资格证书;②教师资格证书已经失效的英属哥伦比亚省教师,而且在长达 10 至 19 年的时间内没有从事教学;③持有永久教师资格证的合格教师,希望在英属哥伦比亚省再次从教,他们在教育部教师监管处有良好的信誉,但没有教学经历。教师资格更新课程为他们提供更新其教学证书的机会,帮助他们了解英属哥伦比亚省学校中最新的教学法和课程发展。教师在这一课程中须修读 30 学分的学士后教育文凭课程,涉及课程、教学法以及教学实习。课程教学和教学实习所面向的学段由教师教育办公室的课程协调员按入读学员的需求、以往经验和所选择的年级来安排。除了满足所有学术要求之外,该课程的修读学生必须在加拿大中小学课堂中有至少 100 个小时的志愿者或有偿工作经验。学习者在毕业后可以获得课程和教学研究方向的教育学位,并获得更新教师证书的机会。

硕士研究生和博士研究生课程为教师提高学历提供了途径。硕士研究生课程和博士研究生课程分为全日制和非全日制两种,学制灵活,目前最短完成时间为 1 年,最长为 3 年,平均完成时间为 2.73 年。[①] 证书类课程面向三类群

---

① UBC. Graduate Degree Program [EB/OL]. https://www.grad.ubc.ca/prospective-students/ graduate-degree-programs/master-of-education-human-development-learning-culture, 2022 – 06 – 29.

体：①英属哥伦比亚省在职教师；②有升级证书需求的英属哥伦比亚省教师；③想获得新领域认证的教师。

表 4.14　英属哥伦比亚大学提供的教师专业发展课程①

	教师资格更新课程	课堂教学、拓展实习
文凭类	硕士研究生课程	教育管理和领导力、教育技术、心理咨询、法语、课程学习、幼儿教育、成人学习与教育、国际文凭、博物馆教育、科学教育、数学教育、英语作为第二外语、家庭经济学教育、技术分布式学习、学校分布式学习、课程领导力、可持续发展教育
	博士研究生课程	教育研究(PHD)、教育领导与政策(EdD)
证书类		成人学习与教育、幼儿教育助理和基本证书课程、幼儿教育、计算机学习、加强早期学习、健康与保健、婴儿发展与儿童支持发展、幼儿园教学、教师图书馆管理、视觉与物质文化、英语作为第二外语、纺织研究

博士学位分为教育研究博士和教育领导与政策教育博士两种。教育研究博士课程是研究型的博士课程，研究领域广泛，涉及成人教育、社区教育、教育领导和政策、专业教育、文化政治、教育平等、土著教育、国际和比较教育、批判多元文化主义和女权主义研究等。整个博士课程的学制为 6 年，学生在前两年学习博士课程，之后在 2～4 年里开展专项领域的研究项目。博士研究生的课程没有固定的学分限制，主要有三门必修课和专业课程。三门必修课以研讨会和讲座的形式进行，目的在于帮助博士研究生熟悉与博士学习有关的部门、政策和程序，并学习社会科学在教育运用中的重要理论和概念性问题，使学生懂得实证、解释、历史和哲学方法，并对当前的方法论问题和辩论有深入的了解，探索攻读博士经历的意义。而专业课程是在博士研究生与咨询顾问或课程咨询委员会沟通后才进行选择的，目的在于熟悉当前的理论和研究。博士研究生在完成课程学习后和提交研究计划之前须参加综合考试。而博士研究生的论文研究计划必须经主管的研究监督委员会和至少两名其他委员会成员批准。研究监督委员会为学生提供论文撰写指导、评阅和评议，直至参加最终的答辩。英属哥伦比亚省和英属哥伦比亚大学对全日制的博士研究生提供了奖学金和助学金。在起初的四年中，博士研究生每年将获得至少 18 000 加元的资助。

---

① UBC. Professional Development［EB/OL］. https://teach. educ. ubc. ca/professional-development/, 2019 - 05 - 12.

除此之外,博士研究生还可以申请贷款、助学金、税收抵免等形式的经济援助或其他福利。

教育领导与政策教育博士课程的目的在于使教育者们具备在正式和非正式教育场合中的领导力和政策责任。该课程着眼于解决全球化背景之下加拿大的教育问题,帮助博士研究生们展开理解、批判和改善教育实践的讨论。而探讨的内容则来自不同背景的博士研究生所承担的领导或政策责任,他们的专业知识在沟通交流中互补互长。该课程包括 6 个必修的研讨会、两门选修课、综合考试和学位论文。教育领导与政策博士课程和教育研究博士课程的区别在于教育实践,前者侧重于理论、实践和两者之间复杂关系的学术对话,尤其关注 5 个关键主题:①什么是教育? ②什么是教育实践? ③如何判断教育实践的"改善"? ④如何学习教育实践? ⑤研究内容如何影响自己的批判和改进自己实践的能力? 在课程学习结束之后,博士研究生须参加综合考试,考试历时一个小时,内容分为书面形式和口头形式。在书面形式的考核中须确定自身教育实践中的教育问题和研究问题,同时撰写 7 500 字的研究计划。口头形式的考核则要求博士研究生概述研究问题框架,并回答考试委员会和其他有关方面的问题。

证书类课程种类繁多,能满足在职教师专业发展的不同需求,而且课程形式多样,有线上、线下和线上线下混合式。在课程结束后,合格的学生可以获得由教育学院教师发展和社区参与部门颁发的结业证书。这类教师专业发展课程分为本科层次和研究生层次,属于非全日制课程,通常需要在 2~3 年的时间内完成。

4.3　加拿大教师教育治理的运行逻辑:以标准为导向

21 世纪以来,加拿大受到全球化和新自由主义的影响,教师教育处于强调竞争、重视结果和实施绩效问责的治理语境下,开始追求标准导向的教师教育治理模式,从而加强对教师教育质量的监督、管理和问责。为此,加拿大各省对教师教育的课程审批、教育专业、教师资格认证制定了标准,这些标准构建了加拿大教师教育治理的运行机制。

4.3.1　教师教育课程审批标准

教师教育课程审批标准是开展教师教育不可或缺的前提,它通过一系列具体的要求,"预先构想了教师教育人才培养的目标、内容、规格、要求、方式等,因而能对教师培养起到具有可操作性的规划、设计与调整的作用,从而确保了教师教育质量的可控性"①。所以,教师教育课程审批标准是加拿大各省保障教师教育课程质量的重要门槛,成为加拿大各省的教师教育治理主体的首要工作。英属哥伦比亚省教师委员会在 2012 年成立之初便与各大学的教师教育学院共同合作,参与教师教育课程的设计和评估,以此规范教师培养和教学实践。

英属哥伦比亚省教师教育课程审批标准是英属哥伦比亚省教师委员会与其他教师教育治理主体共同讨论的结果,成为英属哥伦比亚省各所大学申请教师教育课程的重要指导文件,各大学的教师教育课程必须符合该标准所要求的指标,向教师委员会提交课程提案并按审批标准提供相应的证据。英属哥伦比亚省教师教育课程审批标准要求教师教育课程提案内容涉及课程介绍或课程历史、课程任务声明、课程咨询过程、课程目标/优势、课程顺序和说明、每月的科目顺序、全部课程大纲、入学/退学/申诉要求、课程实施/班级规模和结构/实习要求、有教师资格证书的教职员工名单、教师学术研究、图书馆资源审查、课程审查和评估、参考清单和适用的附录等。教师教育课程审查委员会对课程提案进行审查后形成审查报告,清楚地展现英属哥伦比亚省的教师教育课程标准(详见表 4.15)。

表 4.15 英属哥伦比亚省教师教育课程标准

维度	内　　容	
1. 背景信息	(1) 课程历史/简介	
	(2) 课程使命陈述	
	(3) 课程咨询流程	
	(4) 课程目标和优势	
2. 课程设计	(1) 课程系列及描述	
	(2) 课程大纲	
	(3) 入学/退学/申诉要求	
	(4) 课程实施/班级规模和结构/实习要求	
3. 专业标准和法规政策	(1) 专业标准(英属哥伦比亚省教师教育、能力和行为规范标准)	
	(2) 法规和政策	《教师法》2. I. 02(a)&(b) ● 48 学分/学时

① 王超. 加拿大安大略省职前教师教育质量监测体系研究[D]. 金华:浙江师范大学,2017:68.

(续表)

维度	内　容
	● 人类发展和学习 ● 教育基础的学习(历史、哲学和社会学) ● 所任教领域的课程和教学学习 ● 评估和测试学习 学科:法规/政策中所纳入的学科领域(仅限中学)
	实习: ● 课程必须包含不少于 12 周的指导实习。大实习需持续 8 周。 ● 实习学校位于英属哥伦比亚省。 ● 实习学生和实习学校的工作人员之间不存在利益冲突。 ● 实习学校的学生入学要求中没有歧视学生的智力或侵犯加拿大公民的人权。 ● 实习学校教授的课程须经过英属哥伦比亚省批准。 ● 实习学校须由持教师资格证书和有资历的教师和校长督管。 ● 实习学校须经过教师管理局的认可、检查和批准
	多元文化:课程必须包括三学分或相当学分的与第一民族、因纽特族和梅蒂斯族学习者的历史和目前背景相关的教学法和事务
	软硬件资源:有适当和充分的图书馆和课程资源、人员的深度和广度、学术研究以及教师教育的机构承诺
	录取标准:有明确的遴选和录取政策,认可学术立场的重要性,符合法规 2.J.01 标准,对英属哥伦比亚省课程内容负责,关注年轻人及其进入教学职业的合适性
	课程内容: ● 教育和教学法内容,提供符合《英属哥伦比亚省教师教育、能力和专业行为标准》深度和广度兼具的知识基础,为职前教师在学校系统准备适合的教学任务。 ● 提供目前研究所得知的教学方法知识。 ● 提供目前研究和有效实践原则的教学方法基础。 ● 认可社会多样化本质的内容,解决整个课程哲学、道德和社会关注的内容,尤其关注英语作为第二语言、第一民族、性别平等、多文化和多种族、有特别需求的学生、性取向、贫穷和社会剥夺、宗教和宗教容忍、移民体验、暴力和欺凌等问题

(续表)

维度		内　　容
		● 教师工作所处的行政、立法和政治框架知识基础。 ● 与教学职业的道德、标准和行为相关的询问和对话。 理论与实践融合： ● 在课程的所有重要领域中融合理论和实践，从而鼓励反思行为的发展。 ● 鼓励反思行为，课程的结构和本质允许反思的时间和机会。 ● 尊重良好的教学和教学方法的适当示范。 ● 确保有课堂教学经验的人来教授教学技能和指导实习。 ● 鼓励教学职业行为中教育理论和研究的发展
		课程审查：教师教育课程处于持续审查的动态进程中，旨在对课程、研究、社会和政府政策方向中的变化适时且精准地实施变革举措并作出有效回应
4. 建议	(1) 选项	选项 A：无须审批。 选项 B：批准或有条件地批准。 选项 C：不予批准。 选项 D：要求正式报告。 选项 E：要求现场考察
	(2) 原因	
	(3) 附加条件	

不难看出，英属哥伦比亚省教师教育课程标准包含了 4 个维度和多个指标内容。4 个维度分别为背景信息、课程设计、专业标准和法规政策、来自教师教育课程审查委员会的评论和建议。背景信息维度含有课程历史/简介、使命陈述、咨询流程和目标/优势 4 个指标。课程设计维度含有课程系列及描述、课程大纲、入学要求/退学/申诉、课程实施/班级规模、结构/实习 5 个指标。

专业标准和法规政策则依据英属哥伦比亚省的《教师法》和教师专业标准，包含《教师法》相关规定、任教学科、实习、多元文化、软硬件资源、录取标准、课程内容、理论与实践融合、课程审查 9 个指标。各个指标又细分为具体的内容，涉及英属哥伦比亚省教师教育课程的规范和实施、教师们应达到的专业标准、法律规定等，其中实习、课程内容、理论与实践融合等内容更为全面和具体，对实习的周数、地址、师生关系、地址、实习学校的资质、师资等均有明确的要求。同时，教师教育课程必须融合理论和实践，将实习与教育研究、教学法、知识和技巧相结合,促进反思。为此,要求课程中必须安排反思的时间和机会,加强优秀教学的示范,由教学经验丰富和教学技能良好的教师来指导实习,提倡教学理论学习和研究。课程内容须符合《英属哥伦比亚省教师教育、能力和专业行为标准》,提供深度和广度兼具的知识基础,确保师范生能完成教学任务。为此,课程中必须有最新的教学方法知识,原则和基础,反映社会多样化的内容,与教师工作环境息息相关的知识基础,与师德、教师专业标准和教师行为相关的探究与对话等。最后是相关建议,由教师教育课程审查委员会根据所提交的教师教育课程方案提出,有 5 个选项,每个选项下设具体原因和附加的条件等。该建议具有较强的针对性和指导意义,是教师教育课程能否通过审批的重要参考。

为了确保教师教育课程的质量和审批效率,英属哥伦比亚省制定了完整的英属哥伦比亚省教师教育课程审批框架,详细规定了审批要求和流程,并考虑到了审批的多种可能性,进而采用不同的处理方式(详见表 4.16)。

表 4.16　英属哥伦比亚省教师教育课程审批流程

审批流程	内　　容
1. 课程联络	(1) 教师教育课程(以下简称为 TEP)向教师监管局(以下简称为 TRB)发送申请新设 TEP 或更改 TEP 的书面咨询
	(2) TRB 向 TEP 提供符合《教师法》第 13 节的适用标准
	(3) TRB 确定课程变更/修订是否符合《教师法》的标准
	(4) TRB 向 TEP 发送书面通知,并把副本发送给工作小组委员会
2. 意向通知	(1) TEP 向英属哥伦比亚省教师委员会提交教师教育课程变更或增加提案的意向通知
	(2) 英属哥伦比亚省教师委员会向 TEP 发确认函,并上交到委员会
	(3) TRB 审查意向通知和支撑材料
	(4) TRB 根据《教师法》中的标准要求为 TEP 提供反馈和提案的内容建议列表,协助 TEP 起草一个正式课程提案
	(5) TRB 要求 TEP 向教师委员会提交正式的课程提案
3. 提交正式的课程提案	(1) TEP 向英属哥伦比亚省教师委员会提交正式的课程提案
	(2) 英属哥伦比亚省教师委员会向 TEP 回复确认函
4. 审查正式的课程提案和提出反馈	(1) 教师教育课程审查委员会与 TRB 合作,审查正式的课程提案,并给出建议

(续表)

审批流程	内　　容			
	(2) 教师教育课程审查委员会和 TRB 就所疑虑的问题询问 TEP			
	(3) 书面答复 TEP	修改：a. 通知修改建议；b. TEP 可选择继续提交原提案或提交修改后的提案；c. 通知 TEP 教师委员会将审议提案		
		无须修改：通知 TEP 教师委员会将审议提案		
5. 课程审查委员会提交报告草案	(1) 教师教育课程审查委员会起草报告，告知英属哥伦比亚省教师委员会审议的建议方案			
	(2) 教师教育课程审查委员会向 TEP 提供报告草案的副本			
6. 英属哥伦比亚省教师委员会审查教师教育课程审查委员会报告	(1) 英属哥伦比亚省教师委员会将审查教师教育课程审查委员会报告			
	(2) 英属哥伦比亚省教师委员会投票表决，提出建议或其他决定	不需要下一步行动	选项 A：无须批准	
			选项 B：批准或有条件的批准	
			选项 C：不予批准	
		需要下一步行动	要求正式报告（直接进入步骤 7）	
			要求现场访察（直接进入步骤 7）	
7. 课程审查程序	要求正式报告	(1) 教师教育课程审查委员会和 TRB 完成课程提案评估，可能要召开现场会议		
		(2) 教师教育课程审查委员会和 TRB 拟定正式报告草案		
		(3) 教师教育课程审查委员会和 TRB 向 TEP 交送正式报告草案作为反馈		
		(4) 教师教育课程审查委员会和 TRB 修改报告中的事实错误		
	要求现场访察	(1) 教师教育课程审查委员会成立课程审批团队（以下简称为 PAT）		
		(2) TRB 向 PAT 提供现场访察		
		(3) PAT 完成课程评估的现场访察		
		(4) PAT 拟定正式报告草案		
		(5) PAT 向 TEP 提交正式报告草案作为反馈		
		(6) PAT 修改报告中的事实错误		

（续表）

审批流程	内　容		
8. TEP 提案的最终决定	（1）教师教育课程审查委员会向教师委员会提交正式报告和 TEP 的官方课程提案		
	（2）教师教育课程审查委员会或 PAT 和 TEP 向英属哥伦比亚省教师委员会陈述		
	（3）教师委员会审议最终报告和正式课程提案		
	（4）英属哥伦比亚省教师委员会决定如何处理	批准课程：无条件	英属哥伦比亚省教师委员会向 TEP 发送书面通知
		批准课程：有条件	（1）英属哥伦比亚省教师委员会向 TEP 发送批准的书面通知以及附带条件的完成时间
			（2）TRB 监控 TEP 的执行情况并汇报给英属哥伦比亚省教师委员会
		不予批准	英属哥伦比亚省教师委员会向 TEP 发送不予批准的书面通知和理由
		要求更多信息	（1）教师教育课程审查委员会和 TRB 或 PAT 与 TEP 就提案进行联系。（2）TEP 将提交提案的其他信息。（3）回到步骤 7
9. 重新审议请求	TEP 可能要求教师委员会重新考虑其否决或有条件批准正式课程的决定。重新审核请求必须在英属哥伦比亚省教师委员会网站上提交给教师委员会，必须提供新的信息，这些信息须得是之前没有列入提案或未经教师委员会审议		

可以看出，整个审批流程非常具体，负责主体明确，权责分明，具有整体性、规范性、个体性和目的性。此外，为了更好地促进教师教育课程审批，英属哥伦比亚省还提供了一系列文件。持续性审核由结构化对话和监管审核流程两部分组成，评估现有教师的情况和课程培养的毕业生是否依然符合英属哥伦比亚省的教学标准。结构化对话每两年进行一次，英属哥伦比亚省教师委员会和教师教育学院不断交流教师教育课程信息，是持续性审核的关键环节。监管审核流程每 5 到 7 年定期开展一次，评估教师教育课程是否符合要求。如果审核流

程中出现严重问题,或者证据超出有效期,就会启动特殊关注协议,以免出现教师教育课程不符合标准、影响职前教师的教学理解和未达到英属哥伦比亚省教学标准的情况。关于职权范围的文件清楚地阐述了教师教育课程工作小组的目的、责任、成员资格和责任。同时,术语表提供申请课程方案和审批报告应使用的语言和词汇,促进形成统一的话语规范。因此,英属哥伦比亚省实际上构建了一个全面的教师教育课程审批框架,审查的流程应教师教育机构申请而启动,评估新课程提案或现有课程的变更能否按英属哥伦比亚省新课程标准和教学标准来培养职前教师。而且教师教育课程审批过后还有定期的、持续性的审查过程和监管审核流程,对课程起到持续性评估的作用。

4.3.2 教师专业资格认证标准

教师资格证书是教师任教的许可证,也是确保教师队伍质量不可或缺的关卡。加拿大各省都制定了教师专业资格认证标准,而且其认证标准随各省教育的发展和教师内涵的丰富而不断优化。英属哥伦比亚省的教师专业资格认证从无到有,从有到细,逐渐形成适合加拿大国情、省情和教育系统发展需要的认证标准。早期,在英属哥伦比亚省任教的人无需经过教师培训或取得任何证书,只需通过省会城市——维多利亚市教育局教育长所规定的知识型考试即可。[①] 试题中包含了高中程度的学科知识,试卷分数的高低决定了教师证书的年限。如果能获得 30 分,则可以取得一年期的证书;如果高于 30 分,则可取得有效期一年以上的证书。后来英属哥伦比亚省先后两次进行了认证标准改革。表 4.17 清楚地展示了英属哥伦比亚省原先的和最新的教师专业资格认证标准的内容。新的教师专业资格认证标准由英属哥伦比亚省教师委员会推动。

英属哥伦比亚省新的教师专业资格认证标准有三个特点。第一,新的教师专业资格认证标准更能满足英属哥伦比亚省现今的教育发展需求。原先的教师资格证书分为专业证书、标准证书、基础证书、发展标准期限证书和土著民族语言教师证书这 5 大类。专业证书和标准证书均颁发给正式教师,终身有效,但在教师教育学习的要求上有所区别。专业证书要求五年制的教师教育学习,而标准证书要求四年制的教师教育学习。基础证书则是颁发给没有接受过正规大学教师教育的老师,这类老师的年龄往往偏大。发展标准期限证书是面向行业

---

① Barman, J. Birds of passage or early professionals? Teachers in late nineteenth-century British Columbia [J]. Historical Studies in Education, 1990(1):17 - 36.

教师,这类教师通常没有大学学历,但要求其有三年的大学学习经历。土著民族语言教师证书不要求学历,申请者只需精通土著民族的语言,而且此证书终身有效。显而易见,原先的教师资格证书认定标准适合教师教育大学化的早期阶段,因为在该阶段仍有较多教师仅接受过师范学校教育,这些老师的教师资格需要得到妥当的认定。另外土著民族语言教师证书的要求过于宽松,教师资格的门槛较低,不利于土著民族语言教师的发展。但加拿大在 1970 年已经基本实现教师教育大学化,在 1961 年到 1962 年期间,英属哥伦比亚省教师教育大学化进程成效斐然,该省 37% 的教师拥有大学学历,在 1960 年代已全面实现教师教育大学化。

表 4.17 英属哥伦比亚省新旧教师专业资格认证比较一览表①

(旧)证书类别	颁发对象及有效期	(新)证书类别	颁发对象及有效期
1. 专业证书	正式教师,五年制大学教师教育	1. 专业证书	所有符合英属哥伦比亚省教师资格条件的 K-12 职前教师,永不过期
2. 标准证书	正式教师,四年制大学教师教育	2. 基础证书	持有加拿大其他省份教师证书但没有达到英属哥伦比亚省认证条件的教师,永不过期;满足英属哥伦比亚省特定要求后,可拥有专业证书
3. 基础证书	没有四年制大学学位而获得认证的年长教师	3. 行业任教证书	只教授某一商业技术领域的教师,永不过期
4. 发展标准期限证书	通常没有大学学历教育的行业教师;三年的全日制大学学习	4. 条件式证书	符合英属哥伦比亚省大部分资格条件,且没有加拿大其他省份或辖区有效证书的申请者;有效期 5 年
5. 土著民族语言教师证书	不需要任何学位。精通土著民族的语言,终身有效	5. 发展标准期限证书	仅限于厨师指导、技术教育、第一国家语言和文化学习等领域,有效期 5 年
		6. 土著民族语言教师证书	精通原住民语言人士,须由加拿大的语言部门推荐
		7. 许可书	没有教师证书但认证主管认定为符合特定时期教学需求的人,有效期一年

① BC Government. Types of Certificates Issued by the Teacher Regulation Branch of the Ministry of Education [EB/OL]. http://www.bcteacherregulation.ca/Teacher/BecomingATeacherOverview.aspx, 2018-03-14.

(续表)

(旧)证书类别	颁发对象及有效期	(新)证书类别	颁发对象及有效期	
		8. 独立学校教学证书	申请独立学校教师资格的申请者	系统限制证书
				学科限制证书
				学校和科目限制证书

这样看来,英属哥伦比亚省原先的教师专业资格认证标准显然已不符合现今的大环境。彼时,加拿大大多数小学教师都接受过至少两年的大学教育,所有教师都拥有学士学位或教育学士学位。[①] 现在英属哥伦比亚省师范学校已经停办,所有的教师教育均在大学内完成,来自其他行业的人员可以通过接续制教师教育进入教师行业,所需时间仅为 1 年左右。同时,英属哥伦比亚省内经济已由原先的农业、渔牧业转向工业、手工业和技术行业,学生未来就业的方向发生改变,英属哥伦比亚省 K–12 教育的学校课程中添设了中学学徒课(Secondary School Apprenticeship,简称 SSA)、职业培训课(Accelerated Credit Enrolment in Industry Training,简称 ACE–IT)等课程。然而,该类课程的师资极为短缺,因为英属哥伦比亚省每年仅培养 25 名能够教授贸易和技术类课程的职前教师,而且他们学习的是简单的知识和技术,缺少实践经验。一方面是高质量的职业技术教师极为短缺,另一方面是由于原先的教师资格证书并没有相关教师的认证标准,具有丰富行业实践经验的人员很难进入英属哥伦比亚省的教师队伍。所以英属哥伦比亚省面临着新的挑战,即缺乏为职业技术人员量身定制的教学证书。[②] 为此,英属哥伦比亚省教师委员会经过长达 7 年的多番会议和磋商之后,改革了该省的教师资格证书,从而优化师资队伍结构,满足整个英属哥伦比亚省教育系统的需求。英属哥伦比亚省教师教育课程随之顺应英属哥伦比亚省教师资格认证标准,设置了申请此类教师认证的课程。比如西蒙弗雷泽大学的专业资格课程和英属哥伦比亚大学的教师提升课程,专门为其他行业人员提供教师教育,帮助他们达到英属哥伦比亚省教师资

---

① Sheehan, N. & Wilson, J.D. From normal school to the University of British Columbia to the College of Teachers: Teacher education in British Columbia in the 20th century [J]. Journal of Education for Teaching, 1994(1):34.

② 林晶晶. 加拿大教师教育改革动态与发展趋势:基于加拿大 BC 省"法案 11"的研究[J]. 教师教育学报,2019(11):111.

格认证的要求。

第二,英属哥伦比亚省教师专业资格认证在优化改革后,其标准分类更加细致清晰,要求更加全面和合理。现今的教师专业资格认证标准针对该省内的教师需求,将英属哥伦比亚省教师资格证书分为公立学校教师资格证书和独立学校教学证书。公立学校教师资格证书分为专业证书、基础证书、行业任教证书、条件式证书、发展标准期限证书、土著民族语言教师证书和许可书 7 大类。每个证书所对应的标准要求按照英属哥伦比亚省教育系统和教师需求而有所更换。专业证书永不过期,持证人可以在英属哥伦比亚省任何学科和年级任教。基础证书颁发给拥有非英属哥伦比亚省教师证书的外省教师,但此类证书自 2017 年 7 月 1 日后不再颁发。因为依照加拿大各省共同签署的《加拿大自由贸易协定》,根据内部贸易协议而获得基本资格证书的教育工作者们在加拿大均可认定为符合英属哥伦比亚省教师资格证书的要求。行业任教证书的持证教师只能在特定的技术领域进行教学,如达到特定要求可拥有专业证书。条件式证书有效期长达 60 个月。该证书颁发给符合英属哥伦比亚省大部分教师认证要求,并且没有获得加拿大其他省或地区教师资格证的申请者。在条件式证书到期之前,教师如果能完成特定的学业要求就能拥有专业证书。持有该证书的教师同样可以任教于任何学科和年级。发展标准期限证书有效期长达 60 个月,但它仅限于特定的专业领域,如厨师指导、技术教育、原住民语言和文化研究,在证书升级到专业证书之前,教师必须完成指定的学业要求。土著民族语言教师证书则颁发给熟练的土著民族语言使用者,其语言能力由土著民族语言局评定。此类证书不可以由教师自行申请,必须由加拿大的语言部门向教师监管局推荐方可获得。许可书则是颁给没有教师证书但认证主管认定为符合特定时期教学需求的人,颁发给特定学校中特定职位的特定人选,有效期仅为一个学年。如果学区或学校急需该岗位的工作人员,可发布招聘广告。一旦符合条件的人选申请该职位,学区或学校必须向认证主任提交雇佣理由,认证主任评估雇佣必要性,并发许可书给相关人员。独立学校教学证书分为三种:系统限制证书、学科限制证书以及学校和科目限制证书。系统限制证书是永久证书,但持证人只可在英属哥伦比亚省蒙特梭利、沃尔多夫学校和幼儿园内教学。系统限制证书颁发给在法国国立法律学院所管辖学校教学的教师。持有学科限制证书的教师只能在英属哥伦比亚省独立学校系统内教授与其中学学科专业直接相关的教学科目。此证书最初有效期长达 60 个月,证书持有者必须在学科限制证书到期之前提供相关教学经验的证明,才能升级到永久证书。持有学校和科目限制证书的教师仅能在其担保机构中教学,以及在与自己的独特生活技能或实践经验相关的科目进行授课。学校和科目限制证书不适用于英属哥伦比亚省英语、人文和特殊教育等学科领域。系统限制证书还设有年级限制,任教年级取决于申请者的资质、培训和经验。此证书有效期长达 60 个月,如果持证教师在系统限制证书到期之前能证明其教学经验,可以升级到永久证书。总体来说,如此全面的教师资格认证充分考虑到了英属哥伦比亚省教师所面临的教育系统的复杂性,大大增强了英属哥伦比亚省教师系统的弹性、丰富性和灵活性,扩宽了英属哥伦比亚省师资队伍的来源。而且每种证书还考虑到了教师职业生涯的动态性和发展性,规定了提升为专业证书的可能性和要求。

第三,英属哥伦比亚省学校系统的所有全职教师、兼职教师和管理人员须持有教育部颁发的教师证书。为了确保申请教师的优质水准,英属哥伦比亚省对于教师资格认定的申请人还制定了必选的教师教育课程、学分总数、所获成绩等附加要求。换言之,拥有学士学位并非意味着一定能获得教师资格证书,只有那些具有一定语言能力、教学技能、教学热情和教学经验的大学毕业生才能获得教师资格证书。英属哥伦比亚省师范生需向教师管理局提交相关文件来申请资格证书,但师范生需要符合教师管理局的以下三个方面的要求:教师教育和学科专业的学习成绩、相关教学经验和适合教授儿童的身体状况,这是教师管理局评估师范生是否符合教师资格标准的主要依据。以英属哥伦比亚省小学教师资格认定为例,申请人必须完成教师教育课程的 48 个学分,当中必须有人类发展与学习、教育基础(比如历史、哲学、社会学)、与教学相关的课程和指导、弱势学生的诊断和服务、评估与测试等课程。同时需要在英属哥伦比亚省内修读 30 个学分的通识课程,其中必须有 3 学分的加拿大研究课程、3 学分的数学课和 3 学分的科学课。职业技术教师除了须有英属哥伦比亚省工业培训局颁发或认可的行业资格,必须达到三级技术水平,还得有至少 5 年的从业实践和行业教学经验。可以看到,英属哥伦比亚省教育部实行了严格谨慎的教师资质把关,申请人如果没有相关教师教育背景、知识和实践是无法获得教师资格证书的。

从上述对英属哥伦比亚省教师资格认证的详细介绍和分析可以得知,英属哥伦比亚省在教师教育改革中对于教师资格认证和证书颁发严格,标准提高,谨慎与灵活兼顾,等级界限明确,种类翔实,还考虑了省际教师交流的资质认可,是一个较全面和合理的教师认证机制,并与英属哥伦比亚省教师教育课程联系紧密。要获得英属哥伦比亚省教师资格认证,教师教育课程的学习是必不可少的要素,也是教师专业能力和学习的证明。

4.3.3　教师专业标准

21 世纪初期,加拿大学习研究委员会发起"21 世纪学习计划"的倡议,引发了全国性的基础教育改革,同时对教师的专业知识、专业能力、专业信念和专业价值观提出了新的要求,泛加拿大教师教育改革的呼声也越来越高。加上当时正值世界各国掀起教师专业标准改革的热潮,加拿大各省纷纷开展以教师专业标准为导向的教师教育改革,以此促进教师专业化发展和教师教育质量,满足基础教育学习和教学模式改革的需要。

2006 年,加拿大全国教育学院院长管理协会发布《教育总协定》和《职前教师教育协定》,倡导各省积极对话,解决教师教育领域内的全国性问题与开展教师教育和教学实践方面的研究。《职前教师教育协定》中的 12 条纲领性原则建立起泛加拿大层面的教师教育认同,提出合格的教师应是好的教育者、领导者和研究者,也是社会实践者和终身学习者,能满足学生的个性化需求,具备应对多元化社会和全球化发展的知识和能力。加拿大全国教育学院院长管理协会的《职前教师教育协定》为各省建立具有共性和相通性的教师专业标准奠定了基础,"较为完备的教师专业标准体系在各省建立起来,成为各省教师教育、教师考核、教育质量提升的重要参考指标"[1]。从表 4.18 中可以看到加拿大教育强省安大略省、英属哥伦比亚省和阿尔伯塔省的教师专业标准情况。

表 4.18　加拿大教师专业标准概览

年份	省份	教师专业标准	制定主体
1997	阿尔伯塔省	《阿尔伯塔省基础教育教学质量标准》	阿尔伯塔省教育部
2000	安大略省	《教师专业实践标准》《教师专业伦理标准》	安大略省教师学院
2006			
2008	英属哥伦比亚省	《专业伦理、权利及实践标准》	英属哥伦比亚省教师协会
2012		《英属哥伦比亚省教师教育、能力和专业行为标准》	英属哥伦比亚省教师委员会
2019			

虽然各省教师专业标准的研制主体不一,但研制主体在标准制定过程中不

---

① 巫娜. 中国—加拿大中小学教师专业标准比较研究[D].重庆:西南大学,2018:55.

断与教师教育各方主体积极展开对话,达成共识。阿尔伯塔省是加拿大首个颁行教师专业标准的省份,该省的《阿尔伯塔省基础教育教学质量标准》关注教师专业实践,是"一套具有连续性、有事实根据的专业判断概念体系"①,基于知识、技能、品性维度对新入职的教师和入职两年的教师进行评定。安大略省颁布的是《教师专业实践标准》和《教师专业伦理标准》,明确教师应具备的专业知识、专业能力、专业信念和专业价值观,引导教师开展持续的专业学习。在英属哥伦比亚省,教师委员会颁行《英属哥伦比亚省教师教育、能力和专业行为标准》,而且英属哥伦比亚省教师协会要求会员遵守《专业伦理、权利及实践标准》。此外,加拿大的教师专业标准随着人们对教师专业认知的不断丰富、扩大以及各省的社会、经济和教育发展进行修订和完善。安大略省在 2016 年将以往的专业标准整合为《专业实践的基础》。英属哥伦比亚省原先的教师专业行为标准由英属哥伦比亚省教师学院在 2008 年制定,但随着英属哥伦比亚省教师学院的解散和该省发展的实际需求,为了确保英属哥伦比亚省学生在持续变化发展的教育环境和真实生活世界中获得成功,英属哥伦比亚省必须确立教师应具备的必要技能、资格和培训。于是,英属哥伦比亚省教师委员会于 2015 年开始修订该省的《教育工作者教育、能力和行为标准》,具体工作由专业标准指导委员会(Professional Standards Steering Committee,简称 PSSC)执行。换言之,现行的《英属哥伦比亚省教师教育、能力和专业行为标准》是在原标准的基础上修订而成,于 2019 年 6 月 19 日正式推出(详见表 4.19)。

表 4.19　英属哥伦比亚省原先教师专业标准和现行专业标准对比一览表②

原先的教师专业标准	现行的专业标准
1. 教育者尊重和关心所有学生,并以学生的最大利益为行为准则。 教育者负责培养学生的情绪、审美、知识、生理、社会和职业发展;保障学生的情绪和人身安全;	教育者坚信学生会取得成功。教育者尊重和关心所有学生,并以学生的最大利益为行为准则。 教育者提供和提倡有助于生理、社会、文化和情绪安全的教学环境。教育者培养学生积极的个人和文化认同,促进身心健康、社会和个人责任感、智力发展,从而推动社会发展。教育者尊重和重视课堂、学校和

---

① Brandon, J. A standard-based assessment of Alberta's teacher growth, supervision and evaluation policy [D]. Calgary: University of Calgary, 1995.

② BCTC. BC Teachers' Council Annual Report 2016 - 2017 [EB/OL]. https://www. bcteacherregulation. ca/documents/FormsandPublications/AnnualMeetings/BCTC_annual_rpt_ 2016_2017. pdf, 2018 - 08 - 07.

(续表)

原先的教师专业标准	现行的专业标准
尊重学生,尊重课堂、学校和社区的多样性;教育者具有自主权和信任权;尊重学生隐私;不可出于个人、性、意识形态、物质和他人利益等原因来虐待和剥削学生	社区的多元化,包容原住民和其他世界观。教师有意义地参与到学生学习之中。教育者要给予学生平等、认可、尊严和尊重
2. 教育者是道德和正直的模范榜样。 教育者需正直,有职业尊严和可信性;能理解教育者个人行为形成公众对教师职业的看法;教育者在任何时候都对自己的行为负责;教育者要知晓英属哥伦比亚省的教育系统和法律	教育者要为人正直,拥有专业尊严和信誉。 教育者是道德和诚实行为的榜样。教育者拥有权力和信任的特权地位。教育者遵守更高的标准,并对他们专业内外的行为负责。教育者对与其职业相关的法律有所了解。教育者了解保密的重要性,并保护学生的隐私,除非法律要求披露。教师不得滥用、剥削或损害学生或未成年人的个人、性、意识形态、物质或其他利益。教育者的个人行为有助于职业整体的形象
3. 教育者要能理解和运用学生成长和发展的知识。 教育者要认识到儿童是学习者和社会个体,并显示对个人学习差异和特殊需求者的理解,这有助于教育者在课程、教学、评估和课堂管理上进行决策	教育者要能理解和运用学生成长和发展的知识。教育者了解儿童如何发展成为学习者和社会存在者。教育者表现出对个人学习差异和需求的理解。教育者认识到文化认同、存在方式和世界观对学生学习的重要性。教育者利用这些知识为课程、教学、评估的决策提供信息,并创造积极、包容的学习环境,以最好地满足学生的个性化需求
4. 教育者尊重家长、监管人、家庭和社区的参与和支持。教育者理解、尊重和支持家长和社区在学生教育中的重要作用。教育者要有效并及时地与家长进行沟通,并认真对待与儿童相关的家长建议	教育者尊重家长、监管人、家庭和社区的参与和支持。教育者理解、尊重和鼓励家长/监护人和社区参与学生的学习和发展。教育者与家长/监护人进行有效和及时的沟通。教育者考虑父母/监护人对其子女的看法
5. 教育者有效地实施课堂管理、规划、教学、评价、评估和报告等。 教育者具备知识和技巧来促进学生学习,并知晓何时寻求外部支持。教育者全面考虑教学的各个环节,并通晓各个环节间的关系;教育者能运用多种教学和评估策略	教育者实施有效的规划、指导、评估和报告实践,为学生学习和发展创造包容性环境。 教育者拥有促进学生学习的知识和技能,包括其学习经历中能反映当地环境和个人情境的地方。教育者重视协作实践。教育者认识并理解教学和学习各方面的相互关联性,能采用各种教学和评估策略。教育者能以英语或法语进行有效沟通。教育者知道何时寻求对他们的实践和学生的支持

(续表)

原先的教师专业标准	现行的专业标准
6. 教育者有广博的知识基础,精通所教学科。 教育者掌握教育和所教学科领域的课程、概念和方法;教育者必须能流利地进行英语或法语交流;教育者带领学生了解加拿大、原住民和全球视野下的相关课程;教育者传递加拿大民主社会的价值观、信念和知识	教育者拥有广泛的知识基础,并了解他们所教授的领域。 教育者了解他们教授的领域的课程和方法。教育者的教学建立在学生的跨文化理解、同理心和相互尊重的能力之上。教育者从加拿大、土著和全球的角度讲授相关课程。教育者培养加拿大民主和包容性社会的价值观、信念和知识
7. 教育者是个终身学习的职业。 教育者参与职业发展和反思性实践,明确教师的职业特点是职业持续发展。教育者在理论和实践中发展和提升个人对教育和教学原理的理解。教育者能发现职业需求并通过个人努力和与他人合作来符合要求	教育者参与专业学习。 教育者参与专业发展、专业学习和反思实践,以支持他们的专业成长。教育者通过可能是个人、整体、经验、协作和关系的学习来确定他们的个人专业需求并努力满足这些需求。教育者通过研究、实践英属哥伦比亚省教育者的标准来发展和完善教育、教学和学习的个人理念
8. 教育者要有职业奉献的精神。 教育者支持、指导或鼓励其他教育者或有志成为教育者的人士。教育者通过大学、专业组织、区和学校的活动或其他方式来分享他们的专业知识	教育者要有职业奉献的精神。 教育者支持、指导或鼓励其他教育工作者和准备进入该职业的人来尊重这一职业。教育者以各种方式贡献他们的专业知识,包括学校、地区、专业组织、大专院校和社区提供的机会。教育者有助于建立合作文化
9. 无	教育者尊重并重视加拿大原住民、第一民族、梅蒂斯人和因纽特人的历史以及过去对现在和未来的影响。教育者为真理、和解和治愈作出贡献。教育者可以更深入地了解原住民的认识方式、历史和文化。 教育者批判性地研究他们自己的偏见、态度、信仰、价值观和实践,以促进变革。教育者重视并尊重语言、遗产、文化和自然世界,教育者将第一民族、梅蒂斯和因纽特人的世界观和观点融入学习环境

从制定目的看,加拿大的教师专业标准不在于检验教师是否符合标准,而是关注这些标准在多大程度上符合教师未来和当前的工作实际。加拿大的教师专业标准往往具有四个目的。其一,促进学生学习和成就,确保学生为进入社会做好准备。因此,加拿大的教师专业标准中处处体现以学生为中心,提出教师要对学生取得成就充满信心,要与学生建立良好的师生关系,"尊重和关心所有学生,并以学生的最大利益为行为准则""要培养学生积极的个人和文化认

同,促进身心健康、社会和个人责任感、智力发展,从而推动社会发展"①。其二,促进教师的专业学习。标准中要求教师应参与专业学习和反思教学实践,确保自身持续的专业成长。"教师应通过个人经验和群体经验的学习以及良好的合作关系来确定个人专业需求并努力满足这些需求"②,为此,教师可通过教学研究、教学实践来发展和完善自身的教育理念、教学理念和学习理念。其三,规约教师的专业行为,这也是教师评估开展的基本依据。标准中的诸多要求指向教师的专业理念、行为、个人修养和师德,要求教师为人正直,有职业道德、职业尊严、职业诚信和职业奉献精神等专业素养。其四,培养教师良好的专业认知和专业能力,要求教师认识、尊重并重视加拿大的多元化文化,"实施有效的规划、指导、评估和教学实践,为学生学习和发展创造包容性环境"③,利用专业知识以及多元文化的认同和理解来进行课程教学和评估。

从话语特征看,新标准的语言表述更具现代性和实践性,具体体现在现代化的话语、更全面的诠释和对原住民教师教育的重视。首先,原先的标准制定于 10 多年前,标准中所使用的语言很难体现和展示加拿大教育的发展和新时代对教师的新要求。"作为英属哥伦比亚省教学专业的卓越基准,新标准综合考虑了英属哥伦比亚省移民、多元文化、个性化学习、课程改革等外部因素对教师的挑战,使用具有现代性的措辞来描述标准及相应阐释。"④同时,新标准还使用了 21 世纪学习中的热点话语,比如个人认同、文化认同、社会认同、多元文化、个性化、包容性、专业成长等。这些语言反映了新标准在制定时考虑到了新时代教学情境的多样性、发展性和复杂性,结合英属哥伦比亚省的省情和新时代对教师的新要求,重新定义了英属哥伦比亚省教师应承担的角色和职责。其次,新标准对原先的每个标准都进行了建设性的补充,使得每个标准的阐释更

① BCTC. BC Teachers' Council Annual Report 2016 - 2017 [EB/OL]. https://www.bcteacherregulation.ca/documents/FormsandPublications/AnnualMeetings/BCTC_annual_rpt_2016_2017.pdf, 2018 - 08 - 07.

② BCTC. BC Teachers' Council Annual Report 2016 - 2017 [EB/OL]. https://www.bcteacherregulation.ca/documents/FormsandPublications/AnnualMeetings/BCTC_annual_rpt_2016_2017.pdf, 2018 - 08 - 07.

③ BCTC. BC Teachers' Council Annual Report 2016 - 2017 [EB/OL]. https://www.bcteacherregulation.ca/documents/FormsandPublications/AnnualMeetings/BCTC_annual_rpt_2016_2017.pdf, 2018 - 08 - 07.

④ 林晶晶. 加拿大教师教育改革动态与发展趋势:基于加拿大 BC 省"法案 11"的研究[J]. 教师教育学报,2019(6):112.

加具体和易于操作。新标准"重视教师在宏观教学环境和微观教学过程中对学生主体性的认识和尊重(标准 1);凸显教师的专业伦理、人生观和价值观的重要性(标准 2);强调为师之本在于丰富的知识和精深的专业知识(标准 3、标准 5 和标准 6)"①,新标准中的标准 4 和标准 7 提出教师应该树立包容开放、分享合作的教学观,在教育工作和实践反思中实现专业成长。这些具体的语言表述有很强的操作性,有利于教师在教学实践中规范个人专业行为,也为教师评估提供了参考标准。最后,加拿大自实施多元文化政策以来,对于原住民民族的文化传承、语言和教师教育都给予了相当高的重视度,认可并重视这些民族在过去、现在和未来对加拿大的深远影响。加拿大真相与和解委员会(the Truth and Reconciliation Commission of Canada)在 2012 年发布的《呼吁行动》(*Calls to Action*)报告中"呼吁应消除土著居民和非土著居民之间的教育和就业差距,为中学后教育机构提供必要的资金来教育教师如何在课堂中融合土著知识和教学方法"②。因此,加拿大的教师专业标准反映了加拿大教师教育的多元文化视角,要求教师要在真理、和解和治愈方面发挥重要作用,要培养学生对土著知识、生活、历史和文化的深刻理解。

为了增加教师、教师管理者和公众对教师专业标准的理解、接受和价值认同,加拿大提供了丰富的支持性资源,有利于教师对照标准进行教学实践和教学反思。英属哥伦比亚省教育部围绕总体标准和每个标准的重点开发了一系列问题,并设计了简短的案例探讨。这些支持性资源的研制着眼于教学的实际问题,注重教师的反思性,所有的案例资源通过问题来呈现,答案为开放性的,每位教师可以结合自身的实际情况和教学理解灵活运用这些标准。比如,英属哥伦比亚省为标准 1 开发了 28 个问题和 14 个案例。表 4.20 仅展示了标准 1 的部分问题和案例。

表 4.20　《英属哥伦比亚省教师教育、能力和专业行为标准》的问题及案例

标准 1 的问题	标准 1 的案例
1. 高效的教育者/申请者如何在尊重学生的同时掌控教室和课堂学习? 如何将这些技能传授给一个最初表现不佳的教育者或申请人?	1. 你一直在观察一位教育者/申请人与一个班级的学生的工作。你开始认为这个人不适合和孩子们一起工作。什么样的证据表明一个人不适合做教育工作者?

① 林晶晶.加拿大教师教育改革动态与发展趋势:基于加拿大 BC 省"法案 11"的研究[J].教师教育学报,2019(6):113.
② 林晶晶.加拿大教师教育改革动态与发展趋势:基于加拿大 BC 省"法案 11"的研究[J].教师教育学报,2019(6):113.

(续表)

标准 1 的问题	标准 1 的案例
2. 在对学生进行一天或一夜的实地考察时,教育者/申请者需要了解他们的角色和责任是什么? 教育工作者/申请人对他/她在野外旅行中保护学生安全的角色了解多少?	2. 在一次海外旅行中,一些中学生因在酒店房间内吸大麻而被报告给酒店领导。其他学生在宵禁前还没有回到他们的酒店房间,而教育督导人员在附近一家酒吧里,酒店经理当时无法联系上他们。在你看来,教育者是否为学生提供了一个安全的环境?
3. 在西方文化中,人们认为有效的交流会包含眼神交流。在你与一位教育者/应聘者的互动中,你注意到他/她总是中断眼神交流。在做出判断之前需要考虑哪些因素? 在不同的情况下你会有什么反应?	3. 在一节旨在认识种族歧视和偏见的课上,一位教育工作者/申请者以具有种族贬损性的名字来称呼班上的少数族裔学生,但没有将这些学生置于具体情境中。教育者/申请者是否违反了标准 1?
4. 教育者/申请人如何表明其对教育者——学生关系中权力不平衡的本质的理解? 这种理解在实践中得到支持吗?	4. 一位教育工作者让一位学生放学后留校,并让学生清洗他/她的车。该教育者是否为了个人的、性的、物质的、意识形态的或其他的利益剥削了这名学生?
5. 教育者/申请人如何表现出尊重学生之间的差异,对群体和个人的需求做出积极的反应?	5. 一位教育工作者/申请者创建了自己的个人网站,在上面发表了他/她对同性恋的看法,声明同性恋是"不正常的",应该寻求"重新定位治疗"。该教育者/申请者是否尊重多样性? 这种行为是否违反了标准 1?

这 28 个问题与教学工作情境紧密联系,为标准 1 提供了多方位的理解和反思视角,而且问题的涉及面非常广泛,既有教师在教学中对学生人身安全和心理健康的保护意识和措施,又有教师在面对来自学生的挑衅和威胁时应该如何应对的探讨与思考;既有教师对课堂学习和教学技能的把控,又有教师在课堂之外对学生的关爱和保护;既有教师在学生和家长面前应展示的师者形象,又有教师应如何树立学生的自尊自信和积极的自我形象;既有教师对教材的批判性思考,又有教师对培养学生批判性思维的关注。案例丰富且具有代表性,涵盖了教师的校内外工作环境,与学生、家长、同事联系和共事的不同场合,教师的个人生活与教学工作的交融等。最重要的是这些问题和案例都是以启发式的提问来设计的,而且没有提供标准答案,目的在于激发教师或申请认证的师范生的独特视角、开放思维和积极思考,结合自身经验寻求答案。不同的人可以将标准 1 视域下的问题用于不同的目的。大学教师可能希望使用这些问题来激发学生之间的讨论或将标准与他们对学生的评估联系起来。已获

认证的教师可以使用这些问题来指导专业发展决策或思考符合标准的道德、理念、教学问题。公众可以使用这些问题来帮助他们理解教师角色的复杂性。

总体而言,加拿大的教师专业标准向公众传达了新形势下加拿大教师应达到的水平,为教师开展教学实践和规范个人专业行为提供了标准,指导教师持续的专业发展学习;同时融合了教师的专业知能、专业伦理和价值观,顺应了加拿大瞬息万变的社会发展和多元化的教学工作现实,对教师专业发展有一定的促进作用。值得注意的是,加拿大在研制教师专业标准的过程中"对话"了教师教育多方主体,使得教师专业标准的施行更顺畅有效,治理效率有所提高。

4.3.4 加拿大教师教育治理政策的逻辑思考

泛在系统层面的教师教育治理主体和各省教师教育治理主体所颁发的政策文件对加拿大教师教育的发展起到了极大的助推作用。尽管教师教育属于各省分别管治的事务,但其教师教育治理政策都不约而同地呈现出了专业化和开放化的趋势,其内在逻辑在于推动教师教育的专业化来提高教师教育质量和基础教育水平,这也是教师教育治理政策全球化趋势的显著体现。

其一,以大学化促专业化。20 世纪末期,各省通过立法赋予大学开发和实施教师教育的权力,各省完成教师教育大学化。作为知识的生产者,大学为教师教育的专业化提供肥沃的发展土壤,大大推进了教师教育的学术性,不再囿于职业技能训练。同时,加拿大全国教育学院院长管理协会所颁布的一系列协议为加拿大大学的教师教育课程开发、设计和实施奠定了基础。各省的法律法规和教师教育相关标准都规定了教师教育课程的必备要素,明确要求教师须参加职后的专业发展,实行教师职前职后一体化专业发展,明确规定所认可的教师专业发展形式及活动。教师教育课程审批标准、教师专业资格认证标准和教师专业标准中对教师应拥有的专业知识、专业素养、专业能力等都有明确的表述。这些标准文件明确规定了教师教育课程必须包含的基本内容:人类发展与学习,教学理论的基础研究,有效教学的方法,反映社会的多元文化、精神、伦理和哲学本质的研究与对话,关于教学伦理、标准和实践的研究与对话,原住民教育,等等。在教师专业资格认证标准中,这些基本内容是获得教师资格证书的基本要求。为了兼顾教师教育的师范性,教育实习的时间不断地增加。政策文件中对于教育实习有硬性规定,最新的要求是"不少于 16 周,大实习必须连续

10 周以上"①。同时,大学所提供的教师教育课程必须能够证明其培养的师范生达到了教师专业标准中所规定的水平,必须有清晰的程序来确保师范生在毕业前符合英属哥伦比亚省的教师专业标准。在课程开展的过程中,大学应持续收集、分析和评估学习过程中的数据,为课程改进和英属哥伦比亚省教师委员会的教师教育课程定期审查提供信息。

其二,加拿大教师教育治理政策具有较高的开放性。"标准的开放程度越高,教师教育者在设计和确定其课程时所能获得的自主程度越高"②,这使得加拿大各个大学的教师教育课程在同质的基础上增加了异质的可能,所以每个大学根据各自的省情和地区需求,开发有特色的教师教育课程。加拿大教师教育治理的政策大多以纲领性的文件出现,并配以文字解释说明。为了便于社会人士和教师教育相关人员更好地理解和运用这些政策,加拿大出台了配套文件。配套文件形式多样,有启发式的开放问题、教学案例、文件模板、指南等。这些配套文件在提供标准的基础上激发了丰富多样的交流和实践。

其三,多元主体合作进行治理在政策中有体现。无论是在加拿大全国教育学院院长管理协会出台的一系列教师教育协议中,还是在省级层面的教师教育政策中,合作伙伴关系都有提及,而且愈发明晰。《职前教师教育协定》中规定应重视大学与中小学之间的合作伙伴关系,有效整合理论、研究和实践,并为师范生提供与其他教师合作、发展有效教学实践的机会。③ 各省的相关文件中则有了更具体的表述,英属哥伦比亚省将合作伙伴定义为能为师范生的专业发展提供内容知识、教学知识和专业素养的学校和社区团体;同时要求合作伙伴共同设计、实施和评估英属哥伦比亚省的教师教育课程,确保师范生得到有效的教学指导,确保师范生对教学有恰如其分的期望以及了解学校和地区范围内的就业情况,确保教师候选人知道何时以及如何获得学区、地方社区、省和联邦资源等。可见,合作伙伴关系作为一个核心概念贯穿在教师教育政策中,而且愈发具体,操作性强。

---

① BC Government. Teacher Education Program Approval Standards [EB/OL]. https://www2. gov. bc. ca/assets/gov/education/kindergarten-to-grade-12/teach/teacher-regulation/teacher-education-programs/tep_standards.pdf, 2022.03 - 29/2023 - 02 - 01.

② 邱超. 全球化背景下教师教育政策的发展趋势:伊恩·门特教授访谈[J]. 全球教育展望,2020 (9):10.

③ ACDE. Accord on Teacher Education [EB/OL]. https://csse-scee. ca/acde/wp-content/uploads/sites/7/2018/05/Accord-on-Teacher-Education.pdf, 2019 - 10 - 11.

综述之,在加拿大教师教育治理政策变迁中,自上而下始终围绕着教师教育的专业化而展开。围绕这一内在逻辑,加拿大教师教育治理政策以标准为导向,用政策为专业化提供保障,确保教师教育课程质量以及持证教师的能力和水平;同时,又能在确保统一标准的基础上,为教师教育课程的多样性和特色提供生长空间,形成合作伙伴文化,共同推进教师教育的良好发展。

4.4 加拿大教师教育治理的实践逻辑:实践与理论并行

4.4.1 "实践与理论并行"模式的提出

理论学习和教学实践是教师教育中的两个基本构成部分,而"理论与实践相结合的纠葛及长久斗争"一直困扰着各国教师教育改革。自 20 世纪 80 年代以来,加拿大"不断深化基于合作伙伴的教师教育改革运动"[①],而大学与中小学之间多样化的合作伙伴关系尤为明显,"这种伙伴关系的建立为未来教师获取教学实践经验提供了广泛的空间"[②]。基于有效融合理论,加拿大的大学提出了"实践与理论并行"(practice-and-theory model)的教师教育模式,建构大学和中小学的合作关系。该模式最初由加拿大女王大学的罗素教授(Professor Russell)、皇家山大学的康纳教授(Professor Connor)、西蒙弗雷泽大学的布洛克教授(Professor Bullock)和麦吉尔大学的迪伦教授(Professor Dillon)等人在加拿大教师教育协会(The Canadian Association for Teacher Education,简称 CATE)的 2019 年年度会议上提出。几十年前,师范教育课程设计中盛行的技术理性主义即"理论付诸实践"(theory into practice)模式,依然主导着加拿大众多大学教师教育课程的设计。"理论付诸实践"模式对教师培养收效甚微是当时教育界的共识,四位教授选取了加拿大女王大学、安大略理工大学、麦吉尔大学和渥太华大学等四所大学的教师教育课程进行改革,提出了"实践与理论并行"这一教师教育课程的新理论及模式,引起了与会者的兴趣和关注。2010 年起,加拿大西部的英属哥伦比亚省、萨斯喀彻温省、阿尔伯塔省和曼尼托巴省,加拿大东部的安大略省和魁北克省,加拿大西洋四省中的新布伦瑞克省等省的大学先后进行了师范教育课程改革。

---

① 谌启标.加拿大大学与中小学合作伙伴的教师教育改革[J].湖南师范大学教育科学学报,2009
(3):74.
② 谌启标.教师教育大学化的国际比较研究[M].福州:福建教育出版社,2008.

4.4.2 "实践与理论并行"模式的内涵

"实践与理论并行"模式的含义是理论学习与教学实践同步开展,交互进行,实践学习贯穿于整个师范教育的过程,该模式的核心在于解决以往教师培养中理论与实践脱节的问题,提高其专业知识和教学实践能力。依照"实践与理论并行"的原则,他们不仅重新设计了课程结构,而且将其贯彻到实践课程和理论课程的开设时间、形式和指导上。至此,中小学开始在教师教育课程中发挥不可或缺的作用。"实践与理论并行"模式背后的理论假设是,只有借助个人的教学实践,师范生才能更好地理解和掌握理论。"实践与理论并行"模式与"理论付诸实践"模式的教师教育课程设计有着本质上的区别(详见表4.21)。

表 4.21 "理论付诸实践"与"实践与理论并行"师范教育课程设计比较①

构成要素	"理论付诸实践"模式	"实践与理论并行"模式
师范生知识的本质是什么?	师范生将来教授的是命题性知识,其含义可以在没有教学经验的情况下理解	师范生的实践性知识涉及想象、情感、价值观和经验,以及在命题中表达的知识。如果没有个人实践经验,他们就不能完全理解理论
师范生对教学的理解是什么?	师范生对教学知之甚少。他们学习理论和其他教学概念,并运用到之后的实践教学中	师范生有大量指导他们初步行动的教学意向。他们无法获得伴随教学行为的思想。只有在实践经验中,他们才能学会将思想和行动联系起来
师范生的教育价值观有多强烈?	师范生在改善教学方面的价值观脆弱,极易受到学校内不良做法的影响。课程应该教育他们避免不加批判地采用现有的做法	师范生的教学价值观强烈,并以其前教师的形象为基础。他们可以并且确实将这些价值观应用到现有的学校实践中,就像他们将这些价值观应用于分析教育课程的教学一样
师范生需要多少经验?	短期经验(2～3周)足以实践从师范教育课程中获得的知识	扩展的经验支持并巩固了学习经验;通过建立个人信心,师范生可以更好地准备教学

① Russell, T. & Martin, A. Comparing fundamental conceptual frameworks for Teacher Education in Canada [A]. Thomas, L. What is Canadian about Teacher Education in Canada? Multiple Perspectives on Canadian Teacher Education in the Twenty-First Century [C]. Canadian Association for Teacher Educators, 2011:16.

（续表）

构成要素	"理论付诸实践"模式	"实践与理论并行"模式
师范生能否从自身经验中学习？	必须告诉师范生如何思考理论和经验。由有更多经验的人来告诉他们如何改进教学	师范生可以并且必须进行自我思考。他们了解从别人的经历中学习的价值。其他重要的人包括导师、教师和同学
师范生如何从经验中提高自身水平？	因为学校指导师范生为他们提供了实用技巧，师范生随着经验的积累而改进。（一些教师认为教育课程中教授的内容不切实际）	学校指导师范生提供建设性的批判，师范生学会从批判的角度来看待自己的做法。他们的成长由其个人价值观和选择教学职业的理由所驱动

从师范生的知识本质看，"实践与理论并行"模式的教师教育课程设计不再局限于由大学向师范生传授命题性知识，而是更加强调实践性知识。从师范生的教学理解看，在"理论付诸实践"模式中，师范生如同一张白纸，在大学的课程教学中先被教学知识填满，然后再到中小学运用所学知识，开展教学实践。他们在教学过程中始终处于被动学习的状态，大学的教师拥有绝对的权威。而"实践与理论并行"模式基于如下两种理论假设：一是师范生的教学理解是丰富的、个性化的和需要引导的；二是在实践中，仅靠教学行为是无法形成科学系统的教学理解的，它需要通过设计将大学中的课程学习和在中小学的教学实践有效结合，将师范生的个人行动和理论学习融合起来。从师范生的价值观看，"理论付诸实践"模式对学习预设得过于单一谨慎，认为师范生的教学价值观是脆弱的，易受到中小学教学中不良做法的影响。因此，该模式在教师教育中特别强调正确的教学价值观的学习，以帮助其避免不加批判地采用现成的做法。"实践与理论并行"模式充分考虑到了其原有的教学参照框架，通过高度整合理论和实践环节，设置同步的探究研讨课程让师范生在理论学习和实践活动中保持不断的对话和学习交流，并提供大量批判反思的机会，以充分表达其想法，验证先前的教学理解，干预这些先验知识，使其对教学的复杂性有更深入的了解，从而重塑自己的教学认识。"实践与理论并行"模式将实习看作连接思想和实践的中间环节，是师范生从学生角色转变到教师身份的过渡区域，这个区域允许其逐步采用和更新教学专业的新视野。总之，在"实践与理论并行"模式中，教育实习具有巨大的变革潜力，它被设计为改变师范生教学成见的机会和实践过程。

从师范生所获得的经验看，"实践与理论并行"模式显然要优于"理论付诸实践"模式。运用"实践与理论并行"模式在中小学开展的扩展实习能更好地支持和巩固师范生的学习经验,帮助其建立信心,更好地准备第一年的教学。如此,师范生在教师教育开始阶段便能拥有可分析和可解释的第一手经验,有利于其确定未来需要发展的技能和概念,对于后期教学概念的理解和理论学习也具有重要的促进作用。实际上,在这一阶段,师范生只有拥有情境化的经验之后,才能从中提取出概念。与此同时,拥有丰富的教学实践及经验能使师范生在面对与其在实践中所获得的知识和技能不符合或不相一致的课程内容和教学法时,保持敏感性,从而对这些经历形成批判性立场或观点,并使其教学能力和对学生学习的敏感度不断提高,从更广泛的角度认识教育活动。

从师范生能否从自身经验学习看,"理论付诸实践"模式是由他人来告知其如何思考理论和经验以及如何改进教学,"实践与理论并行"模式则充分考虑了师范生作为成人学习的特点,即其拥有自我概念并能独立思考,具备从自己和从指导教师、中小学教师、同侪等他人身上学习的能力和价值。因此,"实践与理论并行"模式强调在经验中开展批判学习,在实践中理解理论知识,利用理论分析教学行为从而改进实践。从师范生如何从经验中提高自身的水平看,"理论付诸实践"模式是由大学指导教师负责提供实践技巧,师范生随着经验的不断积累而在专业上有所成长,从本质上说,它是一种基于理论和前人经验的学习;而"实践与理论并行"模式是一种批判性的教师教育方法。大学指导教师不再是师范生知识的唯一和权威来源,中小学的指导教师与大学指导教师积极沟通,并通过观察反馈、对话交流、适当指导的方式提供建设性的批判意见,师范生由此学会用批判的视角来看待自己的教学假设、期望、价值观和信念,在与指导教师和学生的互动之中重新塑造个人的教学参考框架,对从事教育活动有更清晰和明确的目标和坚持。

不难看出,"实践与理论并行"模式的顺利实施依赖于中小学与大学的合作程度、课程设计及管理,中小学课程深度融入大学的教师教育实践类课程和非实践类课程,提供来自教学实践的阵地、一手的教学实践经验和有力的教师指导。下一小节将以英属哥伦比亚省英属哥伦比亚大学的教师教育课程作为案例,从中一窥"实践与课程并行"模式的课程设计、中小学与大学的合作方式及实施路径。

4.4.3　"实践与理论并行"模式的实践

"实践与课程并行"模式将"课程结构确定为教育实习与理论课程同步进

行,且教育实习贯穿于整个师范教育课程学习之始终,同时理论课程学习内容紧紧围绕着师范生的教育实习而展开"①。表 4.22 为英属哥伦比亚大学的中小学师范教育课程方案,从中可以看出教育实习与理论课程学习的结构方式及紧密程度。

表 4.22　英属哥伦比亚大学中小学师范教育课程表

课程	冬季第 1 学期 (20 学分)	冬季第 2 学期 (33 学分)	夏季第 1 学期 (1 学分)	夏季第 2 学期 (6 学分)
实践课程 必修课	校本实习(每周一访)(1 学分); 校本实习(2 周实习)(1 学分); 探究研讨课 I(2 学分)	校本实习(每周一访)(1 学分); 校本扩展实习(12 学分); 探究研讨课 II(2 学分)	社区实践体验(1 学分)	探究研讨课Ⅲ(2 学分)
理论 必修课	人类发展、学习及多样性(3 学分); 加拿大原住民教育(3 学分); 教育、学校及社会机构(3 学分)	课堂评估和学习(2 学分); 培养支持性的学校和课堂环境(1 学分); 教育、知识和课程(1 学分)	无	伦理与教学(1 学分); 普通课堂的发展性与特殊性(3 学分)
	英语作为第二语言的教学:小学(2 学分)	法语作为第二语言的教学:小学和初中(2 学分,法语专家团队另选); 读写实践和评估:小学(2 学分)	无	无
	课堂话语:小学(3 学分)	法语作为第二语言的教学(法语专家团队选读,4 学分); 艺术—小学:课程与教学(2 学分); 数学—初中和小学:课程与教学(2 学分); 音乐—小学:课程与教学(2 学分); 科学—小学:课程与教学(2 学分)	无	无
选修课	体育—小学:课程与教学(2 学分); 社会研究—小学:课程与教学(2 学分)			

---

① 刘正伟,林晶晶.实践与理论并行:加拿大师范教育改革的探索[J].教育发展研究,2021(9):38.

4.4.3.1　调整教育实习时间和长度,实习安排个性化

如表 4.22 所示,从课程结构和内容设置看,在"实践与课程并行"模式中,中小学的教学实践环节和经验反思被置于加拿大教师教育课程的中心。加拿大教师教育课程中每一学期都由大学的课程学习和中小学的教育实习两个部分构成,总共 60 学分,其中实践课程占 22 学分;非实践类课程大多是与中小学教学相关的专业知识课程、教育基础课程和社会人文课程,为师范生的教学理解和实践反思提供知识基础和理论准备。为了更好地融合理论与实践,教育实习被提前到第一学期初进行,并且贯穿了整个师范教育过程。在实习过程中,理论课程以并行的方式进行,而实践类课程被设定为师范生能否进入下一学期课程学习的准入门槛:只有通过了校本扩展实习的学生才可以参加社区实地体验,而社区实地体验又是夏季学期课程的先修课程。如此一来,师范生与中小学校的教学环境、一线教师和课堂教学有持续的、动态的、灵活的、全面的接触,有利于其对未来教师职业和实践工作形成生成性的教学理解和智慧。

英属哥伦比亚大学教师教育课程的实习包括校本实习、校本扩展实习、社区实践体验三个模块(详见图 4.5),贯穿于教师教育课程四个学期中的前三个学期。实习安排在中小学进行,由少及多,由浅入深,而师范生的教学任务、责任和期望也随着其在实习中的具体表现而增加或调整。

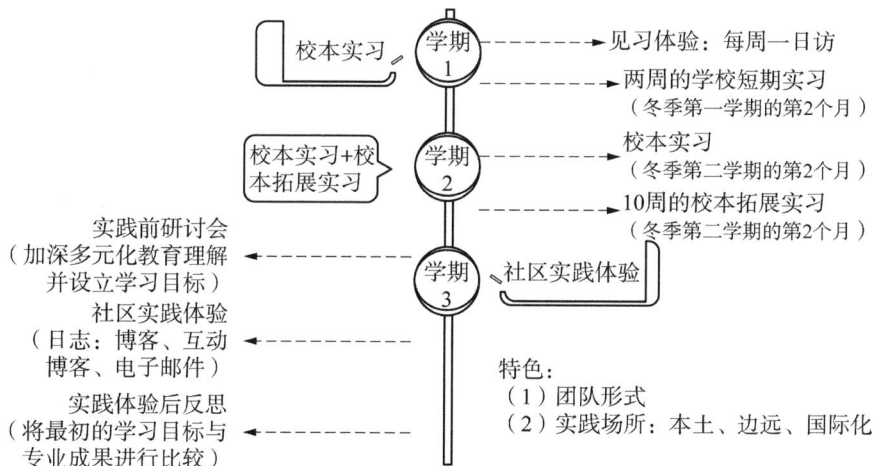

图 4.5　英属哥伦比亚大学实习安排一览图

英属哥伦比亚大学的校本实习实施个性化安排,按师范生所选择的学习团队(cohord)来分配。小学教师教育课程中的师范生须在注册时选择一个实习

团队,每个团队将被分配到特定的地理区域;而中学教师教育课程中的师范生则根据各自选定的教学学科和时间表,被安排到有教师需求的学校,同样以团队的形式进行。第一学期和第二学期的校本实习涉及见习体验、两周的学校短期实习和 10 周的长期实习,这三个环节共同构成,环环相扣,步步深入(详见表4.23)。

表 4.23 英属哥伦比亚大学教师教育课程(小学)实习活动详览表①

实习设置	时间	活动内容
每周一次的探访	冬季第一学期(9 月至 12 月)EDUC 315(必修课程)	1. 观察各个年级的课堂教学; 2. 了解学校的理念和文化; 3. 熟悉图书馆和资源中心; 4. 观察学生在教室、体育馆、游乐场以及其他相关场所中的表现; 5. 与学生交谈; 6. 与老师和其他专业人员交谈; 7. 为一组学生或全班学生朗读; 8. 听学生朗读并关注他们对语言的使用;
	冬季第二学期(1 月至 3 月)EDUC 321/323(必修课程)	9. 收集与课堂活动有关的学生"艺术作品"(绘画、书面作品等)或复制品,并用以评估学生的学习情况; 10. 与其他师范生或课堂老师共同开展课堂活动; 11. 与学生个人或学生小组合作; 12. 设计和教授短期的小组或全班活动/课程; 13. 与中小学和大学教师讨论观察所得和经历; 14. 与学校和/或地区人员(例如图书管理员、校长、地区协调员)一起参加研讨会,开始为专业发展设定目标
两周的秋季实习	冬季第一学期(9 月至 12 月)	在为期两周的实习的第二周内,分配了 20%(每天 1小时)的最小教学工作量
10 周的扩展实习	冬季第二学期(3 月至 6 月)EDUC 418 和EDUC 419	1. 参加各种教学和观察活动; 2. 参与评估他们自己的教学实践; 3. 系统地和分析性地反思专业和教育社区中的教学; 4. 承担 80%的教学工作量; 5. 如师范生以 80%的教学工作量成功完成了四周的学习,逐渐减轻其教学负担,改为在教室里协助或观察他们的学校导师;

---

① UBC. Practicum [EB/OL]. https://teach.educ.ubc.ca/bachelor-of-education-program/practicum/,2019-03-02.

（续表）

实习设置	时间	活动内容
		6. 在整个扩展课程中,师范生应根据学校导师和大学导师的指导来准备课程和单元教案,并至少提前 24 小时分享其课程教案,以便在必要时进行更改; 7. 师范生的单元教案必须至少在授课一周之前获得批准
为期三周的社区现场体验	夏季第一学期 EDUC 430 （6 月至 7 月）	1. 与社区合作伙伴见面或沟通,明确 3 周体验的目标并不一定是在课堂环境中进行教学; 2. 每周 5 天参加现场体验; 3. 始终遵守《教师教育计划政策与准则》和《实践专业行为》中概述的专业行为; 4. 达到《社区现场体验师范生指南》中提出的期望; 5. 遵守出勤和参与政策; 6. 以学生志愿者身份无偿与社区合作伙伴共事; 7. 与以前从未合作过的社区合作伙伴合作; 8. 积极参与实习的各种活动,并完成与实习相关的所有任务; 9. 与同事就指定项目进行合作(如果需要); 10. 确保在社区现场体验结束时,社区合作伙伴已完成并提交了社区合作伙伴评价表; 11. 定期将其对社区现场体验的观察、问题和思考传达给其大学导师

　　第一学期的校本实习课中包含两项任务,分别为每周一日访和两周的短期实习。第二学期则开设校本实习课和校本扩展实习课。这个学期的校本实习课仍要求每周安排一天到中小学参访;而校本扩展实习课则要开展长达 10 周的实习。每个实习环节的教学目的和做法也是各具特色。在新学年开始时,师范生就开始了实习前体验,他们通过每周一日访和两周实习来观察中小学,并参加主要的教学活动。每周一日访一直持续到第一个冬季学期结束。师范生在每周一日访中得以观察不同学校、学区的优秀教师和课程,增进了其对教学、学习、探究和反思的专业理解。

　　两周的短期实习通常安排在学期开始后的第 2 个月,师范生在了解课堂学习后,逐渐参与到教学计划、教学、评估和报告等教学活动中。在两周的实习之后,师范生可以通过每周一日访来与中小学指导教师和学校保持联系,为后期的长期实习做好准备。10 周的长期实习是师范生展示自己是否能够承担新教师的责任的机会。师范生在实习过程中逐渐增加课程和教学责任,教学责任最终达到执业教师的 80% 的工作量。第三学期，即夏季第一学期，安排了 3 周的社区实践体验。社区实践体验意在帮助师范生作为课堂教师在教育和社会的联系之下来理解和扩展他们对未来工作场所的概念，以及如何融入这个工作场所。社区实践体验是一门必修课，由三个部分组成：实践前研讨会、社区实践体验和实践体验后反思。在实践前研讨会中，师范生和教师顾问将面对面地讨论他们的社区实践安排，鼓励教师考虑师范生教育背景的多样性，以及这些背景如何影响他们对教育学和教师身份的理解。在社会实践体验过程中，师范生须完成一份日志，日志格式将在实习前讨论后确定，形式可以是博客、论坛、电子邮件等。日志须将他们的课程理论与他们基于社区（或其他学校）的实习经验联系起来。实践后的反思要求师范生将他们最初的学习目标与专业成果进行比较。

4.4.3.2　探究研讨课贯通大学理论学习与小学教学实践

为了更好地开展教学反思活动，加拿大教师教育课程在每个学期中专门设置了探究研讨课。探究研讨课是贯连大学课程和中小学教学实践的重要课程，在加拿大教师教育课程中起着十分重要的作用。在师范生开展实习的同时，大学分别开设探究研讨课Ⅰ、探究研讨课Ⅱ和探究研讨课Ⅲ。每个学期的探究研讨课的教学目标各有侧重，呈现了逐步引导、深入的研讨和教学的序列。师范生只有拥有一定的教学实践经验，才有可能对所学的理论知识产生共鸣和火花，教学设计围绕教学实践所得、所思、所想展开探究研讨。探究研讨课及时促进学生将见习观察和实习实践中的所见、所察、所感、所思与理论相互呼应，与同伴、大学导师和中小学教师相互交流，教学能力在理论知识和实践知识中不断完成建构。这是遵循了"在行动中反思"而不是"事后反思"的模式。实习并不只是运用知识的场所，还是产生新知的宝地，把中小学变成"新的学习场所而不是运用大学课程中所学知识的地方"①。

探究研讨课Ⅰ在 13 周的课程里安排了 10 个主题及一系列指导性问题（详见表 4.24）。这 10 个主题分别是"通过探究镜头重新构想学习、探索教师探究、产生探究问题——发起小探究、通过探究参与专业学习、扩大视野、进行观察、发现关键问题、形成探究、探究开题报告、分享探究开题报告并获得反馈"。

---

① Dillon, D. & O'Connor, K. What should be the role of field experiences in teacher education programs? [A]. Falkenberg, T. & Smits, H. Field Experiences in the Context of Reform of Canadian Teacher Education Programs [C]. Winnipeg: Faculty of Education of the University of Manitoba, 2010:117 - 146.

每个主题分别围绕"探究立场、发展探究思维、教师的问题、教师与儿童和同事的对话、教师与学术界和专业界的对话、观察与注意、做出教师决策、确定重点并寻找资源、确定理解框架、如何分享探究开题报告"等话题展开，旨在帮助师范生了解什么是探究，如何激发探究研讨兴趣，并选定探究问题。在大学指导教师的指导下，在探究研讨课Ⅰ中，师范生通过单独、结对或小组等方式在课堂内外完成阅读、小组阅读、小型指导式探究、与探究相关的教学、探究开题报告等任务。

表 4.24　探究研讨课Ⅰ主题及指导性问题①

主题 1：通过探究镜头重新构想学习	
话题	探究立场
指导性问题	什么是探究？我对"探究立场"有什么了解？ 什么是教师探究？什么是学生探究？ 探究学习的目的和影响是什么？
主题 2：探索教师探究	
话题	理解和探索教师探究：发展探究思维
指导性问题	教师探究的要素有哪些？ 教师探究的目的和影响是什么？ 教师探究与教师研究之间的区别是什么？ 在我看来，探究过程是什么样的？
主题 3：产生探究问题——发起小探究	
话题	教师的问题
指导性问题	教师问什么样的问题？ 教师的问题来自哪里？ 什么样的问题使我深刻思考？
主题 4：通过探究参与专业学习	
话题	教师与儿童和同事的对话
指导性问题	教师带着问题做了哪些事情？ 可以进行哪些类型的对话，与谁进行对话，以及在什么情况下进行对话？ 专业学习社区和在线专业社区在教师学习中的作用是什么？ 教师（和我）要注意什么？为什么？

---

① UBC. Inquiry Seminar I, II and III［EB/OL］. https://teach. educ. ubc. ca/students/courses/2021-22-elementary-middle-years/, 2019 – 03 – 05.

(续表)

主题 5:扩大视野	
话题	教师与学术界和专业界的对话
指导性问题	教师以及个人为什么以及如何丰富对课堂问题的认识？ 他们用来构建教育研究的主要观点是什么？ 教师如何确定和评估文献研究中的论点？
主题 6:进行观察	
话题	观察与注意
指导性问题	我的观察发现了哪些问题(关于课程、教学、学习、学生、环境)？ 我在观察某些教师(和我本人)时发现了哪些问题(涉及每个人的价值观、假设和兴趣)？ 观察对被观察者产生了什么影响？
主题 7:发现关键问题	
话题	做出教师决策
指导性问题	在为学生创造学习条件时,教师会考虑哪些事情？ 教师如何对自己的行动做出良好的判断？ 教师可以收集哪些信息评估自己的行动？
主题 8:形成探究	
话题	确定重点并寻找资源
指导性问题	我对教育、学校、教学、学习和课程有什么疑问？ 这些问题为何重要,对谁重要？ 我将如何探索自己的兴趣？ 我应该寻找哪些资源？
主题 9:探究开题报告	
话题	确定理解框架
指导性问题	什么价值观激发了我的探究？ 我目前对研究对象有什么看法？ 在有研究相似问题人士的情况下,我的探究可能会如何定位？ 我和我的专业与该主题有什么联系？
主题 10:分享探究开题报告并获得反馈	
话题	如何分享探究开题报告？
指导性问题	教师进行研究时会产生哪些伦理问题？ 我可以在聆听别人当中学到什么？ 我下一步要做什么？

探究研讨课Ⅱ是探究研讨课Ⅰ的延伸,师范生围绕探究研讨课Ⅰ中所确定的选题进行深入探究,结合其教学实践来探索理论和实践之间的关联,与教师同侪分享其在教学实践中所遭遇的教学认知冲突、教学困惑和教学感受,进而

触发教学反思;可以说,探究研讨课Ⅱ着重关注的是师范生的反思过程,关注的是教学理论与教学实践之间的联系、师范生的教学认知重塑以及教学和学习过程中疑难困惑的及时沟通和解决。课程实施的方式也十分多样,师范生在课程中通过多媒体技术、教学博客、小组座谈等方式分享其探究体会和教学成果。探究研讨课Ⅱ有助于帮助师范生对其确定的选题开展实质性的钻研,有机结合探究选题、理论学习和教学实践,促进师范生与同侪、大学指导教师和其他相关人士进行批判性互动,在反复协商和合作沟通之后,每个人都形成独特的、个性化的学习设计,并形成开题报告。探究研讨课Ⅲ安排在最后一个学期,此时师范生已完成了基本的教育理论学习、教学观察、教学实践、教学思考和教学探讨,所以探究研讨课Ⅲ的作用就是提炼升华;在这个阶段,大学指导教师继续为师范生提供相关阅读书目,师范生在阅读的过程中对其教师教育学习生涯重新进行审视和反思,同时借助在教学实践中所积累的经验和大量实例,理性分析教学专业、专业知识、教学承诺及责任、自我认知、教学信念和教学专业标准等一系列更具专业性的问题,对上述问题在复杂的教学情境中以何种形式出现,对教学有何影响和作用开展批判性反思。这种批判性反思既要面向自我的教学实践,还要针对他人的教学实践,并在课堂上分享和展示自己的批判反思,撰写相关论文;同时预测自己在未来的教学生涯中可能面临的困难,思考如何积极应对,并对未来的专业发展开展自我规划。显而易见,在加拿大教师教育课程中,这三门探究研讨课是"一个由低到高、由浅入深、循序渐进的教师教育专业学习旅程,将课程或研讨与实习经验相连接,促进师范生对教与学的分享、交流和反思,探究和激发行动中的反思"[1]。

4.4.3.3　非实践类课程与中小学教学实践经验的紧密结合

在"实践与理论并行"教师教育模式中,非实践类课程亦与中小学教学实践紧密结合,相辅相成,形成"理论—实践—探究"的反复多向知识循环,为未来教学实践提供了支持。师范生在"形成教学假设—教学行动实践(验证)—打破教学假设—反思/聚焦问题—重塑教学认知"的过程中初步完成师范教育的专业知识构建。理论课程围绕着 who、what、how、where 和 why 设置,从学习者是谁、课程该教授什么内容、该如何教学、教学场所在哪里、为什么而教这 5 个方面构建教学理解和专业知识,夯实教学基础,并与教学实践产生紧密联系,提供教师实践支持。这一模式"摆脱强调学术准备的规范和与学校经验松散联系的

---

① 刘正伟,林晶晶. 实践与理论并行:加拿大师范教育改革的探索[J]. 教育发展研究,2021(9):40.

课程。它必须转向完全基于临床实践并与学术内容和专业课程交织在一起的课程"①。

以英属哥伦比亚大学小学师范教育中的"课堂话语：小学"课程为例，该课程的教学目标是如何培养儿童成长为语言的学习者，师范生需要拥有哪些知识、技能和态度来教授适合儿童需求的语言和读写课程。课程分主题开展学习，涉及语言发展和言语、早期读写学习，以及读写文本和材料，既有理论阅读与学习，又将指导实地观察和体验当作课程对话的重要组成部分，通过指导和作业将实地经验融入该课程的理论学习之中。比如"儿童语言的多样性"和"阅读指导"两个主题的学习均设置了实地问题（field question），其中"儿童语言的多样性"要求师范生通过采访一位中小学教师来了解其通常用来收集儿童语言和读写能力发展信息的工具，以及如何组织这些信息并与儿童的家长沟通分享；"阅读指导"要求其运用所学专业知识在课堂中持续观察并记录一名儿童的阅读表现，确定和选择适合该儿童的阅读文本和指导，分析其在多大程度上能够使用和调整文本中的语音、语义和句法。而课程作业十分注重师范生的理解、交流和展示技能的培养。该课程的作业为个人的语言和读写自传以及撰写教案。个人的语言和读写自传分成三个部分。第一部分以纸质文本提交，师范生需搜索至少三种不同的读写定义和类型描述，说明其如何定义读写能力，还需要罗列其掌握的三个独特的知识领域及内容，并说明这些知识领域是否符合其既定的读写能力定义。之后，结合维果茨基的社会建构主义学习模型和知识领域，师范生需要讨论拟采取的步骤，其受谁的启发以及如何才能让自己达到更高的水平。作业要求写出师范生选择的专业领域中的术语，描述并命名参与其分享的群体，以及不参与分享的人们如何看待其在这些领域的兴趣和知识。第二部分则以小组演讲的形式开展，师范生需要运用数字工具，富有创意地制作 3～5 分钟的视频演讲，选择一个知识领域探讨其看法，并详细回答第一部分中的问题、其学习读写的方式以及掌握读写如何使其成为社区成员。同时，师范生需确保其在作业中所使用的读写定义、术语和特定词汇相一致，还需要将演示文稿上传到课程网站，并与小组成员共同分享交流。第三部分的作业要求在课堂上完成，师范生需要与大学指导教师共同探讨并反思课程学习过程，尤

---

① National Council for Accreditation of Teacher Education. Transforming Teacher Education Through Clinical Practice: A National Strategy to Prepare Effective Teachers ［R］. Washington, 2010.

其关注其从自传中所学的读写知识与成为一名教师之间的联系。反思需要包括对各种读写能力的认识,如何帮助其确定具有不同知识技能和水平的学生,以开展差异教学。师范生还需检视诸多问题,比如经验如何增强或限制了其与多元化背景学生之间的教学关系;文化如何影响个体的读写信念和行为;小组讨论如何加深了其对该领域的理解以及其对未来教学生涯的憧憬及困难的预测等。

　　显而易见,中小学的教学实践作为一根主线,将课程或研讨与实习经验联系起来,探究激发行动反思,而反思能极好地使理论和实践产生互动。早期的实地经验和实时反思经验能使师范生在理论和经验之间建立明确的联系,为培养实践智慧提供背景[1],在大学中通过反思在理论和经验之间建立这些明确联系的能力应该成为实践的焦点[2]。

4.4.3.4　有力的合作指导框架

　　加拿大为"实践与理论并行"教师教育模式的保障实施搭建了良好的指导教师支持系统。加拿大要求指导教师应至少拥有 5 年的教学经验和具备足够的知识和指导能力,能重新认识和调整教师教育课程和实践的教学目标和教学方式,牢固掌握并运用复杂的专业技能,诸如观察、反馈、评估、促进反思性实践的能力、建立支持性和发展性的指导关系、展示良好的职业道德和态度等等。大学指导教师必须具有中小学任教经验,应能"凭借理论性和研究性等核心文化因子,前瞻性、批判性地审视一线实践,对中小学教育教学始终保持一定的张力和引导力;中小学指导教师则须能依据实践性和日常性的文化因子,辩证地对教育理论和自己的教学实践做出理性追问"[3]。为此,加拿大各省的教师教育机构专门创建了中小学教育实习指导教师人才库,省内符合条件的教师经过申请和遴选后入库以备实习选用。众多教师教育机构开始注重规范和支持实习指导教师的工作,并提供充分的福利来吸引优秀的教师加入人才库。比如,英属哥伦比亚大学的师范教育课程专门建立了中小学教育指导教师线上资源网站,明确规定大学指导教师和中小学指导教师的职责,并就指导教师如何指

① Russell, T. & Dillon, D. The design of Canadian teacher education programs [A]. Falkenberg, T. Handbook of Canadian Research in Initial Teacher Education [C]. Ottawa: Canadian Association for Teacher Education, 2015:151 - 166.

② Schön, D. A. Educating the Reflective Practitioner: Toward a New Design for Teaching and Learning in the Professions [M]. San Francisco: Jossey-Bass, 1987.

③ 李斌辉,张家波. 职前教师需要什么样的教育实践[J]. 教育发展研究,2017(6):49.

导师范生进行教学录像,对如何开展交叉检查、监察报告和反馈评价给出了具体的建议和资源。同时考虑到大学指导教师和中小学指导教师分处于两个不同的教学场域,在教学理解、专业技能和实践学习方面势必存在各自的认识,而且其隶属于不同的工作机构,甚至相隔甚远,因此实施"实践和理论并行"模式的教师教育机构专门设置了课程协调员,承担两位指导教师间的沟通和反馈工作,确保他们开展深度合作,从各自的专业知识和实践场域共同实施具有持续性、多向性、综合性和高效性的互动反馈,根据师范生的具体表现和问题制订跟进式和生成式的个性化实习方案。此外,加拿大各省亦采取多种活动来促进实地经验的转化,部分省的教育部、教师协会和大学共同举办了"实习指导教师和实习生研讨会",促进师生双方的理解、沟通和配合。英属哥伦比亚大学教师教育学院每年12月举行"师范生专业发展会议",精心安排了学术演讲、专业发展研讨会和学区人力资源讨论会,并将此会议确定为实践类课程必须参加的活动,以使师范生从多方面接触和了解早期的教师职业生涯。

第 **5** 章

加拿大教师教育治理经验

本章分析了加拿大教师教育多元主体治理的成功实践。加拿大通过形成教师教育联动共同体、建立合作伙伴关系和完善联动机制,逐步实现了治理的专业化和教学治理的实践转向,同时注重自我指导式专业发展的重要性。这些经验不仅提升了教师教育的整体质量,也为其他国家提供了有益的借鉴。在分析加拿大教师教育治理经验的可借鉴性时,本章比较了我国与加拿大在教师教育治理方面的相同与不同之处,探讨如何将加拿大的成功经验应用于我国的教师教育体系中,以促进我国教师教育的进一步发展。

5.1 加拿大教师教育多元主体治理经验

5.1.1 形成教师教育联动共同体

"加拿大教师教育处于一个复杂的监管体系中,其中包括省级政府、认证机构和大学"[①]和"其他利益相关者,比如教师学院、地区学校委员会、教育学院、专业协会等"[②]。自进入 21 世纪以来,加拿大便确立了追求"卓越教育"的发展规划,要使学生发挥最大潜力,在快速变化的世界中成长为强大的公民,获得社会和经济可持续发展所需的知识、技巧和能力。自此,"卓越教育"成为加拿大各教育治理主体秉持的共同教育愿景,形成了共识,是各组织运作的非正式约束机制。加拿大教师教育治理主体以实现"卓越教育"为行动导向,产生联动,

---

① Gambhir, M., Broad, K., Evans, M., et al. Characterizing Initial Teacher Education in Canada: Themes and Issues [R]. Toronto: Ontario Institute for Studies in Education, 2008:8.
② Gambhir, M., Broad, K., Evans, M., et al. Characterizing Initial Teacher Education in Canada: Themes and Issues [R]. Toronto: Ontario Institute for Studies in Education, 2008:6.

引发了基础教育和教师教育的相应改革;实现路径是协同各方作为合作基础,依托教师教育培养专业知识扎实、教学技术娴熟和职业道德良好的教师来提升教育质量。21世纪初,加拿大推行了K-12学校的课程改革,英属哥伦比亚省推行《英属哥伦比亚省教育规划:关注学习》,实施"知—行—理解"课程模式,重点培养学生的沟通、思维、个人及社会认同三大关键能力。"知—行—理解"课程模式要求教师提供优质教学,进而使教师教育培养出更具专业知识和教学素养的教师,为学生提供个性化的学习模式。此改革举措得到了其他治理主体的积极响应,形成"政府—大学—教师协会—中小学"的联动共同体(详见图5.1)。政府制定"卓越教育"发展规划及政策文件,并传达至教育系统的各个主体,省政府与其他教师教育主体协同发力,围绕新课程的培养目标开展教师的职前培养、入职培训和职后培训。省教育部与大学开展合作,保证其教师教育项目"能传授给未来教师们实施个性化教学模式所需要的知识和技能"[1],通过师资认证来把控教师培养质量。同时,省教育部与大学、省教师协会和其他教育伙伴

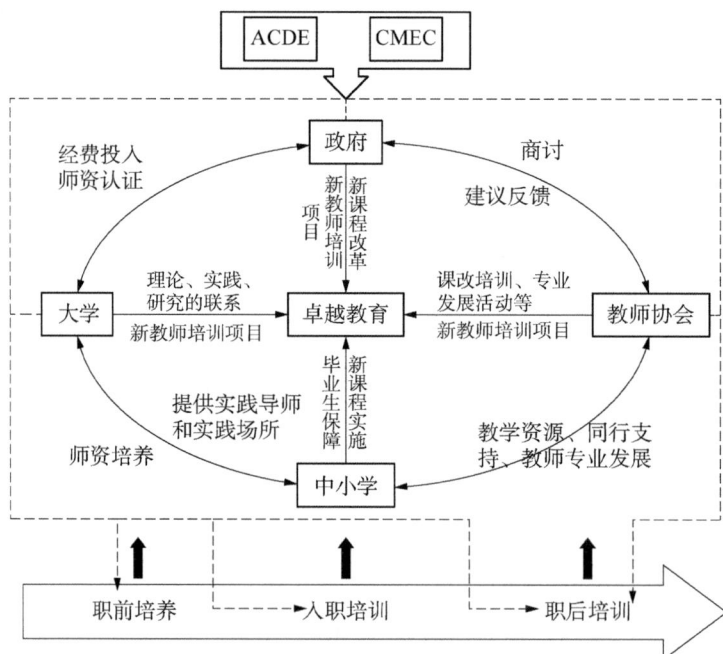

图5.1 加拿大"政府—大学—教师协会—中小学"联动共同体

---

① 刘强.追求卓越:加拿大教育改革的核心议题[N].光明日报,2018-02-07.

共同合作,向新教师们提供入职培训支持,传授新课程的教学策略。省教育部与教师协会合作推出教师支持计划,从省级和地方两个层面为中小学教师提供新课程培训和教学资源及同行支持,中小学协同安排教师协会提供的教师培训,并在专业发展日为教师提供新课程改革的培训。大学中的教师教育学院则在教学过程中关注本土教育发展情况和课堂教学实践,将学术研究和教学实践有机融合到教师教育课程之中。

　　同时,加拿大教育部长理事会和全国教育学院院长管理协会两大组织发挥了国家层面的宏观统筹和引领作用,凝聚了上层和下层的思想交流,随时基于加拿大各省的具体实践进行协商,并及时发布细则进行宏观引导,确保了加拿大教师教育的上层设计是共同一致的,时刻将教师教育中可能产生的“无序”状况调整转化为“有序”的运作,这无疑促进了加拿大教师教育的省际联动。全国教育学院院长管理协会所颁布的协定成为各省教师教育课程内容和教学设计的行动纲领,各省的教师教育有了同质性的机会和空间,情境实践知识、教学知识、学术内容知识成为加拿大教师教育课程的必备内容。各省的教师教育利益相关主体则基于共同认定的教师教育上层设计运作,出台相关的法规政策和细则,在学生身份认同、教师能力和“理论—研究—实践”间的关系等方面形成基本共识,使上层设计的理念落到实处,确保“计有所施”。以英属哥伦比亚省为例,英属哥伦比亚省政府以政治家的身份进行谈判,与其他组织机构就议程进行谈判,与英属哥伦比亚省教师协会、大学、其他专业团体和校董会等其他组织进行谈判。① 此外,各大学在形成教师教育共识的基础上增加了异质性,加拿大没有规定大学实施“一刀切”式的教师教育模式,所以每所大学的教师教育课程不尽相同,所开设的教师教育课程在种类、模式、主题、课程时长、实施方式等方面各有特色。加拿大教师教育课程囊括了中小学教师、特定学科(体育、音乐、运动学和科学)、领导力、法语、返校教师、国际文凭、乡村教师、特殊教育、土著教师等多个领域,其中对乡村教师、特殊教育和原住民教师课程的开设充分反映了该省对《职前教师教育协定》《原住民教育协定》和《原住民教育协定:进展报告》的认可和遵循,关注教师教育公平,为来自特殊文化背景和偏远地区、贫困地区的学生和残疾人士提供成为教师的机会。如维多利亚大学专门招收乡村学生,让“许多有能力的学生,不再由于经济、文化和家庭原因上不

---

① Perlaza, A.M., Tardif, M. Pan-Canadian perspectives on teacher education: The state of the art in comparative research [J]. Alberta Journal of Educational Research, 2016(2):207.

了大学"①。此外,他们还开设了原住民教育课程。西蒙弗雷泽大学面向的是非传统的学生,目的在于使工人阶层的人接受大学教育。② 此外,该校的专业发展课程与传统的教师教育不同,为教师培训提供了独特的视角。其不同之处有二:其一,专业发展课程在认可教师教育的实践和理论要素具有"同等重要"地位的前提下,"从一开始就给予职前教师第一手和广泛的教学经验",然后再进行理论学习。其二,专业发展课程中最初的 8 周实习及其后的实习周期并非实践教学,而是"真正的教学",职前教师在大学联络员和教授的督管下成为教师的学徒,开展教学。③

综述之,加拿大教师教育很大程度上受到本国和国际教育发展的影响和驱动,各省教师教育主体对加拿大"卓越教育"的发展目标积极响应,在基础教育课程改革的人背景下参与教师教育的职前、入职和职后三个阶段,形成教师教育一体化的整体联动。

5.1.2 形成合作伙伴关系

自进入 21 世纪后,加拿大一改以往各个主体割据管理的局面,形成鲜明稳定的治理结构。以这一治理结构为基础,为各主体营造较充分的对话机会和空间,使其能合法有效表达自己的利益诉求和意愿,既有张力又有推力,形成实质性的联动关系。

首先,加拿大自上而下、由内及外形成了稳定的治理结构,为有效的联动提供良好的基石。在治理过程中,各教师教育主体具有鲜明的独立性和组织性,职责明晰,各司其职;这在很大程度上避免了管理权责不清和利益冲突的局面,为各教师教育主体的共生提供了良好的发展空间,减少教师教育联动共同体中不必要的阻力。同时,加拿大教师教育各方主体间并不是离散的,而是在承担各自职责的同时既有协同又有补缺;其"治理不仅仅限于工具和技术层面,它更是一种调动资源、协调行为和解决集体行动问题的战略"④。尽管受制于分权

---

① MacPherson, I. Reaching Outward, and Upward: The University of Victoria, 1963 – 2013 [M]. Ottawa: McGill-Queens University Press, 2012:85.

② Milligan, I. Coming off the mountain: Forging an outward-looking new left at Simon Fraser University [J]. BC Studies, 2011(171):2.

③ Smith, S. J. The Bearing of Inquiry in Teacher Education: The SFU Experience [M]. Burnaby: Simon Fraser University, 2004:1.

④ 李慧凤:制度结构、行为主体与基层政府治理[J].南京社会科学,2014(2):96.

治理的影响,但加拿大通过教育部长理事会、全国教育学院院长管理协会等国家性中介组织形成上层治理引领力,形成畅通的国内外和省际的信息共享、教育研究和教师教育决策的通道,推动加拿大教师教育的优质发展。其组织成员来自加拿大教师教育一线工作的大学、教育学院和中小学,专业性高,对教师教育有充分的专业知识、丰富的实践经验和良好的研究能力,对加拿大教师教育形成有效的支撑力和引领作用。在各省,政府作为师资质量保障机构,管理教师资格证书的认定、办理和发放,确保优质的师范生进入师资队伍。大学作为生源筛选和师资培养机构,负责筛选合适的学生和培养符合认证要求的教师。中小学作为教学实践机构,雇用合格教师,通过指导教师、融入大学专业实践课程和实习安排等深度合作的方式参与职前教师培养,并为教师提供专业发展学习的时间、空间及资源。教师协会作为教师的专业支持机构,推动和开展促进教师持续性专业发展的专业实践服务和活动,为中小学教师提供丰富的课堂教学资源和同伴支持。

其次,加拿大各教师教育主体达成共识,搭建"与学区和教师专业协会合作,设计和提供持续专业发展的机会,通过教学实践阶段的无缝过渡和创造空间,共同构建教学实践的知识"①。因此,合作伙伴关系在加拿大屡见不鲜,呈现在与教师教育相关的每个机构、组织和社区层面。加拿大教师教育合作伙伴关系的特点是有着多种结构形式以及注重大学内的教师教育者和中小学合作教师之间的相互作用。② 其一,大学与中小学形成极具深度和广度的实质合作关系,加拿大"'大学为本'的教师教育开始慢慢转向了由大学和中小学合作的多元开放的教师教育"③。"大学教育学院教师和中小学之间建立的伙伴关系也日渐多样化,这种伙伴关系的建立为未来教师获取教学实践经验提供了广泛的空间。"④大学中教师教育的培养目标、课程内容、见习和实习、指导和督管等

① Magnusson, K. New technologies and leadership challenges for teacher education [A]. Elliott-Johns, S. E. Leadership for Change in Teacher Education: Voices of Canadian Deans of Education [C]. Rotterdam Netherlands: Sense Publishers, 2015:58.
② Falkenberg, T. Introduction: Central issues of feld experiences in Canadian teacher education programs [A]. Falkenberg, T. & Smits, H. Field Experiences in the Context of Reform of Canadian Teacher Education [C]. Winnipeg: Faculty of Education of the University of Manitoba, 2010:26.
③ 谌启标.加拿大大学与中小学合作伙伴的教师教育改革[J].湖南师范大学教育科学学报,2009(3):72.
④ 谌启标.教师教育大学化的国际比较研究[M].福州:福建教育出版社,2008.

多个环节与中小学的教学与管理工作紧密相扣;这样的设计能使大学的课程理论学习与职前教师在中小学教学中的体验紧密联系起来。这样的联系通过广泛的教师合作参与来支撑①,因此,加拿大大学的核心教职人员以导师或教师顾问的身份深度参与了师范生的现场经验,促使未来教师对教学场域中的复杂性和不确定性有了更深入的体验和理解。这些"在场性经验"有助于激发师范生的实践反思,促进教师个体的知识建构和教学智慧生成。同时,师生共同对真实的实践问题进行行动研究,创新方法,收集和分析证据,以及为新教师提供广泛的持续发展机会。这种合作伙伴关系具有互惠的特征,"学校开始像致力于改进学校那般致力于教师教育,而大学也开始致力于教师教育那般致力于改进学校"②。这一目标的实现,也得益于多个学区与地理位置相邻的教育学院之间有正式的计划和安排,在应用研究和模式探索中建立共同承诺和责任来改善教学和学习。在导师间、师范生之间和师生间的协作活动中,师范生可以观察他人的教学,并参与有关他们的教学方法的学术对话。而当导师合作时,就会产生对师范生成功的共同责任感,激发学习过程中的新想法,增加教学团队的集体智慧。③ 其二,政府与教师协会和其他教师教育主体的关系由对抗走向协商,建立共生型关系。加拿大各省教育部在合作伙伴关系中发挥了重要的凝聚作用,并对教师的专业学习有积极的承诺,明确表示要通过搭建支持性框架来致力于为教师、领导者和其他教育工作者提供全面的学习机会,以满足学生不断变化的独特需求,并协助教师和教育工作者通过专业和个人成长来改进他们的教学实践。省政府的支持包括提供广泛的培训来响应当前课堂不断变化的需求,以及提供个性化、定制式的学习机会来支持教师和教育工作者的独特需求。政府的支持还包括促进学区内和学区之间的有效合作,以加强整个教育结构。④ 而各省

---

① Naested, I., Nickel, J., Sikora, S., et al. An overview of Mount Royal University's existing field experiences and related features that enhance the approved bachelor of education program [A]. Falkenberg, T., Smits, H. Field Experiences in the Context of Reform of Canadian Teacher Education [C]. Winnipeg: Faculty of Education of the University of Manitoba, 2010: 328.

② Fullan, M. The New Meanings of Educational Change [M]. New York: Teachers College Press. 2001:247.

③ Brown, S., Hales, A., Kuehn, L., Steffensen, K. The State of Educators' Professional Learning in British Columbia [R]. Oxford, OH: Learning Forward, 2017:11.

④ Brown, S., Hales, A., Kuehn, L., Steffensen, K. The State of Educators' Professional Learning in British Columbia [R]. Oxford, OH: Learning Forward, 2017:49.

教师协会充当了该省全体教师"发言人"的重要角色,与各省政府的关系发生了很大转变。教师协会如今在教师教育管理方面拥有了合法的话语权,更多地从教师专业发展出发,与省政府展开"对抗不对立"和"交锋不交恶"的共存共生共发展的良性沟通交流。同时,积极服务于各省教师持续的专业发展中。在各省教育部的支持下,加拿大各省的教师协会将教育利益相关方聚集并形成合作,共同制定教师培训框架。加拿大的教师教育合作伙伴群体之间建立了牢固的关系以及信任与尊重的文化;创新伙伴关系的创新、联系和合作价值,推动着教育思维的转变,促进整个教育系统深层文化的变革,也为相关政策的有效性提供了保障。①

再者,加拿大教师教育开展的是跨角色、跨学校和跨地区的团队合作,以有机方式建立支持共同学习的网络。加拿大各省有大学指导教师团队、小学指导教师团队、师范生团队,在师范生团队中又分为学习策略团队、主题团队以及其他类别的团队。加拿大的合作伙伴网络还延伸到了校外的其他组织,如英属哥伦比亚省学习进步组织(Learning Forward British Columbia),它们拥有 280名成员,分别来自英属哥伦比亚省教育系统中的所有利益相关机构,包括教师、学校行政人员、地区工作人员和高级管理人员。学习进步组织同样在规划和提供教师专业学习方面发挥领导作用,并将建立、维护和加强英属哥伦比亚省教育合作伙伴关系作为其重要的工作任务。加拿大其他省份亦有着殊途同归的举措和做法。安大略省教育质量和问责办公室(EQAO)倡导"学校董事会和大学共同合作为新教师提供支持性结构,使他们处于指导环境中,能够在初始阶段不断反思和滋养其任教的岁月"②。

最后,加拿大在经过竞争、妥协和对话后,非官方的第三方机构在教师教育治理中发挥了重要作用。其机构管理人员由来自各教师教育主体的人员组成,共同商讨、管理教师教育政策、制度和课程认定等事宜。通过第三方管理机构,教师教育各主体实质性参与教师教育事务的决策,有良好的对话协商平台和运行机制,既保证了教师教育事务管理的专业性、独立性和规范性,又充分调动了各主体参与教师教育的积极性和主动性。同时,各教师教育主体的发声渠道得以畅通,利益得以平衡,由此创造了多元化、包容性的管理氛围。

---

① Brown, S., Hales, A., Kuehn, L., Steffensen, K. The state of educators' professional learning in British Columbia [R]. Oxford, OH: Learning Forward. 2017:72.

② Ontario College of Teachers. Preparing Teachers for Tomorrow: The Final Report 2006 [R]. Toronto, 2006:49.

总而言之,加拿大中小学的合作伙伴关系有着以下明显的特点:①中小学教师须在教师教育项目初建阶段就参与确定团队的性质和结构;②教师教育项目必须符合所有参与者的实际和满足他们的现有需求;③合作伙伴必须致力于长期的探究;④合作伙伴必须达成一致的协议,并持有相同或相似的学习观点;⑤合作伙伴有定期会议,并保持密切联系;⑥合作伙伴自觉且灵活,并有稳定的合作关系;⑦合作伙伴意识到并明晰各自不同的角色对团队的重要性,以及角色会随着时间而发生改变;⑧为合作团队提供资源保障。① 加拿大的"这些联系为新教师、经验丰富的教师和教师教育者创建了一个协作研究和学习的网络。这些联系往往比美国流行的专业发展学校模式更以伙伴关系为基础,更具流动性"②。"教师教育利益相关者(包括行政部门、学校董事会、工会领导和专业合作伙伴)之间的强有力的共同沟通和协作创造了一种承诺文化,并确保了成功"③,共同致力于加拿大教师教育培养卓越教师的共同愿景。加拿大各教师教育主体间的协商合作联动为新教师、经验丰富的教师和教师教育者创建了一个协作研究和学习的网络。

5.1.3 形成良好的联动机制

教师教育之间的关系需要治理规则来进行协调和监督④,加拿大亦不例外。加拿大教师教育主体在发展过程中建立起标准导向的教师教育制度,形成稳定、开放、动态、合作的互利共生联系,齐力推进教师教育发展(详见图 5.2)。

首先,加拿大各教师教育主体是具有合法性的机构,而且制度也在不断地健全完善。加拿大教育部长理事会和全国教育学院院长管理协会作为加拿大最具权威性的中介组织,分别由各省教育部部长和大学教育学院院长组建,得到各省的认可。全国教育学院院长管理协会发布的《加拿大教育总协定》《职前

---

① Ericksona, G., Brandesa, G., Mitchellb, I., et al. Collaborative teacher learning: Findings from two professional development projects [J]. Teaching and Teacher Education, 2005(7): 795.

② Gambhir, M., Broad, K., Evans, M., et al. Characterizing Initial Teacher Education in Canada: Themes and Issues [R]. Toronto: Ontario Institute for Studies in Education, 2008:20.

③ New Teacher Mentoring Project. (Re) Designing Responsive and Sustainable [EB/OL]. Mentorshiphttps://mentoringbc.edcp.educ.ubc.ca/wp-content/uploads/2014/08/SI-booklet-.docx.pdf, 2020 - 03 - 24.

④ 珍妮特·V.登哈特,罗伯特·B.登哈特.新公共服务:服务,而不是掌舵[M].丁煌,译.北京:中国人民大学出版社,2006.

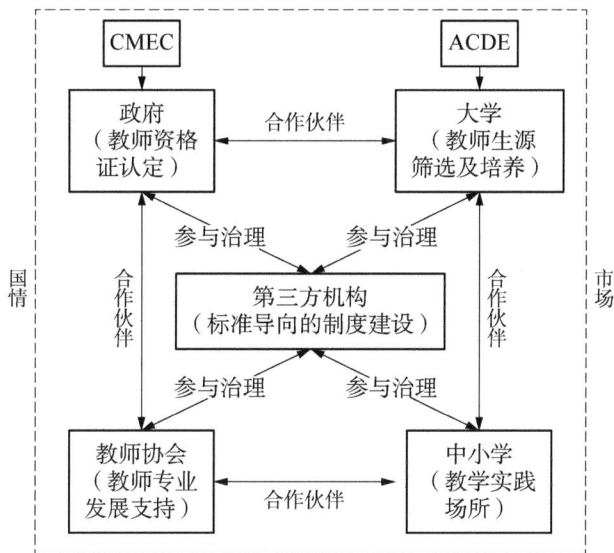

图 5.2　加拿大教师教育治理联动机制

教师教育协定》等纲领性文件成为指引加拿大教师教育的法规政策、课程方案以及标准推进和发展的原则和依据,是"职前教师教育规范原则的有力框架"①;这"有助于建立一种环境,在这种环境中,由专业的教师教育者进行的教师教育改革可以改变实践和计划。这项泛加拿大协议可能为制定泛加拿大教师教育议程提供机会"②。加拿大教育部长理事会作为加拿大政府间机构,在泛加拿大和国际层面的教育领域发挥领导作用,其倡导各省参与的各项学习评估计划,是讨论加拿大教育发展的重要数据,也是各省教育政策的重要参考,包括教师教育。可以说,加拿大教育部长理事会和加拿大全国教育学院院长管理协会与各省教师教育之间呈现的是纵向的治理形式。而各省的教师教育主体间体现了横向的协同治理形式,他们通过《加拿大宪法法案》《大学法》和相关法案获得合法地位,机构内部建立清晰的治理结构和工作制度,涉及事务管理的规范、规则和责任等。作为教师教育整体系统中的子系统,这些主体的界限比较明晰,行政机构与决策机构相对独立,但彼此间通过非线性的协调合作,确保

---

① Association of Canadian Deans of Education. Accord on Initial Teacher Education [EB/OL]. http://www.csse-scee.ca/docs/acde/acde_teachereducationaccord_en.pdf, 2019 - 03 - 14.

② Kitchen, J. Advancing teacher education through faculty development [J]. Brock Education, 2009(1):6.

整个系统持续、稳定、有序地运作,发挥"整体大于部分之和"的作用。为了促成大学与中小学间合作的顺利展开,各省的《学校法》中明确规定如果根据《大学法》设立的大学或根据任何其他法令设立的教师培养机构向中小学董事会提出允许职前教师练习和观察教学的机会时,董事会必须根据大学和学校督导的安排,允许师范生合理地进入所有教室和其他学校场所,开展教学实习、监督及其他相关职责。①

其次,加拿大重视依托第三方机构来实施教师教育治理。在加拿大,第三方机构或实施专业管理,或进行专业评价,由加拿大教师教育各主体代表所组成的第三方机构改变了加拿大以往一元主体治理的局面,平衡各主体间的教师教育利益,共同参与教师教育治理。加拿大教师的培养、认证和专业发展等事宜由第三方机构通过《教师法》《教师教育、能力和专业行为规范标准》《教师专业资格认证标准》等一系列规范性政策文件来把控实施,而英属哥伦比亚省教师委员会和安大略省教师管理学院正是这样的机构。

最后,加拿大关注社会公众对教师教育事务的知情权、参与权和监督权。加拿大保障社会公众对教师教育的参与权益,通过网络与社会公众共享教师教育信息,如会议记录、政策文件、案例分析、热点话题等。各教师教育主体本着公开透明和共识建设的原则,开放社会公众参与教师教育会议的渠道。社会公众经报名注册后可通过线上和线下两种方式亲自参加会议和讨论。此外,加拿大在制定教师教育的重大决策前会在官方网站上公开收集社会反馈,讨论并吸纳民众意见。如英属哥伦比亚省新的教师专业标准修订草案在教师管理局的网站上公布,花了近3年的时间来广泛听取社会公众的反馈和意见。在新的教师专业标准落定后,在网站上提供教学案例、教学资源,向公众传达新形势下加拿大教师应达到的水平,帮助公众理解教师角色的复杂性。

通过合法保障、明晰职权、第三方机构和社会公众参与的联动机制,加拿大教师教育主体形成了基于共识、合作和信任基础上的推动力,既保障了公共利益和市场原则,又形成了统一的价值认同。

5.1.4 治理趋于专业化

加拿大的治理机构呈现出鲜明的专业化的特点,具体体现在专业委员会的

---

① BC Ministry of Education. BC School Act [EB/OL]. http://www.bclaws.ca/civix/document/id/lc/statreg/96412_00, 2019 - 06 - 18.

参与度和专业人员的比例两个方面。一方面,随着加拿大教师教育治理主体的多元化和合作伙伴关系的构建,大学、教师学院、教师委员会、教师协会和其他教师中介组织参与教师教育治理的空间和机会大大增加,而且与教师培养的过程、课程和专业发展息息相关。除全国教育学院院长管理协会这样引领教师教育的专业机构以外,加拿大各省的教师学院往往专门管理教师职前培养和职后专业发展、教师专业标准等专业事务,仅有教师资格认证的权利交给省政府的教师管理局来行使。在加拿大,教师相关事务的立法/认证权、决策管理权和实施权形成三足鼎立之势,教师教育主体的权力彼此之间互不交叉,既分权却又相互制衡,形成管理闭环(详见图 5.3)。如此一来,便可以将行政事务交与政府,教师专业事务由第三方机构管理,教师培养由传播知识的大学和产生教学实践经验的中小学以及教师协会实施,有利于减少教育行政部门对教师教育专业事务不必要的干扰,保障专业性强的教师教育主体的自主权,让专业机构做专业的事,避免专业机构行政化。而其中的第三方机构又较好地调和了三权分立可能带来的冲突和矛盾,因为该机构有接近一半的选举人员由教育部长任命,其余成员由教师选举产生。第三方机构对教师教育的专业事务具有决策权,但值得注意的是在整个权力关系中,政府从微观管理者转型为宏观治理者,通过扮演"小而能"的政府角色,给予其他教师教育主体自由和自治的权力,"温柔"地规约和监管其他教师教育主体的职能和师资队伍质量。因此,政府的作用并非式微,而是转向监管者和服务者并举。

另一方面,加拿大教师教育的专业管理人员的比例较高。教师教育主体的管理人员大多是现任教师,有丰富的教学经验、良好的教学理解和领导力。英属哥伦比亚省教师委员会和安大略省教师学院委员会中有一半成员必须是取得该省教师资格证书的教师,其余的成员要么是来自大学和社区学校的教师、校长、学区督导、政府行政部门人员,要么是其他非教师公民等。加拿大要求教师成员须近两年内参与过设计、监督和评估教育项目,或指导、评价和评估过个别学生和学生团体。非教师成员往往曾有多年从教的经历或在其他教育伙伴机构担任行政岗位,对公共教育和教学有热忱及丰富的管理经验。如此一来,便能形成一个有效的决策群体结构,既有理论知识渊博的专家,也有丰富教学实践经验的专家;既有教学一线的教师,也有一线的管理人员和领导;既有政府公务人员,也有普通民众。来自不同行业、岗位、部门和职业的成员聚在一起,提供完备的知识结构和理解,成为一个动态平衡的有机体。在规则之下,拥有着不同认知结构的成员对问题有着不同的判断和思考,产生认知冲突,

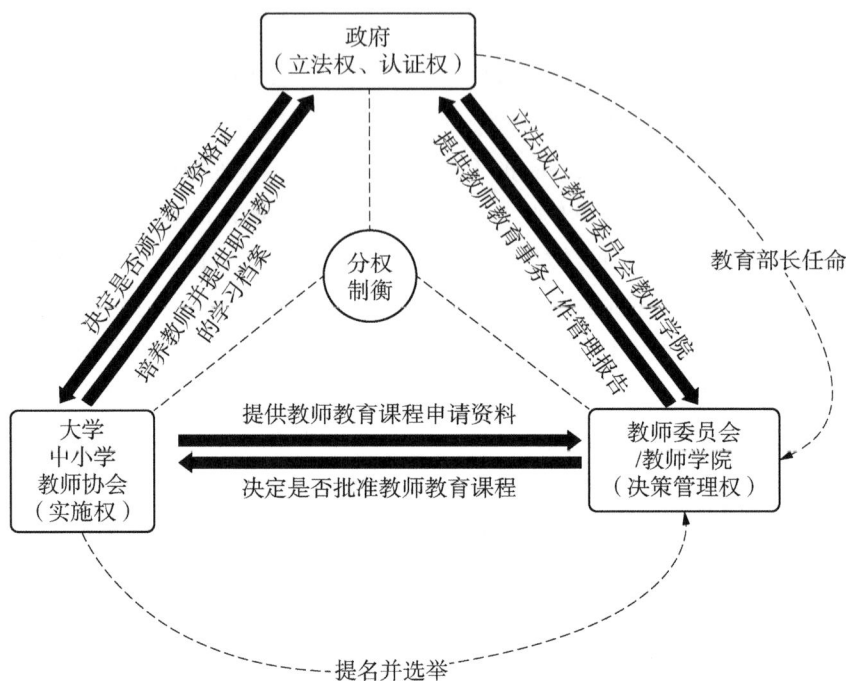

图5.3　加拿大教师教育治理权力关系

从而"导致群体进行更多的讨论、应用更多的策略、探索更多新颖解决方案，同时运用多种角度思考问题，其决策绩效通常优于那些缺乏认知冲突的决策群体"①。

5.1.5　教学治理的实践转向

　　与世界其他各国一样，加拿大教师教育将课程理论学习与实践间的融合问题视为教师教育实施的重中之重。通过不断的摸索，加拿大别出心裁，"将实习放在教师教育课程的中心"②，逐渐摆脱"理论付诸实践"模式，转向"实践与理论并行"模式。这也符合当下国际教师教育界所呼吁的重大改革，即将以往的

---

① 曾建华,何贵兵.群体决策中的知识构建过程[J].心理科学进展,2003(6):688.
② Falkenberg, T. Introduction: Central issues of field experiences in Canadian teacher education programs [A]. Falkenberg, T. & Smits, H. Field Experiences in the Context of Reform of Canadian Teacher Education Programs [C]. Winnipeg: Faculty of Education of the University of Manitoba, 2010:1-50.

教师教育颠倒过来,摆脱过于强调理论学习,与教学实践联系偏弱的课程,围绕教学实践,将实践与理论内容和专业课程相互融合。[①] 因此加拿大以实践教学为抓手对教师教育实施如下改革:①实习以多种方式呈现,并有所延长,但课程学习仍然占主导地位;②实习安排在教师教育项目的早期开始,并始终定期进行;③在实习期间,课程学习往往会以某种并行的方式安排;④特定的课程或研讨会往往有意与实习经验联系在一起,明确目的是帮助职前教师整合理论和实践。

　　具体而言,加拿大教师教育的教学侧重于弥合理论与实践之间的鸿沟,解决"理论与实践两张皮"的现象,确保教师教育课程与中小学教学实习间实质性的连贯和一致。为此,加拿大的教师教育课程通过多种方式加强了大学内的课程与中小学之间的合作联系,而不是简单地将师范生置于中小学教学情境中进行学习。其教学治理的核心在于引导师范生的反思性实践,改变或加强师范生的初始参考框架,促成他们教学思维的转变。第一,师范生在中小学展开实习,而这些实习经验恰恰决定了大学内的焦点小组讨论和研讨课程的内容。师范生带着既定的教学图像、期望和态度等先验知识进入教师教育课程学习,对教师的工作有着强烈但有限的先入之见。这些先入之见随着教师教育课程的推进逐渐发生变化,因为师范生的课程经验和实地经验密切相关,其在教学情境中所遇到的真实问题有助于促进其反思,对教学的复杂性有深入而全面的理解;师范生在反思教学实际情况的过程中发展了自己的知识,重新审视了个人经验,教学专业知识、教学技能和道德情感不断地得以开发和构建,又在课堂中得到完善和提高。而这也恰恰符合了舍恩的观点,即师范生在实地体验中遇到的困惑、不确定性和震惊,其教学观会相应发生改变,抑或称之为行动中的反思。[②] 而师范生"个体的经验意义通过先前的解释得到新的阐释,或被重新修正,最后被用来指导学习者未来行动的过程"[③]。如此而言,加拿大教师教育对教学理念、教学内容和教学方法等微观层面进行了治理,师范生从中得到的是

---

① Panel, B. R. Transforming Teacher Education Through Clinical Practice: A National Strategy to Prepare Effective Teachers [M]. Washington: National Council for Accreditation of Teacher Education, 2010:2.

② Schön, D. A. The Reflective Practitioner: How Professionals Think in Action [M]. New York: Basic Books, 1983:303 - 309.

③ Mezirow, J. Contemporary paradigms of learning [J]. Adult Education Quarterly, 1996(3): 158 - 172.

"基于实践经验的理解""实习不单是他们学习教学的老师,而是提供了有意义的经验基础,使大学课程可以帮助师范生对教与学进行理论化""帮助师范生解决他们对教学的先入之见"[1]"直接地、积极地承担起帮助师范生从现场经验中学习以及判断学习质量的责任"[2]。而且,拥有不同背景、经验和教学理念的教师所组成的学习共同体推动和引领了教师个体的知识发展,教师个体在其中经历了独特、整合和治愈的过程,教师个人知识在群体学习中产生冲突,得到审视和修正,原来的参照框架发生了根本性改变,专业学习的意义得到重新创造,形成融合了群体性知识的教师个人知识。

第二,为了更好地支持师范生的教学反思,及时记录、分析、解释和审视自己和他人的教学行动,加拿大分别在大学和中小学为师范生配备了课程协调员、大学导师和合作导师。他们无形中为师范生的实习搭建了良好的支持框架(详见图5.4)。在加拿大教师教育实习支持框架中,各方的联系是畅通紧密的,每个人都有各自明确的职责,促进师生间和师师间在实习中建立良好的关系,及时沟通和解决教学困惑和教学问题,及时分享教学心得和教学反馈。

具体而言,课程协调员犹如大学与中小学之间、导师与师范生间的沟通桥梁;他们负责与学区和学校督管联系,确保实习的顺畅实施,负责按年级段和入学时师范生选好的团队分配给中小学里的合作导师和大学导师,并按师范生的反馈,及时更换实习地点和匹配导师。课程协调员共3名,分工明确;其中两名专门负责中小学实习的监督和咨询、大学导师的监督和支持、实践和社区现场经验监督和学区联络等事宜,而另外一名专门负责国际社区现场实践事宜。加拿大对合作导师有严格的申请筛选制度,通常由加拿大的优秀教师、校长或行政管理人员来担任,筛选标准是扎实良好的教学功底和丰富的相关经验,能够为教师建立关系、榜样示范、指导和评估。在建立关系方面,合作导师了解师范生情况,帮助师范生较快地融入校园环境,建立良好的工作伙伴关系和教师权威,支持师范生收集实习的作品和反思,展开讨论分析,并时刻与大学导师保持

① Falkenberg, T. Introduction: Central issues of field experiences in Canadian teacher education programs [A]. Falkenberg, T. & Smits, H. Field Experiences in the Context of Reform of Canadian Teacher Education [C]. Winnipeg: Faculty of Education of the University of Manitoba, 2010:7.

② Falkenberg, T. Introduction: Central issues of field experiences in Canadian teacher education programs [A]. Falkenberg, T. & Smits, H. Field Experiences in the Context of Reform of Canadian Teacher Education [C]. Winnipeg: Faculty of Education of the University of Manitoba, 2010:12.

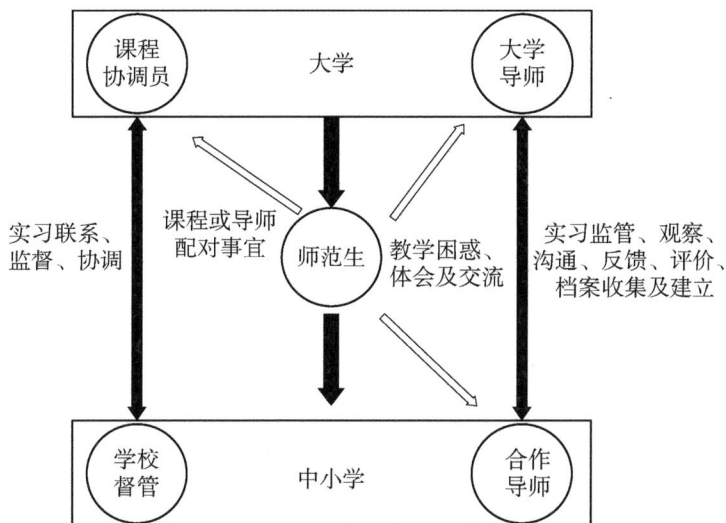

图 5.4　加拿大教师教育实习支持框架

密切的联系。在榜样示范方面,合作导师既要在教案、教学和评估方面表现出良好的专业素质、职业面貌和专业技能,也要展示反思性教学实践的优秀做法。在指导方面,合作导师在监控师范生的教学表现的同时,合理安排其教学实践任务,逐步增加其工作量和对课堂的责任感,为其提供教学支持和专业发展机会。在评估方面,合作导师的任务在 2 周的秋季实习和 10 周的扩展实习中略有不同。合作导师在两周的实习期中需观察师范生的课堂教学,提供建议和反思分析,讨论其在扩展实习中的教学任务,根据从评估中获得的信息来设定目标和未来观察的重点。而在 10 周的扩展实习中,合作导师需要定期指导师范生进行自我评估,填写中期评估表和绩效检查表,确定师范生何时承担 80% 的教学工作量,作出基于循证的终期报告和终期绩效检查表。可以说,合作导师会根据师范生的实习表现来决定其教学任务。此外,大学导师的选任极为谨慎,必须由拥有中小学教学经验的人员来担任,充当师范生与合作导师、中小学与大学、中小学与大学的教师教育者、大学课程与校本实习这四个方面的联系人,负责三方会议,明确合作导师的职责范围,促进师范生成功从大学课堂过渡到中小学课堂,确保师范生定期获得合作导师的建设性反馈。

第三,加拿大教师教育的实习安排和评估基于师范生的成长循序渐进地、有计划地开展。合作导师和大学导师对师范生的实习安排十分谨慎,针对实习阶段和具体表现来逐步增加实习任务和安排课堂教学。当师范生持续 4 周承担 80% 的教学工作量之后,导师们会减轻他们的工作量,让他们重新观察和反思自己和他人的教学和实习。师范生每天撰写实习日志,用于分享和反思讨论。与此同时,合作导师和大学导师会特别收集师范生的实习作品来记录其成长历程,录制其教学视频,为他们提供教学反馈,反思分析和激发相关教学实践讨论;这些资料也是导师们做出客观真实的反馈和评价的重要依据,因此导师们给的是形成性的评价反馈。大学导师和合作导师共同填写一份中期报告和中期绩效评价表,举行实习的中期报告会,所有观察过师范生的人员参加报告会,讨论其实习状况、改进建议、时间等。实习结束后,大学导师和合作导师向大学的教师教育办公室提交终期绩效评估表和终期报告,总结师范生的整体实习表现;师范生也会收到大学导师和合作导师的书面总结报告、完整的实习清单和教师教育办公室的摘要文件。终期书面报告按终期绩效评估表中的内容来记录和组织撰写师范生的成长历程,以实习的最后 5 周为重点。

5.1.6　注重自我指导式专业发展

加拿大教师教育的另一亮点在于鼓励师范生和在职教师通过自我指导学习来促进专业发展。加拿大各省对成人的认可年龄从 16~19 岁不等,那么加拿大的师范生和在职教师无论是生理还是心理上都已发育完成,具备一定的独立生活和思考的能力。要想教师教育的学习设计成功而且有效,可以思考和借鉴成人学习理论①,因为师范生和在职教师具备成人学习者的特征,有着独立的自我概念并有能力指导自己的学习;"如果学习者们还不具有自我指导学习的探究技能,那么当他们开始学习课程时就会产生焦虑和受挫感,容易导致失败,对教师来说也是这样"②。如果能引导他们开展自我指导学习,就能培养出有能力的教师,能灵活地运用知识;这对其学习具有内在激励性和灵活性,将自我学习与他们的社会角色联系起来③,这是帮助他们在日新月异的世界里得以

---

① Rickey, D. L. Leading adults through change: An action research study of the use of adult and transformational learning theory to guide professional development for teachers [D]. Minneapolis: Capella University, 2008.

② Knowles, M. S. Self-directed Learning: A Guide for Learners and Teachers [M]. Englewood Cliffs: Prentice Hall Cambridge, 1975:15.

③ Bhola, H. S. World Trends and Issues in Adult Education [M]. Paris: UNESCO, 1998:105.

成功地生活的负责做法。[①]

    在加拿大教师教育治理实践中,不难看出加拿大考虑到了师范生和在职教师身为成人的学习需求和特征,让他们负责自己思考和回答:"我是谁? 我需要什么? 我如何获得帮助?";引导他们"对自己的学习需求进行审视和分析,然后开始制定个人学习目标,自主判断需要什么以及需要多少人力和物力资源,最后决定选用符合自身需求的学习策略,并对学习结果进行自我评价";引导他们"自主判断和决定是否要寻求他人帮助,或者是选择自己独立完成"[②]。因此,加拿大教师教育鼓励和激发师范生和在职教师对自己的学习做出自主选择,使他们逐步学会为自己承担教学责任,慢慢地成长起来。换言之,他们在这一过程中激发了自我概念意识,这一良好的学习情境营造了良好的协作式的教学氛围。在这个课堂中,他们"感到'被接纳、被尊敬和被支持',而且'教师和学习者作为共同的探究者彼此之间存在着精神上的互动'"[③]。当他们的"自我概念也渐渐地从依赖型变为自我指导型,就对自己和别人拥有了更多的责任……"[④]。教师依据省教育部制定的教学大概念和主题,自主决定如何来教授这些主题,自身在哪些教学主题上存在不足,从而决定应该强化哪些教学主题方面的学习。加拿大为教师的自我指导学习提供了丰富的工具和资源,各省教师协会以自我指导学习的理念来引领教师的专业发展,为教师开发和提供自我指导的专业发展工具、自我指导专业发展日志指南和专业发展日志范例作为教师反思和计划专业发展的工具,帮助教师参与自身专业发展的规划,诊断学习需求,制定学习目标、专业发展计划和专业发展自我评估,有效地激发教师的内在学习动机和自我效能感。在开展自我指导学习的过程中,教师拥有自主权,充当教和学的决策者,将教学中的原生主题作为其专业发展学习的根本,既尊重了教师的个性,又满足了教师的个人需求;如此这般,教师才能积极参与和整合多种知识来源,并在适当的时候应用这些知识来源,创造新知识。[⑤] 自我指导学习能

① Knowles, M.S. The Modern Practice of Adult Education—from Andragogy to Pedagogy [M].Chicago: Follet Publishing Company, 1980:18 - 19.

② Knowles, M.S. Self-directed Learning: A Guide for Learners and Teachers [M]. Englewood Cliffs: Prentice Hall Cambridge, 1975:18.

③ 雪伦·梅里安. 成人学习理论的新进展[M]. 黄建等,译. 北京:中国人民大学出版社,2006:8.

④ 田山俊. 自我指导与教师帮助:诺尔斯成人教育思想研究[M]. 石家庄:河北教育出版社,2016:30.

⑤ Tang, S.Y. & Choi, P.L. Teachers' professional lives and continuing professional development in changing times [J]. Educational Review, 2009(1):1 - 18.

较好地支持教师在整个教学生涯中的持续专业发展①,促进教学实践反思。

5.2 加拿大教师教育治理经验可借鉴性分析

5.2.1 我国与加拿大教师教育治理的相同之处

首先,我国和加拿大对教师教育有着相同的需求和目标。我国和加拿大的基础教育对卓越教师的需求是一致的,出于对这一需求的积极回应和当前国际教师教育发展的趋势,我国和加拿大都制定了"培养卓越教师"的发展目标。我国于2010年启动"卓越教师培养计划",开始推动教师内涵式发展和打造卓越教师队伍。2018年10月发布《关于实施卓越教师培养计划2.0的意见》(以下简称《意见》)。《意见》提出将在5年内,办好一批高水平、有特色的教师教育院校和师范专业,并基本形成以师范生为中心的教育教学新形态。而加拿大则自2013年开始推行卓越教师培养的计划,并且在各省设立了年度卓越教师奖,比如英属哥伦比亚省每年将颁发"总理教育卓越奖"(The Premier's Awards for Excellence in Education),奖项多达10个类别,而且奖金发放给获奖的教师个人以及给获奖教师提供了专业发展学习的学校和社区。加拿大韦仕敦大学在2020年成立卓越教学中心(The Center for Teaching Excellence,简称CTE)以此来认可和激励韦仕敦大学在课程学习、创新和其他相关方面表现卓越的职前教师。

其次,我国和加拿大在教师教育的治理理念上有趋同性。我国和加拿大同处于知识经济时代,着力构建学习型社会,在教师教育的终身化发展和专业化提升方面达成共识。因此,两国的教师教育理念的趋同性体现在:①我国和加拿大一致认同教师专业发展是终身学习的过程;②教师专业发展的动机应该是内发性的;③教师教育应该是职前、入职和在职的一体化过程,贯穿教师的整个教学生涯;④教师教育是开放式的而非封闭式的。上述4点从我国和加拿大教师教育的历史沿革和政策文件中均有明显的体现,可见两国的教师教育的观念构思与实践架构都建立在基于教师专业发展的规律、原理与机制之上。

---

① Weir, C. D. Understanding self-directed professional development in mathematics for elementary teachers: A phenomenographical study [D]. London: Western University, 2018:30.

第三,我国和加拿大都围绕教师教育发展进行了制度建设,提供了政策支持和立法保障。在近 30 年的教师教育发展的过程中,我国发布了 40 多份政策文件来推动教师教育的制度性建设,推动教师培养、教师培训、教师标准、管理服务和师德建设等方面的发展。我国教师教育治理在教师教育的制度性建设推进过程中得到了改善(详见表 2.1)。不难看出,政策文件十分密集和不断细化,表明我国实施教师教育治理的力度正不断加强。此外,这些颁布的相关法律法规和政策文本内容也推动了我国教师教育的法制化、开放化和制度化。我国教师教育的改革正是在这些政策文件的推动下,逐步构建和完善我国教师教育的管理机制、制度性建设和现代化的体系。具体来看,这些制度性建设都呈现了我国关注教师专业发展、教师教育一体化和多元开放的价值取向。此外,两国的教师教育政策所涉及的活动主体一致:政府、教师教育机构及相关组织、教师,而且这些政策覆盖了教师教育的教师培养、教师培训、教师标准、管理服务和师德建设等方面。在对加拿大教师教育发展的考察中,发现加拿大同我国一样,通过《教师法》和其他相关法案来保障教师教育的实施,这些法案和政策的涉及面与我国相差无几;两国都制定了教师资格证书制度、教师教育课程审批制度和教师能力标准制度来实施教师教育的管理。

第四,我国和加拿大教师教育课程的结构趋于一致。我国和加拿大的教师教育课程都分为理论学习和教育实践两个模块。具体而言,两国的教师教育课程均由公共基础课程、学科专业课程、教育专业课程和教育实践四部分组成。其中,两国都一致认可教育实践在教师教育中的核心价值地位,有意识地加大教育实践类课程在教师教育课程中的时长和比重,并对如何有效融合理论学习和教育实践展开了"实践取向"的教学模式的探索。

5.2.2　我国与加拿大教师教育治理的不同之处

首先,我国和加拿大教师教育发展的目标虽然都是培养卓越教师,但在对卓越教师的理解上各有见地。我国对卓越教师的界定比较宽泛,对于卓越教师的阐释,我国国内有多名学者从学术的角度进行了探讨,目前官方的表述为卓越教师应该是"教育情怀深厚、专业基础扎实、勇于创新教学、善于综合育人和具有终身学习发展能力的高素质专业化创新型中小学教师"[①]。加拿大在广泛

[①] 教育部. 关于实施卓越教师培养计划 2.0 的意见[EB/OL]. http://www.moe.gov.cn/srcsite/A10/s7011/201810/t20181010_350998.html,2020 - 06 - 15.

地吸取了教师、家长、教育领导者和其他社会成员等利益相关者的看法后对卓越教师进行界定,认为卓越教师应具备专业知识、专业能力以及与学生建立良好关系的能力这三个关键属性①,主要包括 4 个具体评判标准,分别是:①卓越教师应该热爱教学和学习,他们需要对教学工作充满热情,并努力确保学生持续学习;②卓越教师应该热情、励志、令人受启发和有魅力,他们将个人学习转向以小组为基础的项目,有能力激发学生的学习兴趣和参与;③卓越教师应该接受过良好的教育且学识渊博,他们能够将个人知识和经验融入课程教学,将生活中的真实例子带入课堂学习,能够有效地回答学生的问题,使学生的学习更具实用性;④卓越教师应该具有同情心、关心他人、善良、善解人意和善于建立良好的关系,真正的好老师不光能够与他的教学方法和方式建立联系,还要能够与他人建立个人层面的联系,因为这会让学生更容易理解他们所教授的内容和深度的知识内容。② 加拿大提出卓越教师应该具备培养学生的 3E 能力,即培养学生成为积极的思想者(engaged thinkers),知识渊博、明智达理的良好公民(ethical citizens),具备创业精神(entrepreneurial spirit)。同时,加拿大对卓越教师给出了丰富、明晰和详细的描述,为教师教育提供一个清晰的愿景和教学文化。

综述之,对教师个人而言,国家对卓越教师标准的清晰阐释,有利于教师有目的、有计划地制定符合自身的专业成长路径和规划;对于教师教育培养机构而言,有助于其在制定教师教育培养方案时能有据可依,有路可循,有利于国家卓越教师计划的有效实施和完成。加拿大对卓越教师进行丰富而明晰的定位和描述的做法有助于形成一致的教师教育愿景和教学文化,整个教师教育系统围绕同一个具体目标有的放矢,搭建理念、政策、实践和教师能力共同发力的生态系统。

其次,我国和加拿大的教师教育治理趋向于教师专业化发展和实践性,但两国的教师教育的发展路径有所不同。自 20 世纪 80 年代以后,我国教师教育正由"数量满足型"转向"质量提高型",努力探索实践性教师教育模式;然而"师范生的教育实习环节始终难以克服形式化的弊端","如何把师范生的专业实践环节转变成为实战性、真实化的实践……是对当代中国教师教育改革最具挑战

---

① Government of Alberta. Task Force for Teaching Excellence: Report to the Minister of Education [R]. Alberta: Alberta Education, 2014:18.

② Government of Alberta. Task Force for Teaching Excellence: Report to the Minister of Education [R]. Alberta: Alberta Education, 2014:18-19.

性的一个话题"①。《教师教育课程标准(试行)》中明确指出,"教师是反思性实践者,在研究自身经验与改进教育教学行为过程中实现专业发展"。为此,师范大学与中小学形成了一定的合作关系,建立了多个实习基地;原先单一的实习形式也有所丰富,如教育见习、研习、实习等,但从近几年的相关研究和实践来看,理论课程与实践课程如何有效融合仍然还是我国教师教育的瓶颈。同时,U-G-S教师教育模式应运而生,"在师范生培养、农村中小学教师培训、基础教育研究、教师教育者专业发展和基础教育信息平台建设等方面探索多维协同创新机制"②,开展"集中培训""校本研修""同课异构""置换研修"等多种专业发展活动,取得了良好的教育效果和社会效益,为我国教师教育开辟了新的思路和具中国特色的实践范例,但其运行机制仍需进一步细化和完善③。而加拿大教师教育将实践反思的环节贯穿教师教育全过程,鼓励教师们通过反思来理解自己的实践行为,从而改进自己的教学。其一,实践反思的取向在加拿大教师教育的各个环节和课程中得到很好的贯彻,加拿大的教师们通过日志、构想、海报、文献阅读和分析等个人反思和参与观察、谈话、讲故事、讲座、分享交流等与他人合作的形式进行反思,形成自我指导学习的良好氛围和独特群体专业发展的支持性环境。加拿大特别关注"如何在教师教育的项目中与教师们进行互动",如何将"'教师所需的知识'和他们自身拥有的'教师的知识'呼应联系起来""如何将准备好的方案与教师或教师教育者的实际教学实践相结合"④。教师的自主学习、实践和反思在教师教育中得到施展渠道、机会和扶持,进而促进他们发挥学习的主体性和自觉性,有助于教师个性化的发展。其二,加拿大的大学与中小学搭建了良好的伙伴式合作,并为此"建立一套系统来支持这个项目,与此同时,大学提供反馈",使得"职前教师沉浸在浓厚和广泛的文化规范与实践共享中"。"这种合作伙伴式教学就是对教育生态系统的极好回应。"⑤同

---

① 龙宝新,李贵安.论我国十年教师教育改革的成就与限度[J].教育理论与实践,2016(4):36 - 40.

② 刘益春,李广,高夯."U-G-S"教师教育模式实践探索:以"教师教育创新东北实验区"建设为例[J].教育研究,2014(8):107.

③ 刘益春,李广,高夯."U-G-S"教师教育模式实践探索:以"教师教育创新东北实验区"建设为例[J].教育研究,2014(8):112.

④ 黄菊.全球化视野下教师教育的叙事探究:专访加拿大迈克尔·康纳利教授[J].教师教育学报,2014(1):55 - 63.

⑤ 黄菊.全球化视野下教师教育的叙事探究:专访加拿大迈克尔·康纳利教授[J].教师教育学报,2014(1):55 - 63.

时省政府一改以往一言堂的管理方式,同时关注到了政府、省教师协会与大学之间的矛盾。为了扭转三者间的对抗之势,省政府通过教师委员会将教师教育的利益攸关方拧成一股绳。教师委员会成员由教师、省政府、教师协会、大学以及其他教育合作伙伴团体的代表组成;这样,教师教育的利益攸关方对教师教育都有话语权,"对抗"转为"对话",形成可以进行信息传递、合作与竞争、自主互助,平稳有序的专业发展的生态系统。所以,加拿大教师教育营造了良好的自然合作的文化氛围。省政府、大学机构和教师协会三方之间是合作伙伴关系,却又互相制衡,因此这"三方之间的权力平衡经常发生变化",使得加拿大教师教育政策呈现一种决定性的推拉动力①;从而也造就了加拿大教师教育动态平衡的管理方式,无形中奠定了加拿大多元主体协同治理的局面。

第三,我国和加拿大教师教育都实施了制度建设。我国着重于教师教育政策的实施手段,比如制度、机制、标准、项目的构建和要求,呈现的是自上而下的话语策略;而加拿大在颁布教师教育政策的同时,着重于教师教育政策的理念阐释和传达,呈现的是沟通协同式的话语策略,力求达成广泛的共识。这一差异可以从中国和加拿大教师教育政策所表述的内容和方式上探知一二。以我国发布的教育实践政策文件为例,2007 年的《关于大力推进师范生实习支教工作的意见》和 2016 年的《加强师范生教育实践的意见》的内容要点相差不大(详见表 5.1),变化的是每个要点下明确了实施的手段。比如:"在师范生培养方案中设置足量的教育实践课程,以教育见习、实习和研习为主要模块,构建包括师德体验、教学实践、班级管理实践、教研实践等全方位的教育实践内容体系,切实落实师范生教育实践累计不少于 1 个学期制度。"和"要拓宽教育实践渠道,积极探索遴选师范生到海外开展教育实践等多种形式"等②。反观加拿大的教育实践政策,其在 2010、2013 和 2016 年分别颁布的三个教育实践政策,政策之间不存在重复,新的政策框架建立在前一个相关政策文件,如ACDE 的《教育总协定》《职前教师教育协定》《土著教育协定》《教育研究协定》和《早期学习和幼儿教育协定》的基础之上,从而形成的是逐渐丰富和拓展的形式。

---

① Walker, J. M. & von Bergmann, H. Teacher education policy in Canada: Beyond professionalization and deregulation [J]. Canadian Journal of Education, 2013(36):90.

② 教育部. 关于加强师范生教育实践的意见[EB/OL]. http://www.moe.gov.cn/srcsite/A10/s7011/201604/t20160407_237042.html,2016.03.21/2020-04-21.

表 5.1　我国和加拿大教育实践政策的对比概览表

国家	相 关 政 策		
我国的教育实践政策	《关于大力推进师范生实习支教工作的意见》(2007)	《加强师范生教育实践的意见》(2016)	
	(1) 师范生教育实习是中小学教师培养不可或缺的重要环节； (2) 完善师范生教育实习制度，强化教育教学实践； (3) 精心组织实施师范生实习支教工作； (4) 建立相对稳定的师范生实习基地； (5) 创造性地开展师范生实习支教工作； (6) 切实保障师范生实习支教经费； (7) 加强对师范生实习支教工作的组织领导和支持服务	(1) 明确教育实践的目标任务； (2) 构建全方位的教育实践内容体系； (3) 丰富创新教育实践的形式； (4) 组织开展规范化的教育实习； (5) 全面推行教育实践"双导师制"； (6) 完善多方参与的教育实践考核评价体系； (7) 协同建设长期稳定的教育实践基地； (8) 建立健全指导教师激励机制； (9) 切实保障教育实践经费投入	
加拿大的教育实践政策	《职前教师教育协定》(2010)	《教育国际化协定》(2013)	《教育工作者的有效实习：来自ACDE的立场声明》(2016)
	(1) 为教师候选人提供实践研究的机会； (2) 重视大学与中小学之间的合作伙伴关系，有效整合理论、研究和实践，并为教师候选人提供与其他教师合作、发展有效教学实践的机会	通过阐明一系列共同的信念和原则，该协定为指导加拿大教育学院内的国际化实践提供了一个广泛的框架	扩大我们的实践理念，有效培养加拿大未来的教育工作者

　　在这些政策中，加拿大关注在广泛的社区和环境中构建和分享知识，以发展更深、更广泛的教育概念、模型和理论，从而改善教育实践；而且注重对每一份政策文件中的理念进行解释，方便教师教育者、教师和公众理解其中的教育价值选择，有利于相关人士实施和设计；为了积极响应世界、加拿大和社会的多元化和国际化的形势，加拿大认为对实习应该有更新、更深、更全的理解和推进，颁布《教育工作者的有效实习：来自 ACDE 的立场声明》(详见表 5.2)。

表 5.2　教育工作者的有效实习：来自 ACDE 的立场声明①

原　则	涵　　义
探索多样性	鼓励职前教师与非课堂教育工作者（比如特殊教育工作者、临床医生等）一起工作；在面对日益多样化的学生时，他们为课堂教育工作者提供必要的帮助
提高本土意识	职前教师需能在城市、乡村和北部地区的原住民环境中面向学生、社区和老年人进行教学
培养社区意识	应给予职前教师在社区中建立人际交往的机会，比如社会服务机构、博物馆、科学中心、艺术馆以及成人教育中心
流动性	如果有合适的安排，职前教师应考虑在他省/辖区/国家来完成实习
鼓励国际化	鼓励职前教师在他国完成实习，以提高他们的国际化意识；他国的学校系统、课程和对教育工作者的期望有别于加拿大本土情况

　　该文件对有效实习的五个原则做了详细的阐释，在方式、意识、地点和方法上为相关人员达成共识打下了良好的基础。而且加拿大教师教育政策后续的配套举措和资源比较齐全，如英属哥伦比亚省的教师入职教育提供了开放性的"新教师指导框架"，供学区和学校在开展教师入职教育时更好地进行设计和参考；同时英属哥伦比亚省还为本省的教师入职教育项目明确了入职指导的集体责任文化，在教师之间、导师团队和教师小组之间、校长和地方工会之间、学校与学区之间形成合作的概念和文化；为导师和职前教师提供了循环训练设计表，其中包含了实施的阶段、实施案例、文章和相关资源。相较而言，加拿大的教师教育政策更具灵活性和调整性，有着较强的延续性，容易调动教师教育机构和教师的主动性和创新性，所以加拿大的教师教育政策动态性和生成性特征较为明显。

　　加拿大教师教育治理与我国教师教育治理有着显著不同。由于两国的政治体制不一样，我国教师教育管理由国家统筹，各省实施，并在国家教育部设立了教师工作司来专门规划、指导和制定教师教育的政策、实施和管理工作。我国集权式的管理模式"决定了政策执行过程的服从性"，好处是下级的教师教育机构和部门能很快地执行与贯彻政策法规，弊端是导致了执行过程中存在一定

———————————

① ACDE. Effective Practica for Educators: A position statement of the Association of Canadian Deans of Education［EB/OL］. https://csse-scee. ca/acde/wp-content/uploads/sites/7/2017/08/ACDE-Practicum-Statement.pdf, 2020 - 01 - 22.

程度的盲目性,从而"违背政策原有的精神与内容"①。而加拿大的联邦教育部在教师教育方面几乎发挥不了作用,教师教育主要由加拿大各省分而治之;省政府、教师专业组织以及教师教育相关机构形成共同管理和实施的教师教育系统,因此加拿大的教师教育系统呈现了在博弈中寻求平衡的动态发展过程,这也迫使加拿大各省政府在教师教育事务上受到其他两方的掣肘。但是值得注意的是,加拿大的教师专业组织对教师教育的专业性和学术性也十分重视,根据该省教师教育政策和基础教育的需要实施校本教师专业发展活动,并开发和提供了大量的支持性资源,而大学和中小学之间的合作也较好地嵌入了教师教育课程。同时,两国在教师的选拔、聘任和后续发展上也存在不同之处。比如加拿大对师范生的选拔是极其谨慎的,在学生申请教师教育专业时采用的是多元化的选拔标准,综合考虑了申请者的学术、相关教学经验、道德品质,尤其是申请者本人是否真的有从教的热情和意愿。而我国师范生的选拔普遍以高考成绩为主,在教师挑选时尚缺对申请者心性的遴选环节,而申请者的心性结构是师范生和非师范生能否"胜任教师职业的硬指标",在教师教育中难以通过培训形成,"只能测试遴选"②。缺少了这一环节,就"无法对学生是否真正乐于从教、适合从教进行甄别"③,因而在一定程度上影响了"师范生培养的质量"和"造成教育资源浪费"④。

---

① 毛永正,王丽红. 我国教师教育政策法规建设的反思与前瞻[J]. 河北大学成人教育学院学报,2008(4):59.
② 龙宝新,李贵安. 论我国十年教师教育改革的成就与限度[J]. 教育理论与实践,2016(4):36.
③ 陈时见,刘义兵,张学斌. 师范生免费教育政策的实施状况与发展路径:基于师范生免费教育的现状调查[J]. 教师教育学报,2015(4):62.
④ 凌磊. 奥地利和韩国师范生选拔的经验与启示[J]. 河北师范大学学报(教育科学版),2021(3):134.

第 **6** 章
加拿大教师教育对我国教师教育改革的启示

为了促进教师教育专业化以培养卓越教师,加拿大教师教育的改革核心始终围绕着如何构建合理的治理结构以及完善制度机制来开展。值得注意是,省政府在改革中发挥了主导作用,通过成立教师委员会或类似机构来协同多方主体,在对话、讨论和反馈之后出台和健全相关制度文件和标准,由此形成了互通有无、资源共享以及有效衔接的治理结构。在这一治理结构之下,教师教育多方主体形成良好的合作伙伴关系,激发了各方对教师专业精神和愿景的认同,建立认可度较高的教师标准体系和教师教育课程内容,扩宽教师教育多方主体在教师教育的政策、研究和实践层面的实质性参与。

6.1 多元化治理主体,明晰各主体角色与定位

以多元主体共治求善治是各国教育治理所追求的目标,教师教育亦不例外。政府本位治理、大学本位治理或其他单一主体治理显然不符合国际趋势,容易出现"政府治理失灵""政府功能弱化"或"政府功能缺失"等恶治现象。因此,《国家中长期教育改革和发展规划纲要(2010—2020 年)》指出,应"积极发挥行业协会、专业学会、基金会等各类社会组织在教育公共治理中的作用",这也为我国教师教育治理主体多元化提供了政策依据和基础。我国教师教育的良性发展需依靠教师教育现代化治理,即"关键在于从传统的'政府单一主体'转向'政府、社会组织、专业协会、相关企业、教师个体、学生'等协同治理的多元主体"①;政府、大学、教师专业协会、中小学是其中较重要的四个主体,在教师

---

① 尹志华,孙铭珠,汪晓赞. 体育教师教育治理主体多元化研究[C]. 2015 第十届全国体育科学大会论文摘要汇编(二),2015:1121 - 1123.

教育治理中共同承担责任,起到了决定性的作用。如果这四个主体和其他主体的积极性和能动性得到有效的调动,资源可以合理地配置,治理效率的优化是显而易见的。要实现这一点,需赋予各个治理主体合法清晰的角色与定位,避免出现由于管辖职能交叉产生利益冲突和治理纠纷,进而影响了教师教育发展;加拿大英属哥伦比亚省正是因为如此,导致教师学院与大学以及教师协会之间先后发生法律诉讼,导致了该省教师专业自治机构的解散,省政府的宏观调控作用的不断加强,最终由专业自治步向政府治理,形成专业+政府混合的治理模式,加拿大各省基本都出现了相似的发展轨迹。实际上,治理型的政府是"有限政府",我国政府在重新定位自身作用,从统治型转为治理型。

教师教育作为我国培养教师的重要阵地,具有极其鲜明的公共性;再加上我国教师教育还兼具的公益性、私益性和类型多、层次多等复杂性原因,如果仅凭政府的单枪匹马,恐怕很难实现提升基础教育质量的美好愿景。鉴于我国本土情况,政府要提升治理效能,转"控"为"导",此处的"导"有引导和主导两个意思。其一,政府职能应转换职能,由管控转向引导、监督和服务,创设和谐的教师教育发展外部环境,疏通教师教育运行通道,建立和完善与教师教育有关的法规、政策、标准和机制,比如成立教师教育机构认证部门,制定教师教育机构认证标准和教师教育评估标准,发布教师教育机构质量报告等等;同时要简政放权,允许各级各层各类教师教育机构创新和改革教师教育管理模式,使得教师教育机制更具有弹性、灵活性和本土性,探索有中国特色的教师教育治理之路。其二,构建三位一体的教师教育治理体系,并明晰各方主体职责。从横向维度来看,我国教师教育治理体系需摒弃政府包揽的单一管理做法,构建"政府—学校—社会"三位一体的教师教育治理体系,分别承担教师教育治理的"管、办、评"的角色。政府立足于宏观管理的层面,做好教师教育顶层设计的工作;政府在其中扮演主导性的管理角色,规划教师教育的整体布局,制定教师教育发展规划,出台教师教育相关法律法规、政策和标准,成立教师教育管理部门和明晰各治理主体的职能权责,确保教师教育办学经费投入,落实教师教育年度质量报告的监督机制。学校包含了大学和中小学校,因为这两者均是教师教育的承担主体,实施教师教育的具体办学,即教师教育课程和实践的具体实施场所。作为知识传承、知识生产、知识运用和知识创新的重要场所,大学应该在内部组织治理、学生选拔、师资管理、教学策略、教师教育模式、教师教育课程、教师教育实践等方面拥有权威话语权和自主权,但要确保毕业生达到了教师教育的既定人才培养目标,符合国家对教师所制定的质量标准,满足社会对教师的期望。这样一来,能"把教师教育举办机构的专业设置、招生人数、毕业生去向等具体教师教育事项交给教师教育举办机构",由"教师教育举办机构按照市场需求和教师教育公益性的原则自主进行调配"[①],中小学应被赋予与大学相同的教师教育办学主体地位,激发其参与教师教育的积极性,积极融入到教师教育课程学习和教育实践的办学研究和实践中来。社会在教师教育治理体系中充当评价教师教育质量的重要角色。目前我国还没有专门的教师教育评价机构,有必要成立一个独立于政府和学校的第三方评价机构,采集并立足于数据分析和社会需求,定期对我国教师教育展开评价。作为第三方的教师教育评价机构应该有科学、完整的评价标准、体系和程序,实行社会化管理、社会化操作、社会化人员构成。教师教育评价机构只有在结构和管理上"去政府化""去行政化"和"去学校化",才能客观地进行教师教育评价和提供有效的教师教育建议。总而言之,明晰各方主体职责是为了打造三位一体的教师教育治理体系,通过"分权共治"来实现"善治"。

此外,教师专业组织不容小觑。基于加拿大的经验,教师专业组织在推动教师发挥主动性、形成教师发展共同体、为政府出谋献策等方面发挥了重要的作用。然而我国教师中介组织以及"教师群体对政策过程的参与和影响相对较弱"[②]。基于此,我国有必要发挥好各类教师专业组织的作用,与社会其他中介组织一样,将教师专业组织的功能定位为在教师、教育和教学方面提供"决策服务、教育质量保障服务、信息咨询服务"和"专业服务、沟通协调、鉴证监督"[③]。要让教师专业组织真正地参与到教师、教育、教学的决策和管理过程中来,在教师培养的设计、教师行为标准、教学标准、资格认证、教师考核等教师教育和教师管理事宜中积极发挥中间作用,尤其是对教师教育政策问题、方案和实施发表意见和提出建议,为政府构建现代化的教师教育制度体系出谋献策。教师专业组织能够加强教师的职业归属感,进一步凝聚最广泛教师的教学智慧、知识力量和发展需求,成为支撑教师专业发展的实践共同体、学习共同体和研究共同体,还可以成为教师自主学习和实现教师专业发展的渠道。

① 李想.教师教育治理研究[D].沈阳:沈阳师范大学,2017:47.
② 郭朝红.影响教师政策的中介组织研究[D].上海:华东师范大学,2004:7.
③ 郭朝红.影响教师政策的中介组织[M].天津:天津教育出版社,2006:2,21.

6.2 增强我国教师教育主体间的协同合作

随着我国教师教育现代化治理体系的推进,"与教师教育活动相关的不同层次的机构与个体"①的主体作用开始得到重视。这些主体包括了教师教育生态系统不同层次的个人和机构,分别是政府行政部门、中小学校、教师教育院校、教师教育者、在职教师、师范生等。教师教育主体越是多元,主体之间的合作共享越是重要,国家层面、地方行政、大学院校、中小学校和教师个体/师范生个体之间要形成延续而动态的、有机的协同合作联系。而教师教育主体间协同和创新的机制是各国探索的前沿话题,目前我国行政部门、教师培训单位、地方教研人员和教师之间仍然存在体制和实施上的隔离情况②。针对上述我国教师教育系统中存在的问题,我国教师教育可以通过目标协同、管理层级协同、人员协同和学习场域协同来增强各教师教育主体间的协同合作(详见图 6.1)。

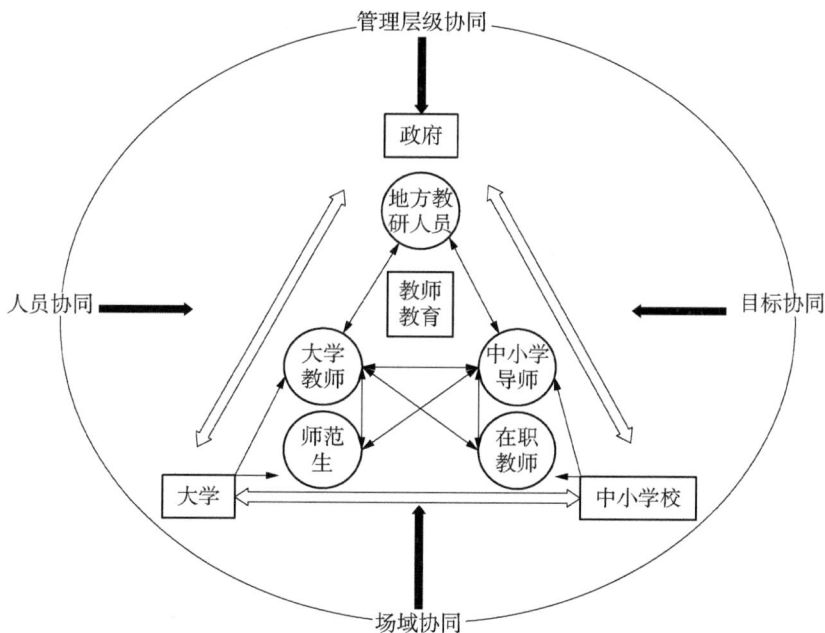

图 6.1 我国教师教育主体协同构建图

---

① 陈林.我国教师教育生态系统的内涵、功能及其建构路径[J].当代教育论坛,2019(5):32-39.
② 蔡国春.改革在路上:中国特色教师教育体系建设之省思[J].江苏高教,2019(12):30-40.

目标协同有助于各教师教育主体形成统一的发展方向,明确发展目标。由国家在宏观层面制定和指引我国教师教育培养目标,从上到下渗透到教师教育管理的其他层级,确保各个教师教育层级形成向心力,贯彻我国社会主义核心价值观和意识形态,树立统一的教师教育培养目标。我国的教师教育就是要服务我国基础教育,培养具备良好的职业道德素养、系统扎实的专业知识和教学技能,以及能促进学生核心素养发展的"四有"好老师。围绕国家制定的不同专业标准制度,各教师教育主体结合各自地区和学校的发展战略和现实情况来设置师范生招生、教师教育课程设置、培养过程、职后培训、监督和考核等详细事宜。此外,要让各教师教育主体对各自的目标和肩负的责任有清晰和统一的认识,可以借鉴加拿大的做法,通过立法将教师培养确定为地方和中小学的法定责任,各教师教育主体在教师教育中的地位和重要性不分主次,在一定程度上能减轻师范院校和其他普通高校培养教师的重担,促进其他教师教育主体的能动性。

管理层级协同是要在"地方教育行政部门—大学—中小学"(G - U - S)之间和"省、市、县、校教师培训机构"之间形成有机的协同合作。协同各个教师教育管理层级能确保教师教育生态体系凝聚统一的教师教育文化和理念,形成制度化的管理力量贯通上下,既有利于地方教育行政部门及时向大学和中小学传达国家和各省重要政策和课程改革文件,协调和安排教师职前和职后培训活动。在"地方教育行政部门—大学—中小学"协同机制中,存在着 G - U、G - S 和 U - S 三方面的协同合作。地方教育行政部门应该做好教师教育的牵头工作,统筹和调动大学和中小学的主动性,促进中小学与大学之间的联系和交流;同时也要兼顾教师教育课程(试行)的管理和评价,充分确保我国《教师教育课程标准(试行)》的顺利实施。作为教师教育的承担方,大学要将教师教育课程标准渗透到课程方案和教师培养工作中,放眼国际教师教育,立足中国本土,设置合理的课程结构和实施办法,"建立课程自我评估制度,及时发现问题,总结经验,不断完善课程方案"①。尤其是在强化教育实践环节,要依托地方教育行政部门,与中小学加强沟通联系,建立校外实习基地,在教师教育实践过程中寻求来自大学和中小学的导师支持,实施体现教育实践过程的"形成性"考核办法。中小学是师范生运用知识和教师教学智慧生成的重要场域,应该把教师教

---

① 教育部. 教师教育课程标准(试行)[EB/OL]. http://old. moe. gov. cn/publicfiles/business/htmlfiles/moe/s6342/201110/xxgk_125722. html,2011. 10. 08/2019 - 12 - 20.

育视为学校的另一使命,积极配合大学开展教育实践工作;中小学可以为大学提供优秀的师资共同承担教师培养工作,还可以收集丰富的教学真实案例提供给大学,学生可以结合理论学习开展讨论和反思。此外,"G-U-S"应该是双向的沟通交流,大学和中小学也要积极针对各自的教师教育工作展开省思和研究,并将教师培养工作反馈给地方教育行政部门,形成"教—实践—研—教"的良性培养体系。"省、市、县、校教师培训机构"的协同管理可以更好地融通教师职后培训工作,应该精心设计省、市、县、校四级培训的工作重点,互为补充,相辅相成,形成清晰明确的各级培训任务和方向。其中校本培训是教师专业成长的一线阵地,要引导教师从听课、磨课和上好一门课入手,形成教师学习团队,共同分享讨论和反思,打造优秀教学名师和教学案例。无论是哪一级的教师培训机构都要着眼于解决教学工作实际问题,根据教师职业发展不同阶段来设计和实施培训,整合来自地方教育科研部门、大学和中小学的优质资源,构建教师真正需要的教师培训项目。

人员协同指的是师范生/教师、教师教育者以及教师教育者之间的沟通协作。在我国,教师教育者主要由大学教师、各级教师培训机构的主兼职教师和中小学教师来承担,他们是教师教育得以成功和有效开展的主要力量。然而,教师教育者具有异质性,往往分散在不同的教学、教研和行政管理单位,容易导致"教师教育者力量分散、各自为战,缺乏沟通交流和协同互动"[①],而且教师教育者与师范生/教师之间还存在深入的对话和反馈等交流机制不畅,其教学和培训也常使师范生/教师培训觉得缺乏基础教育实践的经验,有"空谈"和"隔靴搔痒"之感。因此,有必要建立"师范生/教师—大学教师/教师培训机构人员—中小学教师"的协同机制。一方面,教师教育者的协同合作要加强大学教师教育者(针对职前)还有教师培训机构人员(针对职后)之间的沟通往来。可以考虑为大学教师教育者和教师培训机构人员组建一个教师教育者的专业共同体,以此为依托,明晰、统一和增强他们对于教师教育者这一身份的自我认同理念和意识,加强大学教师教育者或教师培训机构人员共生共享互助的外部环境和支持,促进他们就教学实践和学术研究展开对话和交流。还可以借鉴加拿大的做法,鼓励教师教育者开展教师教育的自我研究,并通过向全国性教育协会和教师教育协会等专业组织提交研究报告和会议论文来交流教学反思和教研成果。另一方面,师范生与大学教师和中小学教师之间(针对职前),教师培训机

---

① 洪早清.教师教育者:从散在到共生[J].教师教育学报,2016(5):7.

构人员与在职教师和中小学教师之间（针对职后）的协同合作尤为重要。显而易见，中小学教师在职前教师教育和职后教师专业发展中的作用不可或缺。目前，我国绝大多数的大学教师教育者或教师培训机构的教师偏重于学术科研方面的提升，极少拥有在中小学任教和工作的经历，缺乏对我国基础教育教学实际的了解和体会，容易导致大学内的教师教育课程学习和在职教师培训沦为脱离实际的说教和灌输，这样缺乏基础教育感知和实践的教师教育者"既不受师范生欢迎，也难以获得中小学教师的认可"①。

应该为大学教师教育者、在职教师培训者和中小学教师搭建双向交流合作的平台和途径。首先，大学的教师教育课程可尝试实施"大学教师为主＋中小学教师为辅"的任课教师团队，形成教学互动互补，将教学实践与理论内容结合起来共同备课，既能发挥大学教师扎实的理论知识优势，也能融合来自基础教育一线教学的实践知识、观点和案例，有利于课程理论学习"落地"。开展基于教学问题、案例的学习，相信会改善目前教师教育课程效果。在教学实习中，大学教师和中小学教师更要立足于实习生的各自情况，及时沟通、反馈和交流，形成合力，保障实习的顺利进行和实习生得到有效建议，习有所得。其次，要让大学教师有扎根基础教育的机会、途径和激励措施。大学和中小学通过建立实习基地，搭建合作伙伴关系，使大学教师可以定期或不定期到中小学里观察与参与课堂教学、教研、课题指导和合作等活动；优秀大学骨干教师还可以到中小学挂职，在中小学担任一段时间的教学和行政管理工作，提高自身的基础教育素质，在真实的基础教育实践现场中产生学"教"、教"教"和研"教"的智慧，将自己变成擅"教"的教师教育者。再者，大学教师教育者和各级教师培训机构的教师们也是在职教师入职和职后专业发展的重要引路人、示范者和实践者，所开展的培训内容和形式应与在职教师的教学实际和职业生涯阶段需求相匹配；同时还可以遴选优秀的中小学教师加入在职教师培训者的人才队伍，基于他们自身成长的叙事、行动研究、调查研究等多种形式来服务其他面临着相同或相似教学疑惑、困境和窘境的教师同伴，使在职教师的培训更加有的放矢，行之有效。

学习场域协同即在教师教育的各个环节应基于中小学教学情境非线性、复杂多变的特征和教师的成人学习特性来考虑和设计，将理论学习、教学实际和教师专业学习成长相联系。从教师的职业生涯发展阶段来看的话，教师教育的

---

① 唐智松，李婷婷，唐艺祯. 教师教育者基础教育素养：问题及对策[J]. 教师教育学报，2018（10）：11.

学习场域可被分为教师职前教育、教师入职培训和教师在职进修三大类。职前教师教育在大学中实施,由于大学"往往拥有一种共同的价值取向作为必须实现的目的"[①],师范生处于"被教育"的阶段,师范生教育的目的是为我国基础教育培养合格的中小学教师,侧重于师范生对学科知识、教育学知识的学习和教学能力的培养,以及塑造教师职业的伦理信念。教师入职培训一般由教师任教的学校组织开展,主要是帮助新教师能较快地了解和适应工作环境,顺利完成从学生到教书育人的角色转换,较好地完成自我定位,做好目标规划和明确教师使命。在职教师培训关注的是教师职后的专业发展,此时的教师有了个体知识,或处于职业倦怠、职业瓶颈、职业高原的不同时期,或期盼从教书匠成长为专家型教师,实现教师职级的提升。要实现教师教育学习场域的协同,要从两个方面来入手,第一,教师职前教育、教师入职培训和在职教师培训以基础教育教学为场域开展真实性学习。离开了基础教育教学这个场域,教师教育的知识、教师教育主体和教师教育行为将不复存在,因为教师教育"需要在具体的实践场域中获得理解与生成"[②],而基础教育教学场域就是教师教育知识的意义生成之所。在三个场域中实施以基础教育教学场域中的真实问题为引领、以教学相关任务为驱动以及职前和职后教育贯通衔接的一体化培养方式。第二,教师教育的学习设计要符合成人学习特征,尤其是在职教师培训。传统"一刀切"的教师教育模式显然忽略了教师作为成人学习者这一事实,无法满足教师的现实需要,教师成为学习的客体,学习能动性极低;所谓的教师教育成为例行公事的应付,教师专业发展缺少内驱力和活力。其实,教师身份的成人在教学实践和日常生活中积累了丰富的经验和感悟,在成就学生的过程中必然也产生成就自我的需求;而每位教师由于所处的环境和职业阶段有所差异,成就自我的需求比较具有个性化和独特性,而且教师具有较强的自律性和自主学习能力。因此教师教育的课程和培训应该考虑三个设计。第一个设计是要增强教师的主体性。教师教育中要增强实质的对话协商,让学生教师和在职教师恰当地卷入课程研发、教学设计、教学内容和教学过程,由他们来充当学习的主人翁,学习的内生动力便会源源不断,能融合来自不同背景教师群体的多元化视角、理解和个体经验,进一步扩大了教学设计的丰富性、开放性和实践性。第二个设计是要重视教师教育中的问题引领,任务驱动、合作分享和批判反思,利用好师范

① 刘远杰. 场域概念的教育学建构[J]. 教育学报. 2018(6):31.
② 叶波. 教师教育中教育理论知识意义阐释的困境与突破[J]. 中国教育学刊,2017(11):16.

生和在职教师的先前经验促进学习者对自己、他人和群体的经验和知识有更深入的了解。在教师教育的具体课程或培训开始前，可以通过调查和采访来了解教师工作和生活中的触发事件，以这些触发事件作为问题切入，使他们通过对自身及他人经历和行动的反思来重建自我，寻求学习的意义，知识才能得以生成和创造。第三个设计是要遵循教师成长发展阶段和心理特点。教师教育要注意到职前、新入职和职后教师在不同时期的发展需要，尤其是教师在新手、熟练、专家型等不同阶段时的培训侧重点很不一样；因此教师专业发展培训应该据此来构建符合不同教师阶段的培训课程框架，每个框架下由各个教师培训机构来申报和开发更细化的选择类别，不同阶段的教师可选择真正符合自己发展需求的项目。同时，教师也有可能无法找到可匹配的课程，所以也要给予教师更大的自主选择权，鼓励、认可和倡导教师开展自我导向式学习和自我研究，选择适合自己实际需求的培训项目。

总之，良好的主体间协同合作关系有利于形成共生、博弈、互利的"你来我往"关系，激发教师组织和个人的内生力量，从而形成充满活力的教师教育生态系统，确保教师教育的运行顺畅。

6.3 完善我国师范生录取考核机制

2012年《国务院关于加强教师队伍建设的意见》中，要求"完善师范生招生制度，科学制定招生计划，确保招生培养与教师岗位需求有效衔接，实行提前批次录取，选拔乐教适教的优秀学生攻读师范类专业"[①]。2014年，教育部在《教育部关于实施卓越教师培养计划的意见》中明确提出要"推进多元招生选拔改革，通过自主招生、入校后二次选拔、设立面试环节等多样化的方式，遴选乐教适教的优秀学生攻读师范专业"[②]。这么看来，我国师范生选拔标准"缺的不是理念，而是一种前沿、规范、科学的标准与内容体系，尤其是政府、院校甚至社会舆论在执行上的坚定性"[③]。要改变这一现状，可以借鉴加拿大的做法，严格把

---

① 国务院. 国务院关于加强教师队伍建设的意见[EB/OL]. http://www.gov.cn/zwgk/2012-09/07/content_2218778.htm. 2012.09/07/2021-10-02.

② 教育部. 教育部关于实施卓越教师培养计划的意见[EB/OL]. http://www.moe.gov.cn/srcsite/A10/s7011/201408/t20140819_174307.html. 2014.08.19/2020-10-04.

③ 张松祥. 师范生选拔：非学术标准的内涵、借鉴与本土透视：基于教师职业专业品性的角度[J]. 当代教育科学, 2015(3):36.

好"入口关",对报考师范专业的所有学生进行筛选,重视报考学生的从教潜在素质,采用"认知考核+非认知考核"的方式,侧重增强非认知考核的信度和效度,从选拔标准、选拔方式等方面来完善现行选拔机制。

首先是制定统一的选拔标准制度,并给予法律保障。师范生选拔标准制度须兼顾认知考核和非认知考核,并形成统一的标准框架,为各个师范院校的选拔录取形成一致性的标准基础,也能确保各个层次的师范院校能基于统一的标准选拔录取学生,对师范生生源质量的保障大有裨益。在制定选拔标准制度时,可以借鉴和参考加拿大和我国已有的本土实践经验,对选拔标准框架的基本内容给予立法保护,逐步将选拔标准的覆盖面扩大至所有师范类院校和所有报考师范专业的学生。选拔标准要具备一个完整性和两个核心要素,一个完整性是指"师范生的选拔政策应支持教学价值观的完整性,并通过基于公平的录取流程促进教师职业的多样性"①。两个核心要素是指"申请人的个人性格(即素质和信念)和申请人的学科奖学金(比如可教学科领域的平均绩点)"②。换言之,师范生选拔标准应包含学术标准和非学术标准。学术标准考核师范生的学术、学习、教学等方面的认知能力,这是师范生未来"善教"的基石;非学术标准考核师范生是否"乐教"和"适教","乐教"是要考察师范生的教学信念、教学态度、教学情感等,而"适教"是要考察师范生的身心素养、人格特征、语言表达等,从中获得师范生是否具备"能教"的潜力。此外对于师范生报考时应提交的材料也应有明确和统一的规定,"要运用多种手段收集主、客观数据:自我报告调查表;自传表;知识测验;学习成绩;面试;对学生价值观念、能力特征和性格特征的考察"③。总之,学术标准和非学术标准之下应设置考核和考察的评分维度、评分指标和所占权重,使选拔标准在多元化的基础上保持生源选拔评分的一致性,保证选拔标准的公信力。

其次,非学术标准的考察应研制多元化的评价方法。非学术标准涉及非认知能力的考察,主观性较强,公平多元化的评价方法显得十分重要。第一,可以组建由高校和中小学老师共同组成的评价小组,该小组的成员须主讲或参讲教

① Casey, C.E., Childs, R.A. Teacher education program admission criteria and what beginning teachers need to know to be successful teachers [J]. Canadian Journal of Educational Administration and Policy, 2007(67):15.

② Smithrim, K. Who will teach? [A]. Upitis, R. Who Will Teach? A Case Study of Teacher Education Reform [C]. San Francisco: Caddo Gap Press, 2000:13-26.

③ 胡艳. 当前我国师范专业招生问题及对策探讨[J]. 教师教育研究,2007(3):32.

师教育课程,组织对评价小组的成员进行评分标准解读的培训,然后小组在评分前须集体对选拔标准的维度和指标共同研讨,就评分等级达成一致的理解和共识,从而确定分析性评分标准表(analytic scoring rubrics)。可以借鉴加拿大注重师范生的相关教学经验、推荐信、课程的过程性学习情况的做法,并结合我国部分优秀师范院校已有的良好做法;在综合测试中融入多元化的测试方式,比如书面材料评审、语言表达、教师职业性现场测试、心理测试、表现性评价等。而且书面材料应与教学情境相联系,师范生应在书面材料中体现自己从"与教学相关的活动中学习的经验,并解释这些经验如何影响了其学习兴趣和职业选择"①。推荐信应由参与了师范生的教学活动的教师或领导出具,结合课程的过程性学习档案能够弥补个人书面简历和个人陈述的可信度不高的弊端。在盲审师范生书面材料时,应安排两位老师共同阅读同一位师范生的个人简历和个人陈述,如果两位老师的评分差距达到 3 分以上时,应安排第三位老师进行第三次打分②。此外,大数据时代的到来,为师范生的选拔过程提供一定的技术支持。可以利用大数据技术建立师范生信息服务平台,一方面,将有意报考师范专业的学生的数据更新到此平台上,那么这些学生的学习评价、能力素质、爱好、社会活动、视频等能较完整地收集起来,并在他们报考师范专业时为评估小组的老师及时提供鲜活完整的材料,"可以对师范生的心理、生理、家庭背景、社会能力等多方面进行评估"③,进行基于证据的分析参考,从而科学地选拔出乐教适教的师范生。

再者,要充分发挥师范院校和高中之间的联动作用。师范类院校可与中小学搭建深入的实习基地合作关系,将师范生选拔的工作早部署早安排早落实。一方面,师范类院校与中小学共同合作开发生涯教育课程,通过教育导论、教育讲座、社区活动等多样的形式为中小学灌输与教学职业相关的形象、理念、价值观和知识,有条件时还可以为中小学提供讲台、教辅工作、夏令营等活动,这些活动可以在正式学习场所和非正式学习场所进行,比如课堂、夏令营、图书馆、社区等,为中小学生埋下"当一名教师"的理想的种子,也是能及早将优秀生源

---

① Deluca, C. Selecting inclusive teacher candidates: Validity and reliability issues in admission policy and practice [J]. Teacher Education Quarterly, 2012(4):18.

② Deluca C. Selecting inclusive teacher candidates: Validity and reliability issues in admission policy and practice [J]. Teacher Education Quarterly, 2012(4):20.

③ 张雅娴. 大数据在师范生选拔、培养与教师职后教育中的应用探析[J]. 中国成人教育,2017(21):48.

争取到师范生报考队伍中的办法。同时,中小学校也可以将学生的学科课程学习形成电子档案,作为学生未来报考师范生的重要资料证明。这些资料是长期积累的,能更好地展示学生学习的过程、身心素养和性格特征,是其未来报考师范生时有力有效可信的证明。另一方面,师范院校还可以与中小学进行师资的双向交流,师范院校的老师可以到实习基地的中小学参与教学,中小学教师也可以参与师范院校的教师教育课程设计与教学等,形成理论和实践的互补,产生实质性的合作。两者间合作能促进彼此对不同教学场所中"好教师"的理解,在师范生选拔工作中,这些老师能充当评估小组的骨干力量,对于师范生选拔工作是颇为有益的。

最后,继续积极探索并完善师范生入校后的二次选择机制。我国教育部2014 年颁布《关于实施卓越教师培养计划的意见》,其中提到可采取入校后二次选拔的方式遴选乐教适教的学生攻读师范专业。我国多所师范院校实施师范生的动态管理,探索了师范生"能进能出"的流动机制,非师范专业的优秀学生也有了攻读师范专业的机会,同时拓宽了优秀学生进入教师队伍的路径。2018 年,教育部在《教育部直属师范大学师范生公费教育实施办法》中规定"有志从教并符合条件的非师范专业优秀学生,在入学两年内,可在市教委和学校核定的公费师范生招生计划内转入师范专业",而"录取后经考察不适合从教的公费师范生,在入学一年内,根据当年高考成绩将其调整到符合录取条件的非师范专业"①。目前我国师范生的二次选择分为两种形式,一种是师范生和非师范生的进入和退出,即转专业;另一种是对师范生的精英化教育,部分师范大学均设置了实验班,深化卓越教师的培养探索,比如陕西师范大学采用动态的竞争机制开展 10 个"卓越教师实验班",选拔共有"英语水平测试、综合能力测试、教师心理素质测试、综合面试"等四个环节。杭州师范大学经亨颐学院则通过二次选拔在全校招收文科和理科两个实验班,通过"双导师制、教学小班化、素养双强化、实践全程化"的模式进行卓越教师精英化培养②,遴选的标准为"学考＋高考＋面试"的综合评价。这些动态招生方式的探索虽然略显复杂但却是积极的、有意义和有成效的。目前我国师范院校二次选择的办法和程序均由师范生所在读的学校自行决定,如果已开展探索的师范院校的改革经验和措

---

① 教育部. 教育部直属师范大学师范生公费教育实施办法［EB/OL］. http：//www. moe. gov. cn/jyb_xxgk/moe_1777/moe_1778/201808/t20180810_345023. html,2021 - 09 - 12.

② 杭州师范大学经亨颐学院. 学院简介［EB/OL］. http：//jhy. hznu. edu. cn/xygk/xyjj/,2021 - 09 - 12.

施能进一步深化、分享、完善和推广,逐渐形成适合我国国情的、本土化的师范生二次选拔机制,作为实施范例提供给全国的师范院校参考和使用,那么对于我国培养卓越教师就意义匪浅。

6.4 实践与理论的融合:"P3实践体系"

针对我国教师教育中理论和实践相对割裂的实然,有必要改变我国目前实践形式较为单一,理论在前而实践在后以及偏机械的监管的传统模式,寻求理论和实践有效融合的路径。

首先,借鉴加拿大近年来颇有成效的"实践与理论并行"模式,实施"P3实践体系"(即 Practice before Learning, Practice during Learning and Practice after Learning),详见图6.2。"P3实践体系"以实现师范生的转化学习为目的,旨在让实践模块贯穿整个理论学习的过程,将实践模块穿插到学习前实践(见习)、学习中实践(研习)和学习后实践(实习)三个阶段来进行,将师范生的感性经验转化为理性知识,通过各类课程课堂教学使理论学习对其在实践中获得的个人经验展开探讨和研究,将见习转为研习,促进经验的理论化,便于其对理论的理解和知识的建构,同时使其遵循理论的指引,用知识反哺教学实践,更好地开展现行和未来的实践。此外,"P3实践体系"的构建需要依托于良好的合作机制;为了促进该实践体系的有效运行,大学和中小学之间需要在多个层面进行深入的合作,合作的层面包括大学和中小学行政人员之间的合作、导师之间的合作、行政与导师之间的合作、导师与师范生之间的合作以及师范生与师范生之间的合作。

在具体操作层面,可安排师范生在入学前或开学的前两周到中小学实习基地观摩,建立对教师职业和教学场域的初体验,并与合作导师会面。而后在大学教师教育的前三年期间要求师范生与中小学的合作导师保持长期联系。当师范生开始理论学习时,可以实施实践同步,每周至少有一次机会在中小学开展教育见习,协助班主任的班级管理工作,参与学校的听课、评课、教研活动和学校的其他教学活动。长期的教育见习有助于师范生浸泡在基础教育的真实教学环境中,产生对教育教学工作的切身感受,积累教育工作感想和体会;与此同时,师范生在课程中通过相关理论知识的阅读和讨论学习将其在见习过程中获得的感性经验上升为理性知识;还可以结合理论知识,就其在见习中发现的问题展开思考和研究,将见习转化为研习,而研习的成果又反过来反哺教学,改

理论

实践

操作形式

理论学习

经验理论化　基于理论的实践

感性经验转化为理性知识　　长期见习转化为研习　　反哺教学实践

学习前实践
（见习）

学习中实践
（见习+研习）

学习后实践
（实习）

入学前两周：
1. 中小学校参观；
2. 教学观摩；
3. 认识合作导师。

每周学校一访：
1. 担任班主任助理；
2. 听课、评课；
3. 教研活动；
4. 与合作导师探讨；
5. 其他教学活动。

一个学期的实习：
1. 学校日常工作；
2. 听课、授课；
3. 教学反思；
4. 教研活动；
5. 与大学导师和合作导师探讨；
6. 其他教学活动。

浅、少　　　　　　　　　深、多

目的　————————→　转化学习

支持条件　————————→　合作机制

大学与中小学间的合作；
导师间的合作；
行政与导师间的合作；
导师与师范生间的合作；
师范生与师范生间的合作。

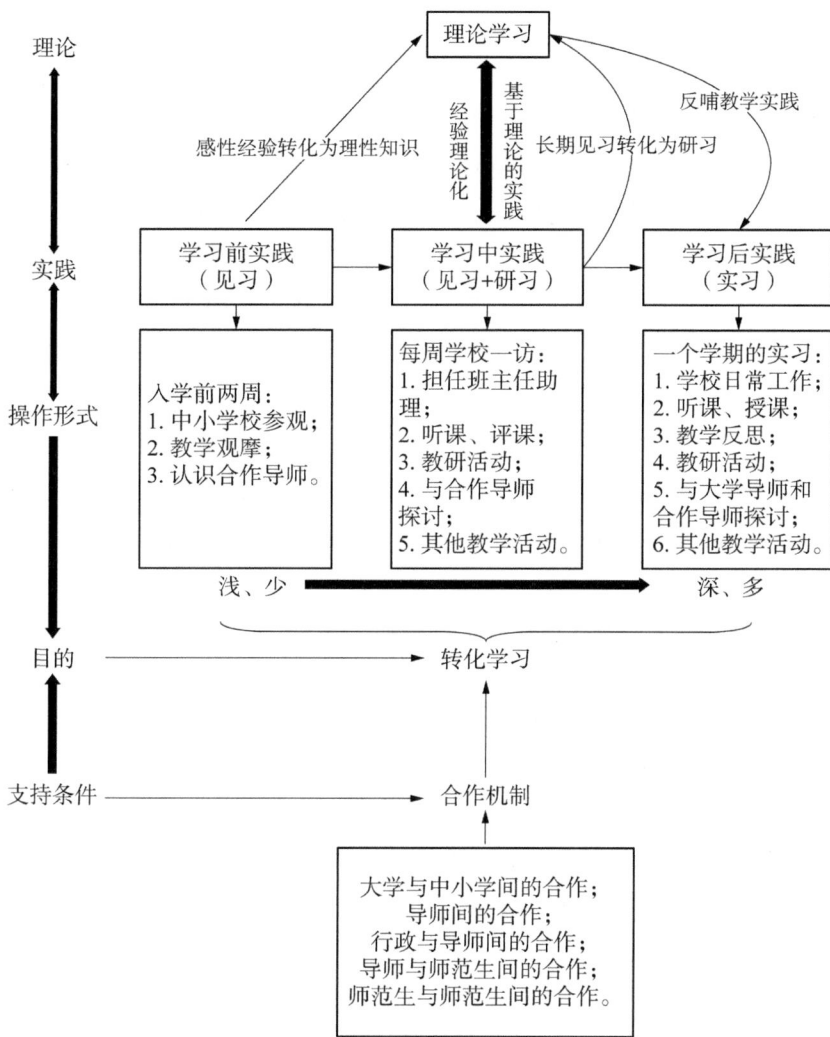

图 6.2　P3 实践体系

善教学实践。大四学年安排一个学期的实习，实习的任务应由少到多，由浅入深，由表及里，由帮带到独立承担，学生逐步承担教学责任和工作，培养学生的从教能力和教学管理能力。"P3 实践体系"的教师教育课程模式的出发点是要打破理论与实践原先的隔阂，在理论学习的过程中始终融入学生体验，并给予学生真实的教学情境，思考真实问题，将知识学习、思考能力、动手能力和科研兴趣结合在一起，有效地整合大学和中小学资源，丰富教学实践的形式和内容，形成见习、研习和实习的一体化，从而在理论和实践之间建立深层的联系。

其次,大学和中小学也要打通彼此间的壁垒,建立合作伙伴关系,尤其是大学教师和中小学教师共同组成的"双导师制",为教师教育理论和实践的有效融合搭建支持路径。具体来说,大学和中小学要形成共生体,将教师教育作为学校发展任务之一,政策上给予支持,并形成稳定的教学实践支持团队或部门,由专门的工作人员负责教学实践在大学和中小学的安排和顺畅对接。同时,要在大学和中小学分别安排师范生的教学实践导师,每位教学实践导师所带的学生人数不宜过多,确保他们有足够的精力和时间投注到师范生身上,及时观察、对话、指导、评价和开导学生。大学和中小学的导师之间也要形成长期协作机制和激励机制,不仅是师范生与导师之间要形成"一对二"的指导模式,导师之间也要结成"一对一"的指导伙伴,就各自所了解的学生情况进行沟通协商,为学生量身定制教学实践方案,引导学生逐步地树立教学育人的信念和信心,适时干预和引领,逐渐放手,锻炼和培养学生独立的教学和管理能力,进入教学实践的佳境。

最后,每位师范生在进入教师教育课程之前,依据自身以往的生活经验、学习经验以及实践经验对教学会产生某种意义视角;根据其意义视角,师范生会拥有抽象的教学期待和具体的教学行为。只有当师范生们开始批判性地反思他们的假设和信念时,才会发生有意义的学习。[1] 所以,有必要在课程学习或教育实习的过程中为师范生提供将其经验"通过先前的解释得到新的阐释,或被重新修正"[2]的机会和过程,而后他们又将经审视和修正过的经验用来指导其未来的教学行动。因此,每学期的课程设置中应有机穿插安排相应的教育实践研讨课,以分享、讨论、讲座、调查、研讨等多种形式来加强对师范生的课程理论学习和教育实践的跟进,最重要的是让师范生有正视自己的成功经验和失败经验的机会和途径,将批判反思落到实处,通过研讨促进师范生将理论知识和实践经验转化为有意义的学习,最大化发挥教育实践的作用。教学设计应关注如何"尽可能多地让成人学习者卷入到教育过程当中来"[3],旨在引发学习的质变转化;因此,可以遵循职业中的困惑、批判性反思、理性的对话和付诸实践等

① Bélanger, P. Theories in Adult Learning and Education [M]. Berlin: Verlag Barbara Budrich, 2011:45.
② Mezirow, J. Contemporary paradigms of learning [J]. Adult Education Quarterly, 1996(3): 158.
③ Houle, C.O. The Design of Education [M]. San Francisco: Jossey-Bass, 1996.

四个步骤,为分析教学经验提供着眼点、线索和依据①(详见图 6.3)。

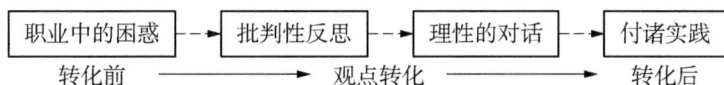

| 职业中的困惑 | → | 批判性反思 | → | 理性的对话 | → | 付诸实践 |

转化前　————————→　观点转化　————————→　转化后

图 6.3　教师学习发展质变转化的步骤②

　　教育实践研讨课的活动、内容和组织转向问题领域,关注大多数学习者所关心的问题和基于师范生个体经验的困惑,因为困惑搭建了师生间和生生间对话的起点,是批判性反思开展所需的鲜活的内容;在师范生"有理由质疑所主张内容的可理解性、真相、适当性(相对于规范)或真实性(相对于感觉)或质疑发言者的可信度时"③,对话能引发师范生对其"价值判断或规范性期望的基础的批判性审视"④。因此,通过对话,师范生才有可能对其理论学习和个人经验进行批判性反思,才能对以往根深蒂固的假设和基于过往经验建立起来的信念产生怀疑,促使个体对冲突的思想、感情和行动的意识做出反应,审视以往的教学信念、行为和理解,摒弃以往的学习和生活中的信念、价值观、态度和情感,也会随之转变个体的观点⑤。此外,教育实践研讨课要以问题为导向,关注大多数师范生所关心的问题,每周设置不同的问题来指引师范生的理论学习,尽可能多地让师范生的经验"卷入到教育过程当中来"⑥。组织对话的形式可以多样化,比如个人陈述、小组交流并全班分享、学习画布展示等等,旨在鼓励和促进他们的主动学习思维,给予他们参与诊断自身学习需求、制定自己学习计划以及评估自身学习的机会,这样的做法使得师范生主动承担高度的学习责任和认可所学内容,从而确保他们强烈的学习动机,不会满足于简单地、传统地灌输知识的学习方式,甚至在被他人强加意见和观念时,会有所不满或抵触。此外,还应注意到学习者在背景、兴趣、目标、动机还有学习风格等方面的差异,适当采

---

① 殷蕾.转化学习理论视角下教师培训的困境与出路[J].中国教育学刊,2018(10):95.
② 殷蕾.转化学习理论视角下教师培训的困境与出路[J].中国教育学刊,2018(10):95.
③ Mezirow, J. Transformative Dimensions of Adult Learning [M]. San Francisco: Jossy-Bass, 1991:77.
④ Mezirow, J. Foster Critical Reflection in Adulthood: A Guide to Transformative and Emancipatory Learning [M]. San Francisco: Jossy-Bass, 1990:31.
⑤ 杰克·麦基罗,爱德华·泰勒.成人教育实践中的转换性学习:来自社区、工作现场和高等教育的顿悟[M].陈静,冯志鹏,译.北京:北京师范大学出版社,2016:7.
⑥ Houle, C.O. The Design of Education [M]. San Francisco: Jossey-Bass, 1996.

取个性化的教学策略。

另外,生生间的交流分享和探讨增加了学生之间的共情,有机会了解和学会他人视角中的教育实践理念和行动,树立在教育实践中面对困难的自信心和决心。教师也要充当好一个倾听者、引导者、示范者和对话者的角色,增加师生间的共情,引导学生提炼教育实践所见、所感、所惑和所思,进而帮助学生建立教学育人的概念和乐趣,激发他们"学教""探教"和"研教"的兴趣,理解教学知识的旨趣,将实践性知识转化和上升为理论知识。

6.5 提升自我导向学习意识和能力

教师教育治理纯粹依靠外在因素的推动未必有成效,两类教师教育主体需要发挥主体性作用:教师教育者和教师教育接受者;教师教育接受者指的是师范生和在职教师。从教师教育者本身和其工作性质来看,教师教育者也是教师,而且这两类教师教育主体都是成人,而自我导向学习是成人学习的重要方式。教师教育发展的内在逻辑具有"向实践性",脱离了教学生活和生命成长是教师教育无法激发师范生和教师内驱力的原因之一。基于此,如何提升他们的自我导向学习意识和能力对教师教育治理大有裨益。

首先,要让师范生和教师意识到"教师专业发展是一种非常自我的事,它需要来自教师的主动出击:自我设计、自主发展、自我反思、自我更新、自我发展……即认可教师是自身专业发展的主人。教师专业发展只有得到教师的心理支持,教师才可能自觉接受关于教师专业发展的要求和规范,才会将其转化为自身的一种自觉行为"[1]。除了树立和传递"以人为本"的教育理念,还要通过课程教学的设计引导师范生和教师养成良好的自我导向学习习惯和能力;那么,原先的教师教育的方式就需要优化,改变以教师教育者为中心的原有做法,在预设教学内容时要切实反映教师专业生命成长中的真实需要,采用探究式、对话式、启发式等教学方法激发师范生和教师分析和探究所学习的教学知识、所观察的教学现象、所体验的教学事件和所实践的教学问题,引导他们勤于反思,展开理性对话和教学研究,这符合当前教师教育范式走向复杂性、对话性、实践性和生成性的大趋势。结合我国本土情况,必要时可以效仿加拿大"实践与理论并行"的教师教育模式,设计丰富多样的实践类课程,循序渐进地规划教

---

① 胡惠闵.校本管理[M].成都:四川教育出版社,2005:291.

学实践,理论知识和实践类教学同步开展,交互进行,实践学习贯穿整个过程,并与课程学习内容有机结合。课程设置要遵循实践和理论互为依托的原则(详见图 6.4)。始于教学体验的初步认知,经过教学实践由浅及深地展开,最终完成教学经验的转化;在此期间,理论课程和探究研讨课始终同步进行,及时地引导师范生和教师进行观察、记录、反思、分享和探讨;而且探究研讨课每个学期都有安排,根据学生的教学实践任务而不断延伸,以问题为导向,由发现问题、展开深度观察、分享讨论到阅读相关文献,进而形成开题报告,再到分析和研究,从而形成完整的教学研究方案和论文。如此一来,理论知识的学习有教学初体验为依托,又为教学实践提供知识基础,实践通过行动中的反思促进并转化为教学理解和教学智慧,学术性知识和师范性相辅相成,从而使师范生和教师的专业知识和能力呈现螺旋上升的发展样态。

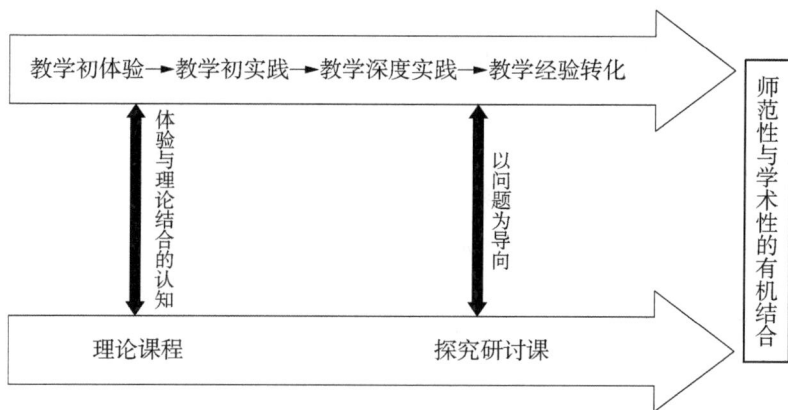

图 6.4　自我导向学习的教师教育设计图

其次,自我导向学习并非指师范生和教师孤立地开展学习,其有效性需依靠来自教师教育者、学校管理系统和整个社会环境系统的共力。从个体层面来看,教师教育要注重师范生和教师的自我导向学习意识、行动力和能力的养成。在教师教育的整个过程中,要给师范生和教师树立良好的教师专业发展观,营造持续贯彻自我导向学习的文化,使他们不安于自身教与学所处境况,有进一步向"熟练型教师"和"专家型教师"提升的强烈愿望;培养他们在生活和教学中敏于观察、勤于思考、善于行动的习惯,善于从自身的生活和教学实践中发现教学的火花和灵感;教学中融入引导他们将其转化为反思的活动设计,进而锁定研究问题制作自我导向学习计划。为此,教师教育者和学校管理系统需要在其中发挥举足轻重的作用。

　　教师教育者要实施积极的教学干预,带领师范生和教师从他们偏爱的、自在的学习方式向更好的自我指导方式发展,引导和支持教师们完成难度更高、挑战更大的任务。当教师教育者逐渐启动具有挑战性和支持性的学习环境,又没有使教师产生挫败感时,就能促进教师的自我导向学习[1]。因此,教师教育者对自身在教师教育中的作用要有清晰的定位,将自己视为教师成长的促进者、合作者和引导者;在课程教学中将学习内容、教学活动与学习者对自我指导的准备、阶段和能力相匹配,既要在教师的最近发展区内,还要具有一定的挑战性。在教学过程中,教师教育者应放权给师范生和教师们,赋予他们承担自己学习的责任,积极参与计划自己的学习和控制自己的学习过程的自主权和决策权。在教学策略上,教师教育者要帮助教师们诊断自己的学习需求,将其学习需求转化为学习目标和学习内容,采用多元化的教学资源,将合作学习最大化,促进建设性的师生互动和生生互动。教师教育者在教学设计上还需要注意两点:师范生/教师个人的经验和生活困境。因为个人经验都可以当作教师专业发展的教学切入点,而且自我导向学习是由“生活情境中的某种问题引起,并旨在解决这一问题或应对这一情境”[2]。这些情境可能来自教师的困境或窘境,“困境和困难构成了‘有意义的问题’”[3],很容易引发批判性反思,从而成为教师转换性学习的催化剂。教师教育者要运用多种教学策略来引导教师批判性反思,比如合作、探究、对话、叙事等。加拿大的教师教育者有许多做法值得借鉴,比如他们将这些教学策略组合使用,尤其注重写作这一种独特的自我学习方式,因为“写作有助于降低反思意识产生的局限性”[4],从而引领师范生和教师走上自我发现之旅,理解如何从自我的经验中进行学习。他们请师范生和教师写下自己的经历和感受,或是请师范生就教师教育者的教学长处、不足和建议写下“中期评价”。教师教育者将这些反馈编辑和打印,用于下一堂课中的阅读和讨论;如此一来,师范生和教师的教学理解被可视化,他们在分享的过程中

---

① Grow, G.O. Teaching learners to be self-directed [J]. Adult Education Quarterly, 1991(3):125-149.

② 雪伦・B.梅里安,罗斯玛丽・S.凯弗瑞拉. 成人学习的综合研究与实践指导[M]. 黄健,张永,魏光丽,译. 北京:中国人民大学出版社,2011:29.

③ 范梅南. 教学机智:教育智慧的意蕴[M]. 李树英,译. 北京:教育科学出版社,2002:143-144.

④ 杰克・麦基罗,爱德华・W.泰勒. 成人教育实践中的转换性学习:来自社区、工作现场和高等教育的顿悟[M]. 陈静,冯志鹏,译. 北京:北京师范大学出版社 2016:8.

可以看到自己的教学理解与他人有何种异同，引发他们思考其中原因，从而解构原先的教学假设和认知，重构新的教学认识。总之，教师教育者要创造师生间和生生间理性交谈的机会和过程，当师范生"能够解释自己的不合理性，他就是一个具有主体合理性的人"①。从而成为教师教育的行为主体，专业自我在一次又一次的观念冲击中不断得到修正和生成。

学校管理系统则要创造自我导向式教师专业发展的管理理念、氛围和文化。首先，在教师管理的相关制度和规定中明确教师专业发展自我导向的合法性和合理性。有了一席之地，自我导向式专业发展才能得到更大的发展空间。其次，在学校管理系统中可以将自我导向式教师专业发展常态化和制度化，鼓励教师把自己的专业发展与教学实践、校本教研紧密结合，同时建立相关的激励和指导机制，鼓励和激发教师的自我导向专业发展热情和兴趣，帮助教师专业发展的规划有序、有效地实施。此外，要为教师提供自我导向式专业发展的支持性环境，将自我导向式专业发展变成教学生活中自然而然发生的事情，形成主导自己专业发展活动的惯习，逐渐养成较好的自我导向学习能力。比如，在学校内部和校际之间成立专业学习共同体，为教师搭建分享、交流和合作的路径和平台，在与志同道合的教师同僚的沟通协作中完善和实现自我导向教师专业发展的计划。同时为教师提供自我导向学习的学习资源、教学案例、教学资源、教学工具以及自我评估工具等，上述维度也可以整合成教师成长性学习标准评估表，既能为教师提供适合的语言和资源，又能系统规范地收集教师的专业发展和能力提升证据，能够指导教师的专业行为，也能作为评估教师和教师自我评估的重要依据。

---

① 尤尔根·哈贝马斯.交往行动理论[M].洪佩郁,等,译.重庆:重庆出版社,1994:39.

第 7 章

结　语

7.1　研究结论

　　教师教育是我国教育事业发展的重要支撑,近年来提升教师的质量成为我国教育改革的重点,直到本书落笔于此,我国教育部教师工作司仍在持续推进教师教育治理,近年来又相继推出《新教师入职培训指南》《教师培训者团队研修指南》《青年教师助力培训指南》《骨干教师提升培训指南》《全国中小学教师信息技术应用能力提升工程 2.0 整校推进实施指南》等多个"国培计划"教师培训项目的实施指南,可见我国对教师教育的重视程度。我国对教师教育的治理意识和重视程度并不亚于加拿大或世界其他国家,近十几年来层出不穷的教师教育政策就是最好的证明,在未来还有持续发力的明显趋势。新时代中国需要优化教师教育治理,方能"找准教师教育中存在的主要问题,寻求深化教师教育改革的突破口和着力点,不断提高教师培养培训质量。"①

　　在探索教师教育治理的进程中必须遵循合理的逻辑,教师教育治理的三层意蕴缺一不可,"一是教师教育治理是一种系统性较强的教育活动""二是教师教育治理是一项专业性活动""三是教师教育治理具有开放性和协同性"。② 这也揭示了教师教育治理需要多方主体的共同参与,形成现代化的合作治理格局。形成教师教育善治的核心在于三点:其一,教师教育治理的主体应是多元的,例如政府、社会组织、高等院校、教师等,而且他们参与"治理的权力来源应

---

① 教师工作司.提升教师教育质量　培养高素质教师:《教师教育振兴行动计划(2018—2022 年)解读》[EB/OL]. http://www. moe. gov. cn/s78/A10/moe_1801/ztzl_jsjyzx/jd/201804/t20180419_333617. html, 2018,03,29/2020 - 05 - 20.
② 郑红苹,李森.教师教育的基本属性与治理逻辑[J].教师教育研究,2019(4):2.

是基于法律、契约的授权；治理的过程应该是平行的或多维度的"①。结合我国本土情况，应适当提高中介组织和师范生及教师的治理参与积极性和参与度，扩宽其参与决策渠道，使他们通过调查、咨询、访谈、讨论、公示、建议反馈等多样的手段参与教师教育相关政策和制度的研制、落实以及监督。尤其应酌情考虑增强教师中介组织的作用，充当教师发声的合法途径，增加广大教师对影响自身利益的教师相关政策的参与度，从而有助于从根源上了解教师的真实需求，构建教师学习共同体。而教师中介组织参与教师教育决策，也有利于我国教育教育管理由政府单一主体转向政府＋教师组织＋社会的多元主体，多渠道采纳来自一线教师、教师领导者、教师决策者的意见和建议，形成平衡互动的沟通交流，促进我国步向教师教育的现代化治理模式。

其二，各个教师教育主体的职责须得到合法、清晰的界定，在整个教师教育体系中充分地发挥各自独特的作用，但要明确政府在我国教师教育中举足轻重的作用。随着我国高等教育市场化进程不断推进，教师教育表现出了一些市场化特征，如办学格局多元化，师范院校与综合性大学共同参与；办学成本多元分担，由国家、高等院校、市场用人单位、家庭或个人共同承担；随着市场机制的引入，师范生的就业优势有所减弱，师范院校与综合性大学之间、各师范院校之间以及专业之间的竞争日趋激烈等。但教师教育本身作为国家的公共产品，具有不可推卸的公益性，这也意味着将基础教育和教师教育完全推向市场化并非良策。尤其作为发展中国家，我国的教师教育仍然需要政府发挥主体作用，在制度供给、顶层设计和经费资助等方面予以大力扶持与有效引导，制度的改革、标准建设的推动、办学条件的改善、教师培养的财力投入、教师地位和待遇的提高都需要政府发挥主体作用，"政府应当承担发展教师教育的重责"②，这也是世界各国的共识。此外，教师教育相关政策的落地也需要政府科学、系统和深入的引领和配套文件的完善，而非"蜻蜓点水"式的框架和步骤，具体涉及教师的规范用语、教学设计、任务安排、评估过程和标准、反思设计、反馈机制、双导师合作指导机制，等等，为师范生和在职教师提供切切实实的学习支持，避免由于政策内容的泛化而可能出现盲目摸索的情况。

其三，治理的根本性质应该是平等的、协商的、合作的，核心在于主体间相

---

① 何晓芳.澳大利亚高等教育的政策演进与治理嬗变[M].北京：科学出版社，2020：238.
② 乐先莲.教师教育与政府责任：德国政府在教师教育中的主导作用及启示[J].全球教育展望，2007(6)：29.

互信任、协调合作和共同行动,建立合作、磋商和审议的联动机制,建构良好的教师教育治理体系。在宏观层面上,各主体之间形成平等、互利、动态、稳定的合作伙伴关系,以标准制度为框架,以实践与理论并行为导向,实施职前职后一体化的教师教育治理体系。在微观层面上,教师教育课程中理论学习和教育实践的融合力度需要加强优化,需要考虑教师作为成人学习者的特点,协调好教师教育课程中理论学习和教学实践的关系、顺序和比重,积极调动高校教师、师范生、中小学教师和课程协调员,搭建平等对话、合作教学和动态评价的平台和机制。教师职前教育、入职教育和在职教师培训分别处于教师生涯的不同阶段,因此学习侧重点也各有不同。师范生教育需要引导准教师树立教学育人的认识、理念和价值观,开展教育理论学习和教学实践。入职教育关注新教师对单位教学环境、人际关系和教学任务的熟悉,帮助其制定教学生涯发展规划,并塑造教师职业认同,顺利从学生身份过渡到教师的角色。职后教师培训则更关注教师学习的内驱力,从解决教师的教学实际问题出发,不流于形式,尤其从政策和资源上引导和支持教师的自我导向学习,充分发挥教师的学习能动性。总体而言,微观层面的治理以解决具体的问题为导向,以教师能力的动态养成为中心,有序推进。

此外,在对加拿大教师教育治理考察的过程中,发现加拿大对于师资人才的选拔更为严格。仅以加拿大英属哥伦比亚省为例,参与教师教育的英属哥伦比亚大学、维多利亚大学和西蒙弗雷泽大学均为全加拿大,甚至是全球高排名的综合性大学,对师范生有着严格的筛选标准和机制。反观我国当前情况,我国的一流院校参与度有待提升,师范生的选拔机制还比较单一。所以,如何鼓励和吸引我国一流的综合性大学参与教师教育,如何优化现有的师范生筛选机制等,值得我们在未来的研究中进行深入的探索。

7.2 创新点、局限性与未来展望

本书对加拿大的教师教育治理进行了梳理,从治理的主体、内容和方式等维度展开分析,探讨加拿大教师教育治理经验的可借鉴性,从而就我国教师教育治理提出一些本土思考。本书的创新点在于以下三点。其一,文献研究资料较新。在搜集文献和分析文献内容的过程中,笔者发现国内当前鲜有加拿大各省最新的研究,如英属哥伦比亚省,以往所涉及的内容多为该省教师学院解散之前的情况梳理和研究分析。而本书的文献资料和选材更为丰富,题材更新

颖,能更好地反映加拿大教师教育治理现状,也便于笔者对加拿大教师教育治理的历史沿革形成较完整的轮廓。其二,研究方法上的革新。首先,本书着眼于加拿大教师教育治理的整体系统,而不是割裂了历史变革和具体情境来看待教师教育治理,所获得的加拿大教师教育治理概貌和所展开的分析具一定的可信度和说服力。另外,考虑到加拿大的独特国情和教师教育的多样性,难以将各省的教师教育一一详述,在案例分析中采用英属哥伦比亚省的案例居多,便于对教师教育展开全面、深入的探索,对加拿大教师教育治理的分析既涵盖了横向的考察,也包括纵向的考察。其三,在研究内容的视角方面,本书遵循治理理论的"主体—本质—运行—实践"四个维度开展论述,并辅以成人学习、教育生态学等思考视角来分析,将加拿大教师教育治理看作有机体系,在考察中探知加拿大教师教育生态体系中各个因素的彼此联系、较量和发展。向内,是梳理加拿大教师教育的内部结构和课程脉络。向外,是从历史、社会发展、多元文化等因素入手,探寻加拿大教师教育背后的课程理解、教学理念和价值取向,从而获得对加拿大教师教育研究的深入分析和完善。

然而,受限于笔者自身的专业认知、背景和精力,本书存在诸多不足之处。第一,本书的研究有一定的广度,但研究的深度有待加深。第二,本书基于加拿大教师教育治理经验所提出的本土思考未能进行本土实践检验,所以在借鉴经验有效性方面存在滞后性。第三,本书的主要着眼点在于提取加拿大教师教育治理的有效经验,对于其改革过程中的问题未能深入涉及。

在未来的研究中,可以针对上述局限性对本书进行完善和提升。第一,研究视角进一步聚焦到某一治理机制,如师范生选拔机制、教育实践机制等,对机制运行的内在原理和规则开展更深入的探讨。第二,可以围绕教师教育治理生态的构建开展实证性的研究,通过"实践—认识—再实践"寻求迭代验证反馈,并进一步完善。

索 引